TOEFLテスト ライティング問題 100 [改訂版]

Paul Wadden
Robert Hilke
早川 幸治 著

Copyright © Educational Testing Service. www.ets.org
The TOEFL iBT® Test Directions are reprinted by permission of Educational Testing Service, the copyright owner. All other information contained within this publication is provided by Obunsha and no endorsement of any kind by Educational Testing Service should be inferred.

著者

Paul Wadden, Ph.D.（ポール・ワーデン）
国際基督教大学英語教育課程上級准教授。ヴァーモント大学大学院修了（修辞学）。イリノイ州立大学大学院修了（英米文学博士）。著述家・文学者。ニューヨーク・タイムズ，ウォールストリート・ジャーナル，ワシントン・ポストなど，多数の新聞および雑誌に執筆。著書に A Handbook for Teaching English at Japanese Colleges and Universities (Oxford University Press)，TESOL Quarterly, College Composition, College Literature に掲載の言語教育に関する論文，50冊を超える TOEIC TEST, TOEFL TEST 対策教材など多数。

Robert Hilke（ロバート・ヒルキ）
企業研修トレーナー。元国際基督教大学専任講師，カリフォルニア大学大学院修了（言語学）。国際的な大企業向けの研修を年間約250日以上行う。1984年から日本でTOEFL・TOEIC 関連セミナーを続けており，TOEFL テスト・TOEIC テストを数十回受験，その傾向・特徴を分析している。著書に『新 TOEIC® テスト直前の技術』（共著，アルク），『頂上制覇 TOEIC® テスト 究極の技術』シリーズ（共著，研究社）他，TOEIC, TOEFL, GRE など，テスト対策の書籍は80冊以上。

早川幸治（はやかわ　こうじ）
IT 企業から英語講師に転身。ECC などの英会話講師を経て，大学や留学予備校でTOEFL 対策講座を担当。現在は，全国で企業研修を担当し，受講者の能力を引き出すことを実践している。著書に，『新 TOEIC® テスト800点と仕事で使える英語力を同時に手に入れる』（旺文社）や『新 TOEIC® テスト書き込みドリル【全パート入門編】書いて覚える28日間完成！』（桐原書店）などがある。

編集	牧野将史
装丁デザイン	内津剛（及川真咲デザイン事務所）
本文デザイン	熊アート
編集協力	岡田真紀（h+m lab）/ 本多美佐保 / Jason Chau / Tony Du
ナレーション	Greg Dale / Julia Yermakov / 中田譲治
録音	有限会社 スタジオ ユニバーサル
Web 模試制作	有限会社 トピックメーカー
写真提供	©iStock.com/Oksana Struk (p. 7, 25, 257)

Preface

　本書を手に取っていただきありがとうございます。

　TOEFL iBT ライティングは，留学中に授業についていける能力や課題をこなす能力をチェックするものです。そのため，中学や高校で習った英作文や和文英訳の力だけでは対応しきれず，受験者の悩みのタネとなっています。

　TOEFL iBT ライティングには 2 つのタスクがあります。1 つ目は，あるトピックのリーディングパッセージとそれに関連するレクチャーのリスニングに基づき，20 分間で内容を要約するライティングです。2 つ目は，提示されたトピックに対して，30 分間で自分の意見を述べるライティング（エッセイ）です。ライティングセクションでよいスコアを取るための鍵は，これら 2 つのタスクを徹底的に理解し，採点者が求めるライティング力を示すことです。そのためには，以下の 4 つが必要です。

・日本語とは大きく異なる英語ライティングの適切な型を理解する。
・求められる型に沿ったライティングを行う。
・速く効果的に書きながらも，型や文法の間違いをなくす。
・リーディングとリスニングのスキルを磨く。

　本書では，これらの 4 つのポイントを徹底的に学習します。本書の学習を通して，皆さんがライティングスキルの上達を感じることができるように，本書にはさまざまな工夫を織り交ぜ，丹念に作り込みました。1 つ 1 つ積み重ねる学習ステップにより，皆さんはスコアアップに必要不可欠なライティングスキルを身につけ，現在の英語力を TOEFL ライティングにおいて遺憾なく発揮できるようになるはずです。

　私たちは，これまで多くの日本の大学生にアカデミックライティングを教えてきました。日本人の弱点を知り尽くし，TOEFL 目標スコアの達成をサポートしてきました。そして本書は，執筆チームの長年にわたる TOEFL 研究や実際の受験経験に基づく分析から作成されました。そのため，TOEFL と同質の問題を用意しており，TOEFL iBT ライティングセクションの対策書として，ベストクオリティの 1 冊です。

　著者一同，「留学」という皆さんの大きな目標の実現を，さらには将来の大きな夢の実現を心から応援しています。さあ，今すぐスタートを切りましょう！

Paul Wadden, Ph.D. ／ Robert Hike ／早川幸治

Contents

Preface 3

INTRODUCTION

本書の利用法 6
Web 特典について 8
付属 CD について 9
留学準備をはじめよう！ 10
TOEFL® テスト Information 11
TOEFL iBT® 受験ガイド 12

CHAPTER ❶ TOEFL ライティング 傾向と対策

ライティングの重要性 16
TOEFL ライティングの出題形式 19
TOEFL ライティング対策 21
タイピングについて 24
パソコン上の操作方法 25

CHAPTER ❷ 基礎学習

STEP 1 ライティングの基礎 28
STEP 2 「設計図」の作成 33

Introduction

STEP 3 効果的な Introduction を作成する 40

Body

STEP 4 Body の基本ルール 50
STEP 5 転換語の役割 62
STEP 6 抽象から具体への展開 69
STEP 7 詳細情報の書き方 75

Conclusion

STEP 8　　　Conclusion の書き方 …… 81

Independent Writing

STEP 9　　　議論型 …… 87
STEP 10　　そのほかのトピックタイプ …… 92

Integrated Writing

STEP 11　　Reading 速読術 …… 101
STEP 12　　Reading & Listening ①　標識に沿って読む・聞く …… 109
STEP 13　　Reading & Listening ②　メモの取り方 …… 117
STEP 14　　反論型タスク …… 125
STEP 15　　そのほかのタスク …… 137

総仕上げ

STEP 16　　ボキャブラリー …… 153
STEP 17　　テクニックとタイムマネジメント …… 163
STEP 18　　基本文法事項の確認 …… 171
STEP 19　　ライティングチェック …… 180
STEP 20　　まとめ …… 192

CHAPTER 3　実戦練習

実戦練習 1　Integrated Writing …… 200
実戦練習 2　Independent Writing …… 232

CHAPTER 4　Final Test

Final Test 1　Questions …… 256
Final Test 1　Answers …… 258
Final Test 2　Questions …… 272
Final Test 2　Answers …… 274

　本書は，TOEFL 受験に関する Information と，以下の 4 つの CHAPTER から構成されています。付属の CD とともに活用することで，最大限の学習効果が得られるようになっています。

CHAPTER ❶　TOEFL ライティング傾向と対策

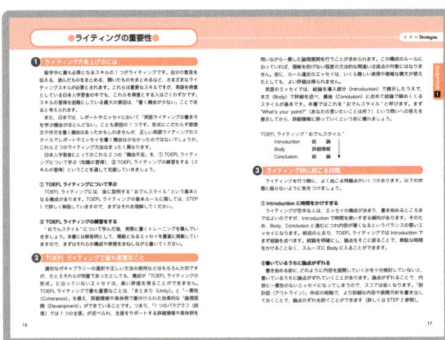

TOEFL iBT におけるライティングの重要性，出題形式，対策，タイピング，そしてパソコン画面についてそれぞれ解説してあります。まずはここを読み，ライティングの概要を知ることから始めましょう。

CHAPTER ❷　基礎学習

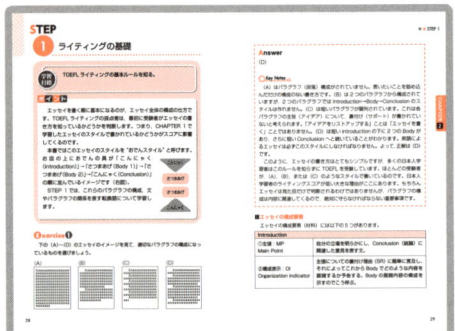

20 の STEP を 1 つ 1 つ進めていくことで，ライティングの基礎学習が完成するようになっています。すべて終わったときには，ライティングの力が確実に身についているはずです。随所で紹介される「Parrot Phrases」は，エッセイによく使われるフレーズなので，効果的なエッセイを書くために暗記しておきましょう。

CHAPTER ❸ 実戦練習

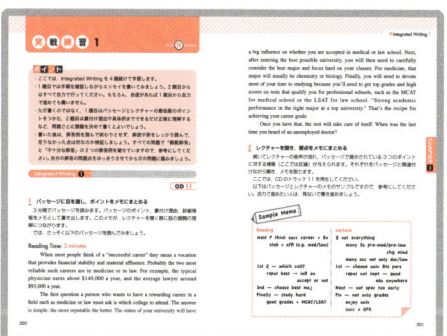

CHAPTER 2 で基礎的な力をつけた後は，実戦形式の練習を重ねて，さらに力を伸ばしましょう。まずは Integrated Writing を，それが終わったら Independent Writing を，集中的に解き続けます。

CHAPTER ❹ Final Test

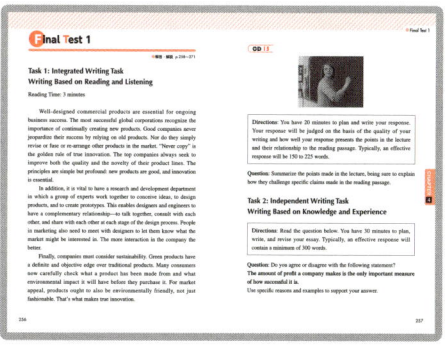

最後に，実際の試験形式の問題を 2 セット解き，ここまでに自分が身につけた力を確認しましょう。自分の得意なこと，苦手なことを認識し，必要があれば前に戻って復習をして，試験の準備を万端にしておきましょう。

　わからない箇所があれば，何度も復習して理解しましょう。本書を使って最後まで学習すれば，あなたのライティングの実力は確実に伸びるはずです。

Web特典について

本書では，Webで模試を受験できる，特典をご利用いただけます。本番のTOEFL iBTに近い操作感で，本書に収録されたFinal Testを受験できます。

Web特典の利用方法

❶ パソコンから下記URLにアクセスしてください。
http://www.obunsha.co.jp/service/toefl/
❷ 『TOEFLテスト大戦略シリーズ』一覧から，本書をクリックしてください。
❸ 旺文社IDをお持ちでない方は，「新規登録」ボタンをクリックし，画面の指示に従ってID登録してください。
　※『TOEFLテスト大戦略シリーズ』のほかの書籍で，すでにID登録をしている方は，❹に進んでください。
❹ 登録したIDでログインしてください。
❺ 表示された「学習メニュー」最下部にある「新規模試追加」ボタンをクリックし，新規教材登録をしてください。画面の指示に従い，以下の模試受験コードを入力し，「送信」ボタンをクリックしてください。

模試受験コード：4658

❻ 画面の指示に従って「学習メニュー」に戻ると，「学習コース」に模試が追加されています。受験したい模試の「START」ボタンをクリックし，模試を開始してください。

■ 推奨動作環境

対応OS：Windows OSおよびMac OS
ブラウザ：[Windows OSの場合] Microsoft Internet Explorer 9以上，
　　　　　　　　　　　　　　　　最新バージョンのGoogle ChromeおよびFirefox
　　　　　　[Mac OSの場合] 最新バージョンのSafariおよびFirefox
Adobe Flash Player：最新バージョン
インターネット環境：ブロードバンド
画面解像度：1024×768以上

■ 注意

- ご利用のパソコンの動作や使用方法に関するご質問は，各メーカーまたは販売店様にお問い合わせください。
- このWeb模試サービスの使用により生じた，いかなる事態にも一切責任は負いかねます。
- 本サービスは予告なく終了されることがあります。
- Web模試サービスに関してお困りの点がありましたら，下記メールアドレスまでお問い合わせください。
お問い合わせ先メールアドレス：moshi@english.obunsha.net

付属CDについて

　本書にはCDが1枚ついています。本文中では音声が必要な箇所を🐧というアイコンで表し，CDのトラック番号を **CD 2** という形で示しています。収録内容は以下のとおりです。

```
CDについて ………………………………… トラック 1
基礎学習　STEP 12～15, 19 ……………… トラック 2 ～ 10
実戦練習　Integrated Writing 1～4 ……… トラック11 ～ 14
Final Test 1～2 …………………………… トラック15 ～ 16
```

　Final Testのリスニング部分では，最初の「ピー」という合図が聞こえたら，CDをいったん停止し，3分を計りながら，本書のリーディングパッセージを読んでください。その後，レクチャーとQuestionを聞き，2回目の「ピー」という合図が聞こえたら，再びCDを停止し，ライティングを行ってください。

＜ご注意＞ディスクの裏面には，指紋，汚れ，傷などがつかないよう，お取り扱いにはご注意ください。一部の再生機器（パソコン，ゲーム機など）では再生に不具合が生じることがありますので，ご承知おきください。

留学準備をはじめよう！

　留学には，いくつも方法があります。大学生で，所属している大学に留学関係の部署がある場合は，まずそこに相談しましょう。交換留学や語学研修のプログラムがあれば，申し込み方法を詳しく教えてもらえます。そういった環境がない場合には，書籍やインターネットを通じて自分で情報収集をしたり，日米教育委員会や British Council といった公的機関，留学予備校などに相談したりするとよいでしょう。英語力の向上をメインとした語学留学には高い語学力は求められませんが，大学への入学や MBA 取得などを目指す場合は，SAT，GMAT といったほかの試験のスコアも必要で，出願書類の作成にも時間がかかります。

　留学を目指すにあたり，まずは必要なスコアを提出しなければならない時期を確認して，それに間に合うように TOEFL テストを受験する計画を立てましょう。計画の立て方も人それぞれですので，以下の 2 例を参考にしてください。

A さん「行きたい大学のスコアが高い！」

　A さんは必要なスコアが 100 点と高いので，十分な準備が必要と考え，1 年間の準備期間を設定しました。また，1 回で必要なスコアが取れない場合を考慮して，2 〜 3 回受験する前提で，できるだけ早めに学習を進めるようにしました。

　まず問題を解いてみて現在の自分の実力を確認し，もう少し語彙力があればより余裕を持って解くことができると考えたので，早い段階で語彙対策を始めました。各セクションの対策では，不安のあるライティングに特に注力しましたが，それ以外のセクションも，できるだけ時間をかけて取り組みました。

　1 回目では苦手なライティングが足を引っ張り，わずかに 100 点に届かず悔しい思いをしましたが，2 回目では対策のかいもあって無事に 100 点を取ることができ，希望の大学に留学することができました。

B さん「行きたい大学は 1 つだけではない！」

　B さんは，いくつか行きたい大学の候補があり，80 点で行ける大学もあれば，100 点を取らないといけない大学もありました。大学生活が忙しかったこともあり，無理に 100 点を目指さず，期間は半年間に絞って対策をしました。

　まず試験を解いてみて，80 点まではあと少しだと感じたので，得意なリーディングをさらに伸ばすことに特に注力しました。苦手なリスニングやスピーキングは，可能な範囲で学習し，当初よりも少しだけスコアを上げることができたので，それでよしとしました。

　時間的に余裕がなくて 1 回しか受験ができず，100 点は取れませんでしたが，80 点はなんとか超えることができました。80 点で行ける大学にも行きたい気持ちは強かったので，そこへ留学することができて，満足でした。

TOEFL®テスト Information

❶ TOEFL® テストとは？

TOEFL® テスト（Test of English as a Foreign Language）とは，主に北米の大学で学ぼうとする，英語を母語としない人を対象に実施される英語能力試験のことです。この試験は，アメリカの非営利教育機関である Educational Testing Service（ETS）によって運営されています。現在では，世界約130か国，9,000以上の大学・教育機関などで利用されています。また，試験は主にインターネット上で受験する TOEFL iBT®（Internet-Based Testing）という方式で実施され，日本では2006年7月より導入されています。

❷ TOEFL iBT® の構成

TOEFL iBT®の構成は以下のようになっています。問題数によって，解答時間（下記の時間は各セクションの所要時間）は変化しますが，その問題数は各セクション開始時にコンピューターの画面上に表示されます。

Reading	3-4 パッセージ	60-80分
Listening	2-3 会話 / 4-6 講義	60-90分
Break		10分
Speaking	6問	20分
Writing	2問	50分

❸ TOEFL iBT® のスコア

スコアの配点は，右の表のようになっています。また，希望者には，実際のスコアが後日 ETS より送付されますが，受験日の10日後からオンラインでも確認できます。なお，TOEFL® テストのスコアは受験日から2年間有効とされています。

セクション	配点
Reading	0-30
Listening	0-30
Speaking	0-30
Writing	0-30
TOTAL	0-120

❹ スコアの目安

留学先の大学，大学院で必要とされるスコアのレベルは以下のとおりです。スコアはあくまで目安です。

一般大学レベル	
iBT	61-80点
CBT	173-213点
PBT	500-550点

難関大学，大学院レベル	
iBT	80-100点
CBT	213-250点
PBT	550-600点

超難関校レベル	
iBT	105点
CBT	260点
PBT	620点

TOEFL iBT® 受験ガイド

※すべて 2017 年 1 月現在の情報です。最新の情報は ETS TOEFL®テスト公式ウェブサイト（www.ets.org/toefl）でご確認ください。

❶ 受験申し込みにあたって

まず，TOEFL® Information and Registration Bulletin（受験要綱）を入手しましょう。TOEFL® テストの受験に関する情報が記載されています。こちらは国際教育交換協議会（CIEE）のウェブサイトまたは ETS の TOEFL® テスト公式ウェブサイトからダウンロードすることができます。

❷ 受験日・受験会場

年間 30〜40 回，土曜，日曜に試験日が設けられ，受験会場は全国各地に設定されています。複数回受験する場合は，間に 12 日間空けなければなりません。受験日・受験会場の詳細は，ETS の TOEFL® テスト公式ウェブサイト上の My Home Page 内で確認できます。
My Home Page とはすべての受験者が作成する必要がある個人専用アカウントページです。

❸ 受験料

Regular registration（試験日の 7 日前までの通常の申し込み）と Late registration（オンラインは試験日の 4 日前まで，電話は試験日の前営業日 17 時までの申し込み）の 2 つの申し込み締切日があり，以下のとおり締切日によって受験料が異なります。ただし，Late registration は，空席がある場合のみ可能です。

　　Regular registration：US$235　Late registration：US$275

支払いは，申し込み方法により異なりますが，クレジットカード（日本円支払いは VISA, Master），PayPal アカウント，国際郵便為替，銀行の送金小切手のいずれかの方法になります。詳細は TOEFL® テスト公式ウェブサイトをご覧ください。

❹ 申し込み方法

オンライン，郵送，電話の 3 つの方法があります。オンラインと電話の場合は日本円での申し込みが可能です。

① オンラインで申し込み

ETS の TOEFL® テスト公式ウェブサイト上の My Home Page から登録できます。試験日の 7 日前まで Regular registration，試験日の 4 日前まで Late registration 受付が可能で，受験料支払いはクレジットカードまたは PayPal アカウント。

② 郵送による申し込み

受験要綱内に表示されているURLから登録申込用紙をダウンロードし，必要事項を記入後，受験料とともにプロメトリック株式会社に，第1希望試験日の4週間前までに必着で送付。受験料支払いはクレジットカード，国際郵便為替または銀行の送金小切手。

③ 電話による申し込み

事前にETSのTOEFL®テスト公式ウェブサイトでMy Home Pageを作成し，プロメトリック株式会社に電話で申し込みができます。試験日の7日前までRegular registration，試験日の前営業日17時までLate registration受付が可能。受験料支払いはクレジットカードのみ。

❺ 受験当日の注意

① 試験開始30分前までには，テストセンターに入りましょう。
② 有効な「身分証明書」と申し込み時に伝えられるRegistration Numberを用意しましょう。「身分証明書」は，原則として，テスト日当日に有効なパスポートです。
規定の時刻に遅れた場合，または必要なものを忘れた場合，受験ができなくなります。

❻ 問い合わせ先

■ TOEFL iBT® 申し込みについて，受験に関わる一般情報について
プロメトリック株式会社
〒101-0062
東京都千代田区神田駿河台4-6　御茶ノ水ソラシティ　アカデミア5F
電話番号：03-6204-9830（土日祝祭日を除くAM 9：00〜PM 6：00）
ウェブサイト：http://www.prometric-jp.com

■ TOEFL iBT® スコアレポート発行・発送について
Educational Testing Service（ETS）
TOEFL®テスト公式ウェブサイト：http://www.ets.org/toefl
Customer Support Center in Japan
電話番号：0120-981-925（フリーダイヤル）
（土日祝祭日を除くAM 9：00〜PM 5：00）
Eメール：TOEFLSupport4Japan@ets.org

■ TOEFL iBT® 一般情報について（ウェブサイト）
国際教育交換協議会（CIEE）日本代表部
ウェブサイト：http://www.cieej.or.jp/toefl

CHAPTER 1 >>

TOEFL ライティング 傾向と対策

ライティングの重要性 …… 16
TOEFL ライティングの出題形式 …… 19
TOEFL ライティング対策 …… 21
タイピングについて …… 24
パソコン上の操作方法 …… 25

●ライティングの重要性●

❶ ライティング力を上げるには

　留学中に最も必要となるスキルの1つがライティングです。自分の意見を伝える，読んだものをまとめる，聞いたものをまとめるなど，さまざまなライティングスキルが必要とされます。これらは重要なスキルですが，英語を得意としている日本人学習者の中でも，これらを得意とする人はごくわずかです。スキルの習得を困難にしている最大の要因は，「書く機会が少ない」ことであると考えられます。

　また，日本では，レポートやエッセイにおいて「英語ライティングの書き方を学ぶ機会がほとんどない」ことも原因の1つです。形式にこだわらず感想文や作文を書く機会はあったかもしれませんが，正しい英語ライティングのスタイルでレポートやエッセイを書く機会は少なかったのではないでしょうか。これら2つのライティング方法はまったく異なります。

　日本人学習者にとってのこれら2つの「機会不足」を，① TOEFL ライティングについて学ぶ（知識の習得），② TOEFL ライティングの練習をする（スキルの習得）ということを通して克服していきましょう。

① TOEFL ライティングについて学ぶ

　TOEFL ライティングには，後に説明する"おでんスタイル"という基本となる構成があります。TOEFL ライティングの基本ルールに関しては，STEP 1で詳しく解説していますので，まずはそれを理解してください。

② TOEFL ライティングの練習をする

　"おでんスタイル"について学んだ後，実際に書くトレーニングを積んでいきましょう。本書には解答例として，模範となるエッセイを豊富に掲載していますので，まずはそれらの構成や表現をまねしながら書いてください。

❷ TOEFL ライティングで最も重要なこと

　適切なボキャブラリーの選択や正しい文法の使用などはもちろん大切ですが，たとえそれらが完璧であったとしても，構成が「TOEFL ライティングの形式」に沿っていないエッセイは，高い評価を得ることができません。TOEFL ライティングで最も重要なことは，「まとまり（Unity）」と「一貫性（Coherence）」を備え，詳細情報や具体例で裏付けられた効果的な「論理展開（Development）」ができていることです。つまり，「1つのパラグラフ（段落）では1つの主張」が述べられ，主張をサポートする詳細情報や具体例を

用いながら一貫した論理展開を行うことが求められます。この構成のルールに沿っていれば，理解を妨げない程度の文法的な間違いは減点の対象にはなりません。逆に，ルール違反のエッセイは，いくら難しい表現や複雑な構文が使えたとしても，よい評価は得られません。

英語のエッセイでは，結論を導入部分（Introduction）で提示したうえで，本文（Body）で詳細を述べ，最後（Conclusion）に改めて結論で締めくくるスタイルが基本です。本書ではこれを"おでんスタイル"と呼びます。まず"What's your point?"（あなたの言いたいことは何？）という問いへの答えを提示してから，詳細情報に移っていくという形に慣れましょう。

TOEFL ライティング "おでんスタイル"
  Introduction 結　論
  Body   詳細情報
  Conclusion   結　論

❸ ライティング時に起こる問題

ライティングを行う際に，よく起こる問題点がいくつかあります。以下の状態に陥らないように気をつけましょう。

① Introduction に時間をかけすぎる

ライティングが苦手な人は，エッセイの構成が決まり，書き始めるところまではよいのですが，Introduction で時間を使いすぎる傾向があります。そのため，Body，Conclusion と進むにつれ内容が薄くなるというバランスの悪いエッセイになります。前述のとおり，TOEFL ライティングでは Introduction でまず結論を述べます。結論を明確にし，論点をそこに絞ることで，無駄な時間をかけることなく，スムーズに Body に入ることができます。

②書いているうちに論点がずれる

書き始める前に，どのように内容を展開していくかを十分検討していないと，書いているうちに論点がずれていくことがあります。論点がずれることで，内容に一貫性のないエッセイになってしまうので，スコアは低くなります。「設計図（アウトライン）」作成の段階で，より詳細な内容や展開方針を書き出しておくことで，論点のずれを防ぐことができます（詳しくは STEP 2 参照）。

③語数をかせぐために，関係のない情報も入れてしまう

　2つ目のタスクのIndependent Writing（独立型問題）では，300語以上を書く必要があります。エッセイの内容について十分な検討をしないまま書き始めると，語数が足りなくなることがあります。その結果，語数をかせぐために関係のない情報や，すでに述べた情報を繰り返して入れてしまうことになるのです。このようなエッセイのスコアは当然低くなります。この問題も，事前にしっかりとした設計図を描いておくことで回避することができます。

④読み手に最終的な理解を委ねる

　日本文化では，「相手の意見を理解しようとすること（You understand him [her].）」が重要視されており，書き手（話し手）が最終的な判断を読み手（聞き手）に委ねることがしばしばあります。しかし，英語圏の文化では，「明確な結論を提示することで，読み手に理解させることが書き手の責任（You make him [her] understand you.）」と考えられています。原則として「読み手は書いてある情報のみから内容を理解する」ということを念頭に置いてライティングすることが大切です。

⑤具体例を挙げない

　具体例を挙げていないエッセイは，説得力が非常に弱くなります。例えば，「～である。なぜなら…だからである」という文章には，自分の意見が述べられ，理由も挙げられていますが，これだけではエッセイの要素として十分ではありません。エッセイの完成度を高めるためには，自分の意見とその理由に基づき，理由を裏付ける「詳細情報」や「具体例」を用いる必要があります。

　以上の問題点を常に意識して練習を行うことで，ライティング力を底上げしましょう。

●TOEFL ライティングの出題形式●

TOEFL ライティングでは2問出題されます。第1問は Integrated Writing（統合型問題），第2問は Independent Writing（独立型問題）です。

❶ Integrated Writing

Integrated Writing では，あるトピックに関するリーディングパッセージを読んだ後で，同じトピックに関するレクチャーを聞きます。その後，2つの関連性を明確にして内容をまとめます。したがって，この Integrated Writing では，メモの効果的な取り方も重要なスキルとなります。

リーディングパッセージは 230～300 語程度で，3分間で読みます。このパッセージはレクチャーを聞くときには参照できませんが，ライティング中には参照可能です。重要ポイントをメモに書き留めておくことで，レクチャーの内容をより正確に理解することができます。

レクチャーは 230～300 語で，2分程度のものを聞きます。一度しか聞くことができないので，集中して聞いてください。リスニング終了後，リーディングパッセージの内容と比較検討することが求められるので，レクチャーのポイントをきちんと書き留めておくことが不可欠です。

リーディング，リスニングの内容を踏まえて行うライティングは，解答時間 20 分の間に 150～225 語程度のエッセイをまとめます。

解答チェック！

Integrated Writing の採点基準
- ☐ リーディングパッセージとリスニングの関係性が正しく示されているか
- ☐ 内容は正確であるか
- ☐ 内容に一貫性があるか
- ☐ 文法・ボキャブラリーに間違いはないか

❷ Independent Writing

提示されたトピックに対する自分の意見を書きます。解答時間は 30 分で，最低 300 語のエッセイの作成が求められます。エッセイでは，自分の意見を裏付ける詳細な情報や具体例を提示しなくてはいけません。

トピックに対する質問のタイプは，基本的に「ある事柄に同意するかしないか」となります。また「2つの事柄のうちどちらを好むか」や「特定の事柄に関しての意見を書く」というタイプが出る可能性もあります。

解答チェック！

Independent Writing の採点基準
- ☐ トピックに対して的確に答えているか
- ☐ 意見を裏付ける内容（詳細情報）が展開されているか
- ☐ 内容にまとまり，一貫性があるか
- ☐ 文法・ボキャブラリーに間違いがないか，表現は多様であるか

Integrated Writing，Independent Writing の採点基準の4つのポイントはそれぞれ，0点から5点で採点されます。採点基準の詳細は，Educational Testing Service（ETS）のホームページ（http://www.ets.org/toefl）を参照してください。

●TOEFLライティング対策●

❶ Integrated Writing（統合型問題）に求められるもの

　　リーディングパッセージを読み，レクチャーとの関連性を要約するため，それぞれの重要なポイントを理解したうえで，正確かつ明確に述べることが求められます。ライティングスキルのみでなく，リーディングおよびリスニングのスキルを統合的に使いこなせなくては高得点を取ることができない，難易度の高いタスクです。課題が「要約」ですから，あくまで「リーディングとリスニングに関連するポイント」を伝えることが求められており，自分の意見を入れてはいけません。本書では，基礎学習の後半（STEP 11 ～ 15）で Integrated Writing 対策を扱います。

❷ Independent Writing（独立型問題）に求められるもの

　　エッセイには「よい構成」が求められ，まとまりと一貫性を維持した論理展開が重要視されます。また，「表現の豊かさ」も採点基準の１つですので，豊富な表現を使用することも必要です。Integrated Writing とは異なり，自分の意見を求められますが，その意見を裏付ける詳細情報や具体例とともに述べることが必要となります。本書では，基礎学習の前半（STEP 3 ～ 10）で TOEFL ライティング全般に関わることと，Independent Writing 対策を扱います。

❸ 時間配分と作業内容

　　エッセイの構成を考えず，いきなり書き始めてはいけないことはすでに述べましたが，その一方で，これから書く内容についてゆっくりと考えている時間はありません。限られた時間の中で，Integrated Writing ではリーディングパッセージとレクチャーのポイントを，Independent Writing では自分の意見とその裏付けを，明確に設計図に書き出すことで，構成のしっかりしたエッセイが書けるようになります。本番形式でエッセイを書いて，繰り返しトレーニングすることで，体に染みこませてください。

Integrated Writing

時間（計20分）	作業
3～4分	・メモをもとにパッセージとレクチャーのポイントと裏付け内容の確認 ・設計図の作成

約 15 分	・設計図をもとにエッセイライティング（レクチャーのポイントを中心にパッセージとの関係性をまとめる）
1～2 分	・見直し

Independent Writing

時間（計 30 分）	作業
5～7 分	・構想（ブレインストーミング） ・立場と裏付け内容の決定 ・設計図の作成
20～23 分	・設計図をもとにエッセイライティング
2～3 分	・見直し

❹ 高得点を目指すための本書の学習ストラテジー

Strategy 1　「結承結」スタイルを身につける

　TOEFL ライティング（特に Independent Writing）において，限られた時間を有効に使うには，ライティングの型を体得することが大切です。すでに述べたように，TOEFL ライティングでは"おでんスタイル"の構成が一般的です。すなわち Introduction で「これから述べる内容の結論」を，Conclusion で「ここまで述べてきた内容の結論」を述べ，それらで Body「詳細」をはさむ形です。「起承転結」ではなく，いわば「結承結」スタイルです。本書で繰り返し練習することで，型に沿って自然に書けるようになります。

Strategy 2　「骨組みサポート」を使ってスキルアップする

　自転車に初めて乗るときに補助輪を使用して練習するのと同様に，TOEFL ライティングのスキルアップのための練習にも補助として，「骨組みサポート」を用意しています。「エッセイの型」に慣れるために，すでに書かれたサンプルを使った穴埋めや，理解度を確認するための本文からの抜粋などの「骨組みサポート」を使い，最終的にはサポートなしでも書けるようにしていきます。

Strategy 3　よい例・悪い例を判断する

　ライティング上達の鍵は「判断力」にあります。本書では，模範解答例と不十分な解答例を挙げ，「なぜよいのか」，「なぜ悪いのか」を判断する力を養成

し，ライティングに生かせるようにします。「わかる」から「できる」へのステップとして，「判断力」を身につけましょう。判断力を身につけることにより，自分の書いたエッセイを客観的に評価できるようになります。

Strategy 4　Independent Writing は構成重視で書く
　TOEFL ライティングでは，エッセイライティングの基礎スキルがあるかどうかが採点されますので，内容はもちろん重要ではありますが，それ以上に，構成に評価の重点が置かれます。インパクトのある内容を追求するあまり，構成がバラバラにならないように気をつけましょう。

Strategy 5　パロットフレーズを使いこなす
　本書では，エッセイでよく使われる決まり文句を，「パロットフレーズ（Parrot Phrases）」と呼び，随所で紹介しています。オウム（parrot）のように何度も繰り返して暗記し，意見を展開させたいときや逆のことを述べたいときなどに，そのまま使いましょう。そうすることで文法やボキャブラリーのミス，または書き方で悩む時間を減らすことが可能になります。

Strategy 6　「解答チェック！」を活用する
　本書に掲載している Sample Answers（解答例）はあくまで例ですので，それをもとに自分の書いたエッセイの評価をすることは必ずしも容易ではないかもしれません。そこで，ライティング評価のための「解答チェック！」を有効活用しましょう。チェックがつかなかった箇所は自分の弱点です。書き直しや次回のライティングのときに意識して取り組みましょう。

❺ リスニングやリーディングの対策

　Integrated Writing では，読解力とリスニング力がライティングのスコアに影響を及ぼすのは言うまでもありません。ここで必要となるのは，一般的な読解力やリスニング力はもちろんのこと，パッセージを速く読むための読解スピードや，パッセージを読みながらメモを取る技術，レクチャーを聞きながらメモを取る技術も必要となります。難易度の高いタスクですが，本書 STEP 11 〜 15 にある練習を繰り返し行うことで，コツがつかめます。
　また，読解力，リスニング力に不安のある学習者は，同シリーズ『リーディング問題 270 [4 訂版]』，『リスニング問題 190 [4 訂版]』で基礎力を同時に伸ばしていくとよいでしょう。

●タイピングについて●

❶ タイピングの重要性

　どれほどよい構成を考えたとしても，制限時間内（Integrated Writing は 20 分，Independent Writing は 30 分）にエッセイを完成させなくては意味がありません。タイピングのスピードはライティングスキルと直接関係はありませんが，エッセイのスコアを左右する重要な要素の 1 つです。

　タイピングを速く正確に行うためには，普段から練習をして慣れるしか方法はありません。練習として，本書に掲載されているサンプルエッセイをタイプしてみましょう。タイピングが苦手な人は，市販のタイピングソフトを使用するのも効果的です。時間内に一定以上の文字数を打てるように，ブラインドタッチ（キーボードを見ずに打ち込む技術）を身につけられるとよいでしょう。タイピングは，留学中もレポートやメールなどを書く際に必要となるスキルです。

❷ タイプミスやスペルミスの傾向を知る

　TOEFL ライティングの試験本番では，スペルチェック機能はありません。日ごろからタイプミスやスペルミスに気をつける必要があります。文書作成ソフトによってはスペルミスの自動修正機能が組み込まれているもの（Microsoft Word など）もありますが，ライティングの練習をするときには，その機能をオフに設定して使いましょう。ライティング終了後にスペルチェックを行うことで，自分のスペルミスの傾向を知ることができます。あまりにミスが多い場合は減点の対象となるため，日ごろからの注意が必要です。

❸ タイピングの練習

　本書中の ✏ の箇所は，ライティングを練習する Exercise（または Practice）です。ここでタイピングの練習をしましょう。

●パソコン上の操作方法●

これまでに説明してきたように，TOEFL ライティングでは以下の2種類の問題が出題されます。

Integrated Writing（リーディング＋リスニング＋ライティング）
Independent Writing（ライティング）

ここでは Integrated Writing を例に，パソコンの操作方法を説明します。Independent Writing の手順は次ページの3，4のみとなります。

❶ リーディング

まず画面にリーディングパッセージが表示されます。リーディングの制限時間は3分間で，残り時間が画面右上に表示されます。制限時間になると自動的にリスニングに進みます。

（実際の画面とは異なることがあります）

❷ リスニング

画面には右のように講義の様子が表示され，1のパッセージと同じテーマの講義が流れます。

❸ 質問

画面上に指示と質問が表示されます。画面左には1のパッセージがもう一度表示されます。画面右の空欄に解答をタイプすることになります。残りの解答時間が画面右上に表示されます。

❹ Copy・Cut・Paste の操作方法

タイプしている途中で解答を修正する場合，ライティングスペースの上にある各アイコンを用いて操作します。解答の一部をコピーまたは削除する場合，マウスをドラッグして該当箇所を選択してから Copy「コピー」または Cut「削除」のアイコンをクリックします。いったんコピー・削除したものを貼り付ける場合は，貼り付けたい位置にカーソルを動かしてから Paste「貼り付け」のアイコンをクリックして操作します。なお，アイコンの右側にはその時点までに入力された語数が表示されます。

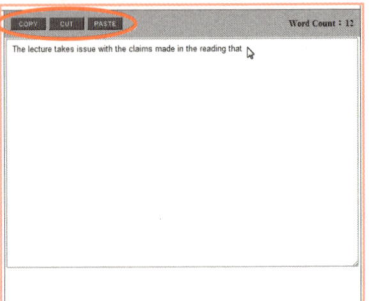

CHAPTER 2 >>

基礎学習

- ライティングの基礎 …… 28
- 「設計図」の作成 …… 33
- Introduction …… 40
- Body …… 50
- Conclusion …… 81
- Independent Writing …… 87
- Integrated Writing …… 101
- 総仕上げ …… 153

STEP 1 ライティングの基礎

学習目標　TOEFL ライティングの基本ルールを知る。

ポイント

　エッセイを書く際に基本になるのが，エッセイ全体の構成の仕方です。TOEFL ライティングの採点者は，最初に受験者がエッセイの書き方を知っているかどうかを判断します。つまり，CHAPTER 1 で学習したエッセイのスタイルで書かれているかどうかがスコアに影響してくるのです。

　本書ではこのエッセイのスタイルを "おでんスタイル" と呼びます。お皿の上におでんの具が「こんにゃく(Introduction)」→「さつまあげ(Body 1)」→「さつまあげ(Body 2)」→「こんにゃく(Conclusion)」の順に並んでいるイメージです（右図）。

　STEP 1 では，これらのパラグラフの構成，文やパラグラフの関係を表す転換語について学習します。

Exercise 1

　下の (A)〜(D) のエッセイのイメージを見て，適切なパラグラフの構成になっているものを選びましょう。

(A) / (B) / (C)  / (D)

Answer

(D)

Key Notes

　(A) はパラグラフ（段落）構成がされていません。言いたいことを詰め込んだだけの構成のない書き方です。(B) は 2 つのパラグラフから構成されていますが，2 つのパラグラフでは Introduction→Body→Conclusion のスタイルは作れません。(C) は短いパラグラフが羅列されています。これは各パラグラフの主旨（アイデア）について，裏付け（サポート）が書かれていないと考えられます。「アイデアをリストアップする」ことは「エッセイを書く」ことではありません。(D) は短い Introduction の下に 2 つの Body があり，さらに短い Conclusion へと続いていることがわかります。英語によるエッセイは必ずこのスタイルにしなければなりません。よって，正解は (D) です。

　このように，エッセイの書き方はとてもシンプルですが，多くの日本人学習者はこのルールを知らずに TOEFL を受験しています。ほとんどの受験者が，(A)，(B)，または (C) のようなスタイルで書いているのです。日本人学習者のライティングスコアが低い大きな理由がここにあります。もちろんエッセイは見た目だけで判断されるわけではありませんが，パラグラフの構成は内容に関連してくるので，絶対に守らなければならない重要事項です。

■エッセイの構成要素

　エッセイの構成要素（材料）には以下の 5 つがあります。

Introduction	
①主張：MP Main Point	自分の立場を明らかにし，Conclusion（結論）に関連した意見を表す文。
②構成表示：OI Organization Indicator	主張についての裏付け理由（SR）に簡単に言及し，それによってこれから Body でどのような内容を展開するか予告する。Body の展開内容の構成を示すのでこう呼ぶ。

Body	
③裏付け理由：SR Supporting Reason	各パラグラフのトピックセンテンス（主題文）のことで，主張についての裏付け理由を述べる。通常パラグラフの第1文となる。裏付け理由はIntroductionの構成表示や，Conclusionでも述べられることが多い。
④まとめの文：SS Summing Up Sentence	Bodyパラグラフにおけるまとめの文。
Conclusion	
⑤結論：C Conclusion	Introductionで述べた主張とその裏付け理由を再び述べる。

■転換語

　文やパラグラフを結び付け，その内容の関連を表す言葉を「転換語（Transition Word）」と呼びます。読み手は，転換語によって，論旨の展開する方向を知ることができます。以下に主な転換語をまとめましたので，マスターしておきましょう（詳しくはSTEP 5 参照）。

順　序	first, second, third, last to begin (with), next, finally
追　加	in addition, furthermore, moreover, further
結　果	therefore, consequently, thus, as a result
対　比	however, nevertheless, nonetheless, by [in] contrast
例　証	for example, for instance, such as ～

Exercise 2

まず,以下のトピックとエッセイを読み,(1)〜(7) の直前の文の構成要素を答えてください。「主張」は MP,「構成表示」は OI,「裏付け理由」は SR,「まとめの文」は SS,「結論」は C とします。記号は重複しても構いません。

次に,本文を読みながら,転換語に下線を引いてください。

Some people believe that high school students should wear uniforms. Other people believe that high school students should be able to choose the clothes they wear to school. Which policy do you agree with? Use specific reasons and examples to support your answer.

(高校生は制服を着るべきだと考える人がいる。一方では,高校生は学校に着て行く服を選べるようにするべきだと考える人もいる。あなたはどちらの方針に賛成か。答えを裏付ける具体的な理由と例を挙げよ)

Although some people believe that high school students should be able to choose the clothes they want to wear to school, the best policy is that they wear uniforms (¹). There are two reasons: cost and convenience (²).

First, wearing uniforms to school is much less expensive for students and their families (³). High school students tend to be very concerned about fashion and fitting in. This means that if they can choose the clothes they want to wear to school, they will prefer to wear brand-name clothing, which in Japan is very expensive. For instance, a pair of fashionable jeans may cost 10,000 yen, and skirts and shirts may be equally as expensive. Moreover, high school students do not want to wear the same clothes every day, so they will need many shirts, skirts, and pairs of trousers. This may add up to hundreds of thousands of yen in clothing costs during a single year. Most families cannot afford this expense. By contrast, wearing uniforms is much cheaper for students and their parents (⁴).

Second, uniforms are very convenient (⁵). Students do not need to think about what they will wear to school. For instance, they do not need to consider what colors match with what, which style looks best, and what their classmates will think of their clothing. If everyone wears the same uniform, all of these choices are made in advance, and students can concentrate on studying. Furthermore, uniforms tend to be made of strong materials and they are easy to clean. When I was a high school student, I had two uniforms for each school season. When one was dirty I would wash it and wear the other one. This way, my school clothes were always clean and ready to be worn. Therefore, uniforms are very practical (⁶   ).

Thus, because of cost and convenience, high schools should require students to wear uniforms to school (⁷   ).

Answers

(1) MP (2) OI (3) SR (4) SS (5) SR (6) SS (7) C

転換語は以下のとおりです。( ) 内の数字は何行目にあるかを表します。
First (4), For instance (8), Moreover (10), By contrast (13), Second (15), For instance (16), Furthermore (20), Therefore (24), Thus (25)

【訳】高校生は学校に着て行きたい服を選べるようにすべきだと考える人もいるが，最善の策は制服を着ることである。これには2つの理由がある。コストと利便性である。

　第一に，制服を着て学校に行くことは，生徒とその家族にとって，ずっと安く済む。高校生はファッションや周囲に合わせることをとても気にかける傾向がある。ということは，もし学校に着て行きたい服を選べると，日本ではとても高価な，ブランド服を着て行くことを好むだろう。例えば，おしゃれなジーンズには1万円かかるものもあるだろうし，スカートやシャツも同じくらいの値段になる可能性がある。さらに，高校生は同じ服を毎日着たがらないため，たくさんのシャツ，スカート，ズボンが必要となる。そうなれば，たった1年間に衣料費として数十万円というお金がかかるかもしれない。ほとんどの家庭はそれほどの金銭的な余裕がない。対照的に，制服を着ることは高校生にとってもその親にとってもはるかに安く済む。

　第二に，制服はとても便利である。高校生は学校に何を着て行くかを考える必要がない。例えば，どれにどの色が合うとか，どのスタイルが最も見た目がよいとか，クラスメートが自分の服をどう思うかなどを考える必要がない。全員が同じ制服を着ていれば，前もってこうした選択はすべてされており，生徒たちは勉強に専念できる。さらに，制服はたいてい丈夫な生地でできており，洗濯が簡単である。私は高校生のとき，各学期2着の制服を持っていた。1着が汚れたときは洗濯し，もう1着を着ていた。こうして，私の制服はいつも清潔であり，着る準備もできていた。したがって，制服はとても実用的である。

　以上から，コストと利便性のために，高校は生徒が学校に制服を着て行くことを求めるべきである。

STEP 2 「設計図」の作成

学習目標 エッセイの設計図を作成するスキルを身につける。

ポイント

　制限のある時間を無駄にしたくないということで，ライティングセクションが始まるとすぐに英文を書き始める人がいますが，これは大きな間違いです。洗練されたエッセイを書くためには，最初に，メモ用紙にエッセイの「設計図」を書いておくことが重要です。自分の立場や意見を明確にし，それらをどのように展開していくかを事前に設計しておくことで，「主旨がずれる」，「内容のバランスが悪くなる」など，エッセイを書く間に起こりうるさまざまな問題を防ぐことができます。明確な設計図に基づき，適切に論理展開されたエッセイを書くことが，高得点への重要な鍵となるのです。

　STEP 2 では，模範的なエッセイがどのような設計図に基づいて書かれているのかを学習し，設計図と完成したエッセイの関係を把握します。そして，与えられたトピックに基づき，設計図を実際に書いてみましょう。設計図作りは，時間のロスになるどころか，割いた時間以上の効果が上がるのだと実感できるでしょう。

Exercise ❶

　STEP 1 で学習した以下のトピックに対する Introduction（A），（B）を読み，自分の立場を明確にして書いているものを選んでください。

Some people believe that high school students should wear uniforms. Other people believe that high school students should be able to choose the clothes they wear to school. Which policy do you agree with? Use specific reasons and examples to support your answer.

(A) High schools can have either a school uniform policy or a non-uniform policy. Both are good, depending upon the situation. What I would like to recommend is a compromise between the two. Students who want to wear uniforms can wear uniforms and students who want to choose their own clothes can choose their own clothes. That way, everyone could be happy.

(B) Although some people believe that high school students should be able to choose the clothes they want to wear to school, the best policy is that they wear uniforms. There are two reasons: cost and convenience.

Answer
(B)

Key Notes

(A) TOEFL ライティングに「両方ともよい」という結論はありません。「AかBか」の選択を迫られた場合は，必ずどちらかの立場を明確にしなくてはいけません。

(B) 適切なIntroductionです。これはSTEP 1で使用したものであることに気付きましたか。(A) のIntroductionと比べると短い文ですが，「どちらの立場を取るのか（制服に賛成）」，そして「2つの理由（コストと利便性）」が明確に書かれています。

TOEFL ライティングでは，必ずしも自分の正直な意見を書く必要はありません。つまり，実際には同意していても，同意しない立場の方が書きやすいと思えば，自分の意見と異なる立場で書いても構わないのです。

与えられたトピックを読んだときに，「それぞれによさがあり，どちらとも言えない」というのが正直な気持ちかもしれません。しかし，TOEFL ライティングでは賛成か反対のどちらかの立場を選び，その裏付け理由や具体例を論理的に提示する必要があります。「両方ともよい」という答えや，「妥協案」を提示することは認められません。

● ● STEP 2

■設計図の書き方

STEP 1 で使用したエッセイを例に設計図の書き方を学びましょう。

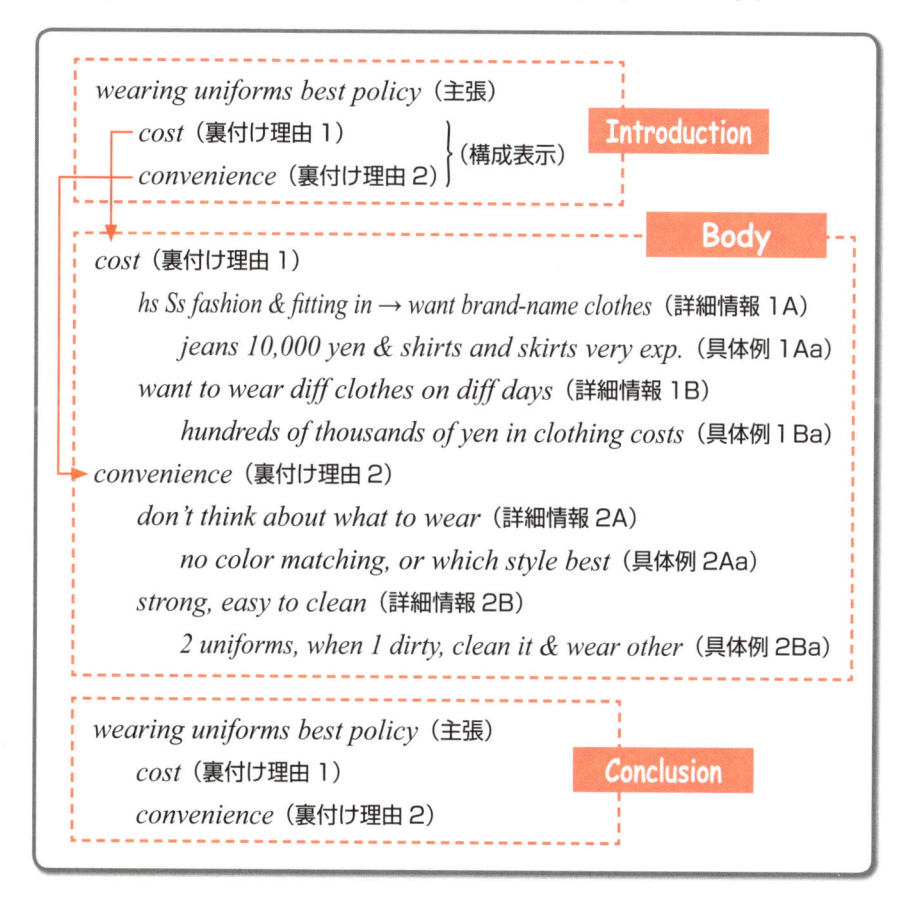

Introduction
wearing uniforms best policy（主張）
　├ *cost*（裏付け理由 1）　　　　　　　　　｜
　└ *convenience*（裏付け理由 2）　　　　　｝（構成表示）

Body
cost（裏付け理由 1）
　hs Ss fashion & fitting in → want brand-name clothes（詳細情報 1A）
　　jeans 10,000 yen & shirts and skirts very exp.（具体例 1Aa）
　want to wear diff clothes on diff days（詳細情報 1B）
　　hundreds of thousands of yen in clothing costs（具体例 1Ba）
convenience（裏付け理由 2）
　don't think about what to wear（詳細情報 2A）
　　no color matching, or which style best（具体例 2Aa）
　strong, easy to clean（詳細情報 2B）
　　2 uniforms, when 1 dirty, clean it & wear other（具体例 2Ba）

Conclusion
wearing uniforms best policy（主張）
　cost（裏付け理由 1）
　convenience（裏付け理由 2）

---

1 主張（立場）を決める

　まず，トピックに対する主張（立場）を明確にします。上の図の Introduction と Conclusion がまったく同じになっていることに気づきましたか。"おでんスタイル"で両方とも「こんにゃく」になっているように，この 2 つの部分はセットです。

2 「設計図」の作成

　次に Body の内容を検討します。主張を裏付ける詳細情報や具体例を書き出します。設計図なので，自分がわかる程度の簡潔な書き方でよいでしょう。

Exercise 2

Exercise 1 のトピックに対し，「高校生は自分で着る服を選べるようにするべきだ」という立場を主張する設計図を作成しましょう。(A)～(D) に自分のアイデアを記入して，設計図を完成させてください。

---

choosing own clothes best policy
    more comfortable
    more interesting & expressive

more comfortable
    adjust to daily temperature
        in spring or fall (A)＿＿＿＿＿＿＿＿＿＿＿＿＿＿＿＿
        in winter (B)＿＿＿＿＿＿＿＿＿＿＿＿＿＿＿＿＿＿＿

more interesting & expressive
    wear what you feel like wearing on that day
        (C)＿＿＿＿＿＿＿＿＿＿＿＿＿＿＿＿＿＿＿＿＿＿＿
        (D)＿＿＿＿＿＿＿＿＿＿＿＿＿＿＿＿＿＿＿＿＿＿＿

choosing own clothes best policy
    more comfortable
    more interesting & expressive

Sample Answers

(A) warmer clothes on cool days, lighter clothes on warmer days（日本の制服は夏服・冬服の2種類しかないため，気温の差が激しい時期には向いていないという視点）
(B) wear heavier shirts, sweaters, and trousers（重ね着が自由にできる）
(C) color（気分を表す／性格を表す）
(D) style and type of clothing（気分を表す／性格を表す）

● ● STEP 2

Exercise ❸

　設計図には様々なタイプがあります。ここではマッピング（mapping）と呼ばれる方法を使って，以下のトピックに対するエッセイの設計図を作成してみましょう。(A)〜(D) の空欄に当てはまると思う理由と具体例を記入してください。

The countryside is a better place to raise children than a large city. Do you agree or disagree with this opinion? Use specific reasons and examples to support your position.

（子供を育てるには，大きな都市よりも田舎の方がよい場所だ。あなたはこの意見に賛成か反対か。立場を裏付ける具体的な理由と例を挙げよ）

1　自分の主張（立場）を決める

　まず，「田舎の方がよい」という主張（賛成する立場）を決めます。それから，中央に「COUNTRYSIDE」と書き出します（下図参照）。

2　裏付け理由や具体例を書き出す

　中央に書いた主張から派生したものが，主張を裏付ける理由（理由1〜4）です。その理由を説明する具体例が，理由1〜4から派生した具体例1-1〜4となります。このようにして［主張］→［理由］→［具体例］をマッピングしていきます。以下がマッピングでまとめた設計図の例です。

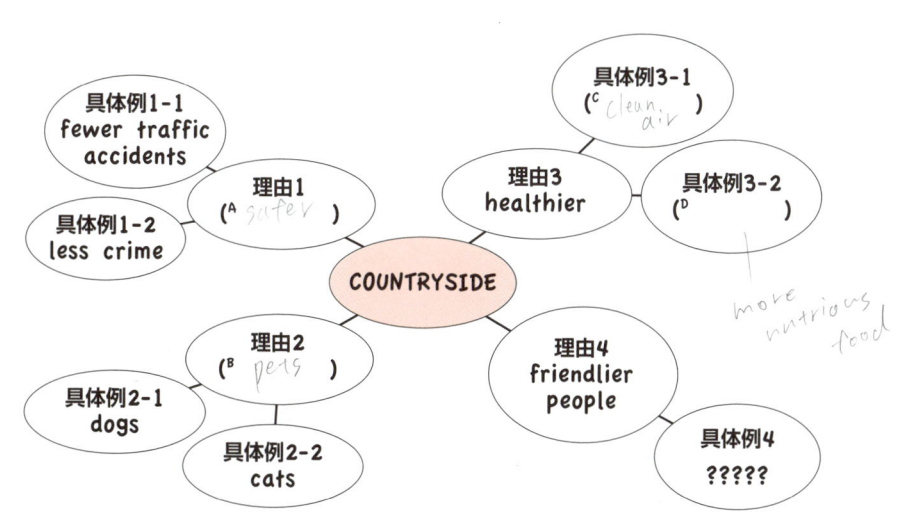

- 具体例1-1　fewer traffic accidents
- 具体例1-2　less crime
- 理由1　(A safer)
- 具体例3-1　(C clean air)
- 理由3　healthier
- 具体例3-2　(D) — more nutritious food
- COUNTRYSIDE
- 理由2　(B pets)
- 具体例2-1　dogs
- 具体例2-2　cats
- 理由4　friendlier people
- 具体例4　?????

Sample Answers

(A) safer (B) pets (C) cleaner air
(D) more nutritious food (have your own garden)

◯ Key Notes

　エッセイを書く際には，この中から2つの理由を選ぶと書きやすいでしょう。例えば，friendlier people に関しては，具体例を思いつかなかったため消去，さらに pets に関しては dogs と cats では十分な具体例を挙げにくいと考えて消去する，と判断します。その結果，safer と healthier を裏付け理由として，その先にある具体例を関連付けてエッセイを展開します。

■ そのほかの設計図

　異なるタイプの設計図（スクラッチアウトライン）も紹介しておきましょう。Exercise 3 と同じトピックで，「子供を育てるのは，大きな都市の方がよい」を選んだとします。その場合は, 以下のように理由と具体例を挙げることができます。

CITY IS BETTER :

理由1　more activities
例1-1　sports teams to play on
例1-1-1　soccer, baseball, basketball
例1-2　swimming lessons
例1-3　movies & concerts

理由2　better education
例2-1　greater choice of schools
例2-1-1　public, private, cram schools
例2-2　art classes—painting
例2-3　music lessons
例2-3-1　piano, guitar

■ **どのようなエッセイを書けばよいのか**

　ここで，どのようなエッセイを書けば高得点につながるのか，確認しておきましょう。ライティングセクションは，Integrated Writing, Independent Writing とも 0 ～ 5 点で採点され，それが 0 ～ 30 点に換算されます。高得点を得るために必要なポイントを挙げると以下のようになりますが，ETS が公式サイトなどで公表している正式な採点基準も，時間のあるときにさっと目を通しておくとよいでしょう。

　Integrated Writing では，リーディングとレクチャーのポイントと両者の関連性の提示における一貫性と正確さ，論理的な展開，単語や文法の正確さが鍵になります。

　Independent Writing では，トピックに対する的確な解答，論理的な展開，具体例や詳細情報の提示，まとまりと一貫性，単語や文法の正確さといったことに加え，多様な構文や単語を使っているかどうかも重要とされています。

　以上の事柄が完璧，あるいは完璧に近い状態であるのを 5 点とし，誤りがあっても書かれている内容が理解できないほどではないのが 4 点など，状態に応じて点数が下がっていきます。次の STEP から，高得点を得るために必要なエッセイの書き方について，ひとつひとつ説明していきます。

STEP 3 Introduction 効果的な Introduction を作成する

| Introduction |
| Body |
| Conclusion |

学習目標

トピックからキーワードを抜粋して Introduction を作成する基本テクニックと，キーワードをパラフレーズ（言い換え）して Introduction を作成する応用テクニックを身につける。

ポイント

　エッセイの冒頭部分となる Introduction は，エッセイの内容を方向付ける重要な部分です。まず自分の立場を明確にしたうえで，これから展開されるエッセイがどういう内容であるのかについての基本情報を読み手に与えます。

　効果的かつ最もシンプルな書き方は，トピックからキーワードをそのまま抜粋する（エコーする）ことです。まずは，与えられたトピックの英文からキーワードを抜粋し，それをエッセイに組み込む練習をします。

　続いて，Introduction の応用として，トピックのキーワードを言い換えてエッセイを書く練習をします。言い換えることにより，より洗練された Introduction になります。

　CHAPTER 1 で学習したように，Introduction は"おでんスタイル"の最初の，結論になる自分の立場を示す部分です。余分な情報を盛り込むことはエッセイをわかりにくくするだけでなく，時間の無駄になります。立場を明確にし，ポイントを絞って意見を提示する Introduction のライティングスキルを身につけましょう。

Example

まず，次のトピックに対する Introduction を作成してみましょう。

Students should visit their professors during office hours on a regular basis, even if they do not have specific questions. Do you agree or disagree with

● ● STEP 3

this opinion? Support your answer with specific examples.
（具体的な質問がなかったとしても，学生は定期的にオフィスアワー（質問受付時間）中に教授を訪ねるべきである。この意見に賛成か反対か。具体例を挙げ，答えを述べよ）

1　トピックを慎重に読む

2　自分の主張（立場）を決める

　ここでは「同意する立場」，つまり Students should visit regularly. の立場を取ります。立場を決める際には，必ずしもあなたの考えに近いものを選ぶ必要はありません。エッセイを展開しやすい立場を選びましょう。

3　裏付け理由を書き出す

　あなたの主張をサポートする内容（構成表示）を 2 つ書き出します。
1. Demonstrates your dedication and interest in the class materials
2. Creates a good relationship with your professors
（1. 授業の題材に対する熱心さや興味を示す　2. 教授とよい関係を築く）

4　トピックからキーワードやキーフレーズを特定する

　単語（キーワード）やフレーズ（キーフレーズ）を特定します。言い換えにくい語句は，そのまま抜粋して使用してしまいましょう。
Students should **visit** their professors during **office hours** on a **regular basis**, even if they do not have **specific questions**. Support your answer with specific examples.

5　キーワードを使って Introduction を 2 文でまとめる

It is good to **visit** teachers during their **office hours** on a **regular basis**, regardless of whether you have **specific questions** or not. This demonstrates your dedication and creates good relationships with your professors.
（質問のあるなしにかかわらず，定期的に教師をオフィスアワー中に訪ねることはよい。そうすることで，熱心さを示し，また教授とよい関係を築けるからである）

Key Notes

第 1 文で自分の立場を明確にし，第 2 文でこれからどのようにエッセイを進めるのかを提示した，よい Introduction の例です。第 2 文が，構成表示として①「熱心さ」，②「教授とよい関係を築くことの重要性」について Body で述べるという導入（Body へのつなぎ）となっており，余分な情報はまったく入っていません。

Exercise ❶

Example で確認した 5 つの段階を踏まえ，次のトピックに対するエッセイの Introduction を，(1) **2**「主張（立場）の明確化」，(2) **3**「裏付け理由の提示」，(3) **4**「キーワード・キーフレーズの特定」について分析してみましょう。

Some people believe that automobiles have been a beneficial invention, whereas others believe any benefits are outweighed by the negative impact they have had on the environment. Which position do you support and why? Give concrete examples to support your answer.

> While there may have been some benefits from the invention of automobiles, these benefits are outweighed by their negative effects on the environment. There are two reasons for this: air pollution and depletion of natural resources.

(1) 著者はどのような立場を取っているか日本語で説明しましょう。

　　_____

(2) 主張を裏付ける理由は何か，英語で 2 つ書いてみましょう。

① _____
② _____

(3) トピックのキーワードやキーフレーズに該当するものを抜き出してください。また，それらが Introduction でどのように使われているか，簡潔に説明してください。

Answers

(1)「利益よりも悪影響が多い」
(2) ① air pollution ② depletion of natural resources
(3) automobiles, beneficial invention, benefits, outweighed, negative, environment
Introduction でもこれらのキーワードを使っている。beneficial という語は登場しないが，代わりに benefits が2度出てくる。

Key Notes

(1) 第1文の these benefits are outweighed by their negative effects on the environment から，「利益よりも悪影響が多い」という立場を明確にしていることがわかります。
(2) 第2文から，① air pollution「大気汚染」と ② depletion of natural resources「天然資源の枯渇」が裏付け理由となります。

　Introduction の書き方に慣れてくると，書き方のパターンは常に同じなので，どんなトピックであってもそれほど大変な作業ではないと気づくはずです。この点を意識して，STEP 1と2のサンプルエッセイの Introduction を読んでみましょう。キーワードやキーフレーズをトピックから抜粋することに慣れると，短時間での Introduction 作成が可能となります。

【トピックの訳】自動車は役に立つ発明だと考えている人もいれば，一方でどんな利益より環境に与えてきた悪影響の方が大きいと考える人もいる。あなたはどちらの立場を支持するか。また，それはなぜか。具体例を挙げて述べよ。

【Introduction の訳】自動車の発明により多くの利益を得られたかもしれないが，環境への悪影響の方が利益を上回っている。これには，2つの理由が挙げられる。大気汚染と天然資源の枯渇である。

Exercise 2

以下のトピックについて Introduction を書いてみましょう。ライティングの際には，トピックの後にまとめた「解答チェック！」に注意してください。

Scholarships should be offered primarily on the basis of financial need, rather than on academic achievement. Agree or disagree with this statement and give concrete examples to support your answer.

(奨学金は，学業成績ではなく，主に金銭的な必要性をもとに提供されるべきである。この主張に対して賛成か反対かを決め，答えを裏付ける具体例を挙げよ)

解答チェック！

- ☐ トピックのキーワードを特定しましたか
- ☐ 第1文でキーワードを使用していますか
- ☐ 第2文で明確に構成表示を述べていますか
- ☐ 余分な情報を入れていませんか

Sample Answer

I disagree with the idea that **scholarships should be offered primarily based on financial need, rather than academic achievement**. There are two reasons for this: <u>attracting talented applicants</u> and <u>motivating students to work harder</u>.

【訳】奨学金は，学業成績ではなく，主に金銭的な必要性をもとに提供されるべきだという意見に反対である。これには，2つの理由が挙げられる。才能のある志願者を引きつけること，そして学生が学業にさらに一生懸命に励む動機付けとなることである。

○ Key Notes

書き出しで「同意しない」という自分の立場を明確にし，裏付け理由を2つ提示しています(下線部)。Body で展開する裏付け理由(構成表示)として，①「才能のある志願者(学生)を引きつける」こと，②「より一生懸命に学業に励ませる」ことを取り上げることがわかります。

■言い換え（パラフレーズ）を身につける

　Introduction の 2 文はエッセイで非常に重要な位置付けであり，採点者の印象を左右します。高得点を目指すためには，より洗練された Introduction を作成し，読み手に豊かな表現力を示すことが大切です。そのために重要なスキルが「言い換え（パラフレーズ）」です。これは，異なる語句や文法構造を用いて言い換える方法です。トピックの英文に使われている語句をそのまま抜粋することに慣れたら，次はパラフレーズに挑戦しましょう。

Exercise ❸

　Exercise 2 で使用した以下のトピックを使ってパラフレーズの練習をしましょう。パラフレーズには (A) キーワードのパラフレーズと，(B) それ以外の言葉のパラフレーズの 2 種類があります。ここではこの 2 つに関して練習します。

Scholarships should be offered primarily on the basis of financial need, rather than on academic achievement. Agree or disagree with this statement and give concrete examples to support your answer.

1　トピックを慎重に読む

2　自分の主張（立場）を決める

　ここでは「同意する立場」，scholarships should be offered primarily on the basis of financial need を取ります。

3　裏付け理由を書き出す

　以下に **2** で決めた主張（立場）を裏付ける理由を 2 つ英語で書いてみましょう。

1. _____
2. _____

> **Sample Answers**
> 1. Social equity: not only wealthy students should have this chance.
> 2. Measuring true potential: prior academic achievement is not always the best measure.

4 トピックのキーワードの特定

トピックのキーワードを特定します。提示されたトピックで，まずは最も重要と思われる語句を，次にそれ以外の重要な語句を特定します。以下では，色の付いている部分が最も重要な語句，下線部がそれ以外の重要な語句です。

Scholarships should be offered primarily on the basis of **financial** need, rather than on **academic achievement**. Agree or disagree with this statement and give concrete examples to support your answer.

5 キーワードのパラフレーズ

4で特定した語句を，同義語を用いてパラフレーズしてみましょう。

キーワード	意　味	パラフレーズ
scholarships	奨学金	
financial	財政の	
academic achievement	学業成績	
offer	〜を提供する	
primarily	主に	
on the basis of 〜	〜に基づき	
rather than 〜	〜よりむしろ	

Sample Answers

scholarships → grants（助成金），funding（基金）／ financial → economic（経済上の）／ academic achievement → previous grades（これまでの成績）

offer → tender（～を提供する，支払う）／ primarily → mainly（主に）／ on the basis of ～ → based on ～（～に基づき）／ rather than ～ → instead of ～（～の代わりに）

🔑 Key Notes

　パラフレーズする際に気をつけたいのは，必ずしもすべてをパラフレーズする必要はないということです。以下のような場合は，そのまま抜粋して使いましょう。

・すぐに同義語を思いつかない場合
・適切な同義語がない場合
・同義語を使うとニュアンスやインパクトが変わってしまう場合

　grants と funding は，scholarships とはややニュアンスが異なりますので，ここでは scholarships をそのまま使用した方がよいでしょう。tender は offer の同義語ですが，やや難解なので，ほかの同義語も思いつかない場合は，そのまま抜粋して offer を使いましょう。

　primarily の同義語は数多くあります。以下に同義語をまとめました。汎用性が高いので，覚えておきましょう。

chiefly, largely, mainly, predominantly, principally（主に）
above all（何よりも），especially（特に）
first and foremost（まず第一に）

　なお，同義語については STEP 16 で改めて取り上げますので，そちらでも確認をしてください。

6 Introduction の作成

5 でパラフレーズした表現を用いて Introduction を作成しましょう。

解答チェック!

- ☐ トピックからキーワードを特定しましたか
- ☐ 言い換えられる語句をパラフレーズしましたか
- ☐ 言い換えられない語句はそのまま抜粋していますか
- ☐ 構成表示を明確に入れましたか
- ☐ 余分な情報を含めていませんか

Sample Answer

I agree that scholarships should be offered mainly based on economic need instead of previous grades. There are two reasons for this: social equity and measuring true potential.

【訳】過去の成績ではなく，主に経済的な必要性に基づいて奨学金が与えられるべきだということに賛成である。これには2つの理由がある。社会的な公平と真の可能性の評定である。

◯ Key Notes

解答例では，scholarships と offered はそのまま抜粋され，以下の語句はパラフレーズされています。

primarily → mainly, financial need → economic need, rather than → instead of, academic achievement → previous grades

解答はあくまで一例です。内容が正確に，かつ情報の質を変えずにパラフレーズされていることを確認しましょう。

■**同義語の学習法**

　パラフレーズに必要な同義語・類義語を学ぶには，類（義）語辞典（thesaurus）を使用することをお勧めします。ボキャブラリー学習には非常に効果的です。Microsoft Word を使用している場合，「類義語辞典」機能が使えますので，試してみましょう。また，市販されている書籍の辞典や電子辞書に搭載されている辞典を活用してもよいでしょう。

Parrot Phrases

● 賛成［反対］意見の理由を述べる際に使用

There are two reasons for this: air pollution and depletion of natural resources.

（これには2つの理由がある。（それは）大気汚染と天然資源の枯渇である）

● 反対［賛成］を述べる際に使用

I disagree [agree] with the idea that scholarships should be offered primarily based on financial need, rather than academic achievement.

（奨学金は，学業成績ではなく，主に金銭的な必要性をもとに提供されるべきだという意見に反対［賛成］である）

STEP 4　Body の基本ルール

Body ①

Introduction
Body
Conclusion

学習目標　Body の構造を理解し，核になる「トピックセンテンス」を効果的に書くテクニックを身につける。

ポイント

　Introduction，Body，Conclusion の書き方には，それぞれのルールが存在しています。当然，ここで扱う Body には Body の役割があり，そこに独自のルールも存在します。Introduction では，これから展開する内容の方向性に触れるだけですが，Body では実際にその内容を展開しなくてはなりません。

　Body パラグラフでは，第 1 文で自分の主張の核となる裏付け理由を掲げます。この文を「トピックセンテンス（主題文）」と呼びます。その後，そのトピックセンテンスの根拠となる「サポートセンテンス」を書きます。Introduction や Conclusion と同様に，Body でも結論を先に述べ，その後に詳細情報や具体例を用いてトピックセンテンスの裏付けをしていきます。このとき，Introduction でも説明しましたが，転換語を使いながら読み手を誘導します。なお，2 つ以上の結論・主張があるときは改行して別パラグラフとし，1 つのパラグラフの中では，1 つの結論・主張だけを述べるようにしましょう。Body では「文章の型」のほか，「内容がトピックに沿っているか」が重要となります。

　STEP 4 では，まず Body のルールを理解するために，「トピックセンテンス」，「転換語を効果的に用いたサポートセンテンス」，「まとめの文」の順で展開されたよい Body を分析し，続いて実際にトピックセンテンスを作成してみましょう。

Example

　STEP 3 の Exercise 1 で取り上げたトピックに対するエッセイの Body パラグラフを作成しましょう。

● ● STEP 4

Some people believe that automobiles have been a beneficial invention, whereas others believe any benefits are outweighed by the negative impact they have had on the environment. Which position do you support and why? Give concrete examples to support your answer.

1 Introduction を完成させる

> While it may be true that cars have been a useful invention, their benefits are mostly outweighed by their harmful effects on the environment. There are two main reasons: they pollute the air and deplete natural resources.

2 Introduction の主張の裏付け理由を Body の第 1 文で述べる（トピックセンテンスの作成）

> Air pollution caused by cars and other vehicles is the first reason why the impact of the automobile has been largely negative.

3 トピックセンテンスの根拠となる詳細情報や具体例を述べる（サポートセンテンスの作成）

Body 1 の第 2 文以降を書きます。サポートセンテンス作成の際には転換語を効果的に使いましょう（詳細は STEP 5 を参照）。

> Cars produce a number of harmful emissions when they burn gasoline. **First**, carbon monoxide, which is odorless and colorless, is a deadly gas that can kill a person in an enclosed space such as a garage, and it contributes to overall air pollution when it is released into the atmosphere. **Second**, carbon dioxide, also produced by cars, is a greenhouse gas and one of the reasons why the earth is growing warmer. **In fact**, cars are responsible for much of the carbon dioxide pollution that is changing the earth's climate. **Lastly**, autos produce other gases and particles, such as nitrogen oxide, that create smog and affect the ozone. These chemicals cause allergic reactions in some people and a poor living environment for everyone, particularly those who live in big cities.

4 まとめの文で裏付け理由を再確認する（Body 1 最終文）

For all of these reasons, the automobile has contributed to air pollution and has had a harmful influence on the environment.

🔑 Key Notes

　これは非常に優れた Body パラグラフの例です。明確なトピックセンテンスから始まり，まとまりのよい文で終わっています。また，さまざまな詳細情報や具体例を使ってサポートセンテンスを展開しているほか，転換語（色の付いた語句）を使用して読み手に対する内容の方向付けがしっかりとできています。

　それぞれの文がエッセイでどのような役割を果たしているのかを理解することが，ライティング力上達への第一歩です。役割のない文は読み手の理解の妨げになりますので，そのような文を書かないように気をつけましょう。

【訳】　自動車が役に立つ発明だということは確かかもしれないが，概して環境への悪影響の方が，その利益を上回る。これには主に2つの理由がある。空気を汚染することと天然資源を枯渇させることである。

　自動車やそのほかの乗り物によって引き起こされる大気汚染が，自動車の影響が主としてマイナスであるということの1つ目の理由である。ガソリンを燃やすときに，自動車は多くの有害物質を放出する。第一に，無色無臭の一酸化炭素は非常に危険なガスで，ガレージなどの閉め切られた場所にいる人を死に至らせる。さらに，大気中に放出されると，大気汚染全体の一因となる。第二に，二酸化炭素も自動車により放出されるが，これは温室効果ガスであり，地球温暖化が進む原因の1つである。実際に，地球の気候を変化させている二酸化炭素汚染の責任の大半は自動車にある。最後に，自動車は窒素酸化物など，スモッグを発生させてオゾン層に影響を与えるほかのガスや粒子を作り出す。これらの化学物質は一部の人々にアレルギー反応を引き起こし，すべての人々，特に大都市に住んでいる人々にとって劣悪な生活環境の原因となる。これらすべての理由から，自動車は大気汚染の一因となり，環境に悪影響を与えている。

Exercise **❶**

次の英文は，Example で作成した Body パラグラフの次に来る Body の第 2 パラグラフです。文中の「トピックセンテンス」，「まとめの文」，「転換語」をそれぞれ抜き出してください。

　　In addition, autos and other vehicles deplete natural resources. To begin, they directly use an enormous amount of the world's oil since they burn gasoline for fuel. For example, in Japan, millions of liters of gasoline are burned every single day in cars and trucks. The same is true in countries all around the globe. This oil can never be replaced or re-used, and experts predict that all known oil reserves will probably be used up by the middle of this century. Next, the manufacturing of car parts also uses up huge amounts of resources, especially oil. For instance, the plastic used in automobile bodies comes from oil, and the steel used in the frames and other parts must be produced at high temperatures, which also uses oil. All of this production process consumes non-renewable energy sources. Therefore, in both their daily use and their manufacturing, cars and trucks expend natural resources.

Answers

トピックセンテンス：In addition, autos and other vehicles deplete natural resources.
まとめの文：Therefore, in both their daily use and their manufacturing, cars and trucks expend natural resources.
転換語：In addition, To begin, For example, Next, For instance, Therefore

Key Notes

同じ語句を繰り返し使うのではなく，同じ内容でも異なる語句を使って表しています。このようにパラフレーズすると，表現力が豊かであるとして評価されます。
（例　自動車＝ autos, vehicles, cars, trucks, automobiles；使い果たす ＝ deplete, use up, expend；天然資源＝ natural resources, non-renewable energy sources）

【訳】加えて，自動車やほかの乗り物によって，天然資源が枯渇している。初めに，燃料としてガソリンを燃やすので，世界の石油を大量にそのまま使用している。例えば，日本では，自動車やトラックで毎日何百万リットルというガソリンが燃やされている。世界中の国々でも同じことが言える。この石油は決して替えがきかず，再利用することもできず，専門家の予想では，今世紀半ばごろまでには現在知られているすべての石油埋蔵量が使い果たされるとのことである。次に，自動車の部品の製造も，大量の資源，特に石油を使い果たしている。例えば，車体に使われるプラスチックは石油からできており，フレームやそのほかの部品に使われている鋼鉄は，高温で製造されなければならず，それにも石油を使用する。このすべての生産過程で再生不可能なエネルギー源を消費している。したがって，日常での使用，生産段階の両方において，車やトラックは天然資源を消費しているのである。

■構成表示とトピックセンテンス

では,トピックセンテンスの具体的な書き方を練習しましょう。

まず,STEP 1 で取り上げた,「制服を着るべきかどうか」というトピックに対する解答例のトピックセンテンスを分析し,書き方のヒントを学びます。まず,Body のトピックセンテンスのキーワードに下線を引いてみましょう。

Body 1(トピックセンテンス 1):
First, wearing uniforms to school is much **less expensive** for students and their families.

Body 2(トピックセンテンス 2):
Second, uniforms are very **convenient**.

次に,これらのキーワードが Introduction でどのように表現されていたかを見てみます。

Although some people believe that high school students should be able to choose the clothes they want to wear to school, the best policy is that they wear uniforms. There are two reasons: **cost** and **convenience**.

Body のキーワード less expensive, convenient は,Introduction ではそれぞれ cost, convenience と表現されていたことがわかります。Introduction で明示する Body の構成表示と Body の間には「パラフレーズ(言い換え)」,「抜粋」が行われたことが理解できます。

構成表示(Introduction)	表現方法	Body のキーワード
cost	パラフレーズ	less expensive
convenience	抜粋(品詞を変換)	convenient

パラフレーズは抜粋より難易度が高い作業ですが,パラフレーズすることで常に抜粋よりも高得点を取れるとは限りません。パラフレーズするに越したことはありませんが,無理をしてパラフレーズすることよりも,トピックセンテンスの内容(主張を十分に裏付けているか)に注意しましょう。

Exercise ❷

以下は，STEP 3 で学習したトピック「オフィスアワー（質問受付時間）中に教授を訪問すべきかどうか」についての Body パラグラフです。第 1 文目の [Topic Sentence] に入るトピックセンテンスの例 (A) 〜 (C) を分析し，「不足あり」または「よい」の評価をつけてください。また，そのスコアをつけた理由も答えてください。

[Topic Sentence]. University classes are often quite large and it is difficult to get to know professors by just going to class. Many professors teach not only because they are interested in their subject but also because they want to get to know their students to help them grow and learn. This kind of broader education typically takes place outside the classroom. During office hours, students and professors can talk together more personally, and professors can give students more individual guidance. For example, it was during his office hours that I really got to know my chemistry professor, Dr. Suzuki, and he taught me more about science and life during his office hours than even in his classes. Furthermore, the good relationships one can develop by meeting professors during office hours may have a significant influence on one's future career. For instance, Professor Shimada, whom I got to know during office hours, offered me a job as her research assistant. Later, she wrote strong letters of recommendation for me to enter graduate school. These are just a few of the benefits that one gets from meeting professors during office hours and creating good relationships with them.

トピックセンテンスの例

> (A) It is almost impossible to get to know professors just by attending class.
> (B) I'd like to recommend that everybody get to know their professors during office hours.
> (C) The first reason why it is good to regularly drop by professors' offices during office hours is that it cultivates good relationships with them.

Answers

(A) 不足あり：Body の内容に関連してはいますが，一般的すぎます。Body パラグラフに何が書かれているのかを読み手に示していません。
(B) 不足あり：主張に基づいてはいますが，裏付け理由が入っていません。読み手はパラグラフを最後まで読まないと，書き手のポイントをつかむことができません。
(C) よい：転換語で始まり，主張と裏付け理由も書かれています。パラグラフに何が書かれているのかをはっきりと示しており，その後に続く複数の内容をうまく 1 文にまとめています。

【訳】[トピックセンテンス]。大学のクラスはとても大きいことが多く，授業に行くだけでは教授と知り合いになることは難しい。多くの教授は，その専門科目に興味があるから教えているだけでなく，学生が成長し学ぶのを支援するために彼らのことを知りたいと思っているから教えているのである。こうしたより広い教育は，通常，教室の外で行われる。オフィスアワーでは，学生と教授はより個人的に話すことができ，教授はより学生に合った指導を行うことができる。例えば，私が化学の教授であるスズキ博士をよく知るようになったのはオフィスアワーにおいてであり，授業のとき以上に科学や人生について教えていただいた。さらに，オフィスアワーに教授に会うことで培ったよい関係は，将来のキャリアに重大な影響を与えるかもしれない。例えば，私がオフィスアワーでよく知るようになったシマダ教授は，私に研究助手の仕事をくださった。その後，大学院入学のための強力な推薦状を書いてくださった。これらは，オフィスアワーに教授と会い，よい関係を築くことで得られる恩恵のほんの一部である。

【訳】(A) 授業に出席しているだけで，教授のことを知るのはほぼ不可能である。
(B) 私はすべての学生がオフィスアワーに教授を知るようになることを勧めたい。
(C) 定期的にオフィスアワーに教授のオフィスを訪問することがよいことの理由の 1 つ目は，教授とのよい関係を深められることである。

Exercise 3

STEP 3で扱った以下のトピックに対するエッセイを書きましょう。すでにIntroductionは完成していますので、まずは構成表示に下線を引いてください。それをもとに2つのトピックセンテンス（TS-1, TS-2）を書いてください。

Scholarships should be offered primarily on the basis of financial need, rather than on academic achievement. Agree or disagree with this statement and give concrete examples to support your answer.

> I disagree with the idea that scholarships should be offered primarily based on financial need, rather than academic achievement. There are two reasons for this: attracting talented applicants and motivating students to work harder.

TS-1 _____

_____

_____

TS-2 _____

_____

_____

● ● STEP 4

Sample Answers

> 構成表示① attracting talented applicants
> ② motivating students to work harder

構成表示①のトピックセンテンス（TS-1）

【抜粋型】

First, it is better to offer scholarships based on academic achievement in order to <u>attract talented applicants</u>.

（第一に，才能のある志願者を引きつけるために，学業成績に基づいて奨学金を提供した方がよい）

【抜粋 + パラフレーズ型】

To begin, a school <u>can attract more capable applicants</u> if it grants scholarships based on academic accomplishment rather than financial need.

（初めに，金銭的な必要性ではなく，学業成績に基づいて奨学金を与えれば，学校はより能力のある志願者を引きつけることができる）

【パラフレーズ型】

The first reason why schools should base scholarships upon academic achievement instead of economic need is that they <u>can attract more gifted candidates</u> for their programs.

（学校が奨学金を，経済的な必要性ではなく，学業成績に基づいて与えるべきであることの第一の理由は，学校のプログラムに，より能力のある志願者を引きつけることができるからである）

構成表示② のトピックセンテンス（TS-2）

【抜粋型】

Second, it is better to offer scholarships based on academic achievement in order to <u>motivate students to work harder</u>.

（第二に，学生がより一生懸命に励む動機付けとするために，学業成績に基づいて奨学

金を提供した方がよい)

【抜粋 + パラフレーズ型】

　　In addition, a school can <u>inspire students to work harder</u> if it grants scholarships based on academic accomplishment rather than financial need.
(さらに，金銭的な必要性ではなく，学業成績に基づいて奨学金を与えれば，学校は学生をより一生懸命に学業に取り組むもうという気にさせることができる)

【パラフレーズ型】

　　The second reason why schools should base scholarships upon academic accomplishment instead of economic need is that they can <u>induce students to achieve more</u>.
(学校が奨学金を，経済的な必要性ではなく，学業成績に基づいて与えるべきであることの第二の理由は，学校が学生に対して，さらに多くのことを達成するように促すことができるからである)

　ここで挙げたのはあくまで解答例です。Introduction にある Body の構成表示に沿ったトピックセンテンスが書かれていることが大切です。なお，トピックと Introduction の訳は STEP 3（44 ページ）で確認してください。

Parrot Phrases

● 反対の意見に触れたうえで，自分の主張を述べる際に使用

While it may be true that cars have been a useful invention, their benefits are mostly outweighed by their harmful effects on the environment.

（自動車が役に立つ発明だ**ということは確かかもしれないが**，概して環境への悪影響の方が自動車によってもたらされる利益を上回る）

Although some people believe that high school students should be able to choose the clothes they want to wear to school, the best policy is that they wear uniforms.

（高校生は学校に着て行きたい服を選べるようにすべきだ**と考える人もいるが**，最善の策は制服を着ることである）

● まとめの文で裏付け理由を確認する際に使用

For all of these reasons, the automobile has contributed to air pollution and has had a harmful influence on the environment.

（**これらすべての理由から**，自動車は大気汚染の一因となり，環境に悪影響を与えている）

STEP 5 Body ② 転換語の役割

Introduction
Body
Conclusion

学習目標
Bodyにおいて転換語を正しく使用し,詳細情報や具体例を展開するテクニックを身につける。

ポイント

トピックセンテンスを効果的に裏付けるには,サポートセンテンスで,詳細情報や具体例を提示する必要があります。つまり,「なぜ(トピックセンテンスで)そう主張するのか」という理由を明確に述べなくてはなりません。そのために,「なぜなら」,「さらに」,「例えば」などの転換語を使って展開します。文と文を結びつけるのが転換語であり,TOEFLライティングのような短いエッセイでは,転換語は採点基準の1つである「一貫性」を保つ役割をします。

STEP 5では,転換語がBodyパラグラフでどのように使われているのかを学習します。効果的に転換語が使われていないエッセイを例に,その弱点を把握・修正する練習を行い,漠然としたものではない,説得力のあるエッセイを書けるようになりましょう。

■ いろいろな転換語

STEP 1で転換語のカテゴリについて簡単に触れました。以下で,さらに多くの転換語を確認しましょう。

順序
first / second / third / last(第一に/第二に/第三に/最後に) one reason is / the second reason is(1つの理由は/第二の理由は) to begin (with) / next / finally(初めに/次に/最後に)
追加
in addition, furthermore, moreover, further(さらに) in addition to ~(~に加えて) likewise, similarly(同様に)

結果
therefore, hence, thus（したがって） consequently（その結果）, as a result（結果として） for this [that / these] reason(s)（この [その／これらの] 理由により）
対比
however（しかしながら）, nevertheless, nonetheless（それにもかかわらず） despite [in spite of] 〜（〜にもかかわらず）, even so（たとえそうだとしても） by [in] contrast（対照的に、反対に） while 〜, whereas 〜（〜であるのに、〜の一方で）
例証
for example, for instance（例えば）, such as 〜（例えば〜のような） in particular, particularly, especially（特に） in fact, as a matter of fact（実は）

Example

以下のトピックとそれに対するエッセイの Body パラグラフを読んでください。パラグラフ中の転換語の役割（順序、追加、結果、対比、例証）を確認しましょう。

Do you agree or disagree with the following statement? It is better to work for a big company than a small company. Use specific reasons and examples to support your answer.

（次の主張に賛成か、反対か。小規模な企業で働くよりも大企業で働く方がよい。答えを裏付ける具体的な理由と例を挙げよ）

To begin with（初めに）, large firms tend to have greater financial strength and dependability than small firms. **For example**（例えば）, when there is a downturn in the economy, they lay off fewer workers and go bankrupt far less often than small companies. **One reason is**（1つの理由は）that their size and borrowing power allows them to survive longer during difficult times, and to keep their workers employed and their products available. **By contrast**（反対に）, small companies have a much higher rate of bankruptcy than big firms, and to survive difficult times they have to lay off or fire their employees. Given the greater stability of large companies, they are safer and more reliable places to have a job.

Next（次に）, big firms tend to have higher salaries and more generous benefits than small companies. **For instance**（例えば）, new employees have bigger starting salaries and long-term employees can count on their salaries going up steadily over the years that they work for the firm. **Moreover**（さらに）, bonuses are typically larger at big companies. **Therefore**（したがって）, a worker's overall income is higher at a big firm than a small company. **In addition to**（〜に加えて）higher salaries, employment benefits at big firms are typically better. **For example**（例えば）, there will be more paid vacation and more sick days. Many big companies also offer additional insurance policies. **Furthermore**（さらに）, when employees are ready to retire, big companies have better pension plans. **For all these reasons**（これらすべての理由により）, big firms provide better compensation than small firms.

🔑 Key Notes

多くの文が転換語で始まっていますが，Body を書く際に転換語を使うと，内容に一貫性を与えることができます。採点者は，使われている転換語を見て，皆さんがエッセイの書き方を知っているかどうかを判断します。

【訳】初めに，大企業は，小規模な企業より大きい財政的な強みと信頼性がある。例えば，景気が悪化しているときでも小規模な企業に比べてレイオフ（一時解雇）される従業員は少なく，倒産もはるかに少ない。1つの理由として，会社の規模や資金の借入能力の大きさにより，困難な時期にもより長く会社を存続させることが可能であり，かつ従業員を雇い続けることができ，また製品も流通させ続けられるということがある。それに対して，小規模な企業は大企業よりも倒産率がはるかに高いうえ，困難な時期を乗り越えるためには従業員をレイオフ，または解雇しなくてはならない。より高い安定性を考えると，働くには大企業の方がより安全で信頼性がある。

次に，大企業は小企業と比べて給料も高く，よりよい手当が与えられる。例えば，新入社員はより多くの初任給をもらえ，勤続年数が長い社員は勤務するにつれて確実に給料が上がっていくことを当てにできる。そのうえ，大企業の方がボーナスの金額もおおむね多い。したがって，従業員の全体的な収入は小規模な会社よりも大企業の方が多くなる。より高い給料に加え，おおむね大企業の雇用条件の方がよい。例えば，より多くの有給休暇と病気欠勤日がある。大企業の多くは，ほかに保険契約も提供している。さらに，従業員が退職する際，大企業にはよりよい年金制度がある。これらすべての理由から，大企業は小規模な会社よりもよい報酬を与える。

●● STEP 5

■ 多用を避けたい転換語

以下の転換語は，書き言葉としてあまり洗練された印象を与えません。使ってはいけないということではありませんが，できるだけ文頭ではこれまでに本書で学習した転換語を使い，洗練されたエッセイを書けるようにしてください。

> 追加：and, also（そして，また），besides（そのうえ）
> 結果：so（だから），then（それから）
> 対比：but（しかし）
> そのほか：by the way（ところで）

❷xercise

以下のトピックに対するエッセイの，(1) 主張と2つの裏付け理由を含むIntroduction，(2) その裏付け理由に基づいた2つのトピックセンテンスを，それぞれ書いてください。さらに，(3) (2) で書いたトピックセンテンスのどちらかを選び，転換語を用いてその理由と例を3文以上のサポートセンテンスで書いてください。

Do you agree or disagree with the following statement? Companies should hire workers for their entire lives. Use specific reasons and examples to support your position.

（次の主張に賛成か反対か。会社は従業員を生涯雇うべきである。自分の立場を裏付ける具体的な理由や例を挙げよ）

(1) Introduction

_____
_____
_____
_____

(2) トピックセンテンス (TS)
TS-1 _____
_____

TS-2 _____
_____

(3) トピックセンテンスに続く，転換語を使用したサポートセンテンス

_____
_____
_____
_____
_____
_____

　以下の「解答チェック！」を使用し，あなたが実際に書いたエッセイを評価してみましょう。

解答チェック！

- ☐ Introduction の主張では，トピックからの抜粋またはパラフレーズをしていますか
- ☐ Introduction では Body で述べる裏付け理由を構成表示として書いていますか
- ☐ トピックセンテンスでは順序を表す転換語を使っていますか
- ☐ 例，理由，結果などを表す文に転換語を使っていますか
- ☐ 同じ転換語を繰り返して使うのではなく，様々なものを使っていますか

Sample Answers

 賛成の場合と反対の場合，2つの解答例を示しています。2つは異なる方法で展開しています。なお，下線は転換語を示しています。

賛成の場合；展開方法「抜粋」

(1) I agree that a company should **hire workers for their entire lives**. There are two reasons: company stability and worker loyalty.

(2) [TS-1] First, hiring workers for their entire lives results in company stability.
[TS-2] Second, hiring workers for their entire lives encourages worker loyalty.

(3) [TS-1 の場合] Workers know they will be employed by the firm for a long time, so they can learn their jobs well and contribute to the company. Moreover, the company can invest money in their training, because the managers know that the employees will not leave to join another firm. As a result, the company can rely upon its stable workforce, which is essential for long-term success in business.

【訳】(1) 会社が従業員を生涯雇うべきだということに賛成である。これには2つの理由がある。会社の安定と社員の忠誠心である。
(2) [TS-1] 第一に，生涯雇うことは会社の安定につながる。
[TS-2] 第二に，生涯雇うことは社員の忠誠心を促進する。
(3) [TS-1 の場合] 社員はその会社に長年雇われることがわかっているので，仕事についてよく学び，会社に貢献することができる。さらに，管理職は社員が転職することがないとわかっているため，会社は社員研修に投資できる。結果として，会社は安定した労働力に頼ることができ，それは長期にわたる事業の成功に不可欠である。

反対の場合；展開方法「パラフレーズ」

(1) While some people may believe that businesses should **offer lifetime employment**, it is far more realistic for companies to hire workers for varying periods based upon their own business needs. Two important reasons are company flexibility and employee motivation.
(2) [TS-1] To begin with, hiring workers for their entire lives is

unrealistic because companies need to be adaptable.

[TS-2] Second, if employees know that their continued employment is contingent on their successful performance, they will be more motivated to achieve their stated targets.

(3) [TS-1 の場合]　For example, during some periods sales expand and a firm grows. During such times, it needs to be able to hire additional workers. In contrast, at other times its sales may decline and its profits shrink, or it may even go into the red. During periods like this, it needs to be able to cut costs and reduce staff.

【訳】(1)　会社は従業員に生涯の雇用を提供するべきだと考える人もいるかもしれないが，会社が業務の必要性に応じて雇う期間を変える方がはるかに現実的である。2つの重要な理由は，会社の柔軟性と従業員のモチベーションである。
(2)　[TS-1] 初めに，会社は順応性が求められるため，社員を生涯雇うのは非現実的である。
[TS-2] 第二に，従業員が雇用の継続は自らの業績次第で決まると知っていれば，定められた目標の達成に向けてよりモチベーションが上がるだろう。
(3)　[TS-1 の場合] 例えば，ある期間には売上が拡大し，会社が成長する。この期間には追加の従業員を雇うことができる必要がある。それに対して，あるときには売上が減少し，利益が縮小することや，赤字になることさえある。このような期間には，コストを抑え，従業員を減らすことができる必要がある。

STEP 6 抽象から具体への展開

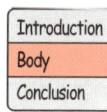

Body ③

● STEP 6

Introduction
Body
Conclusion

> **学習目標**
> 詳細情報や具体例を用いて，エッセイに"深み"を持たせるテクニックを身につける。

ポイント

　転換語を使用して，裏付け理由と詳細情報，または個々の詳細情報を関連付けることはすでに学びました。STEP 6 では，読み手（採点者）を説得するために，十分な詳細情報を使用してエッセイに"深み"を持たせる方法を学習します。

　CHAPTER 1 でも学習しましたが，日本人学習者のエッセイの多くは，主張に対して詳細な情報や具体例によるサポート力が弱く，十分な裏付け（深みのある内容展開）ができていません。そこで，ここでは「抽象のはしご（Abstraction Ladder）」という概念を使い，エッセイに"深み"を出す方法について学習します。ここでの学習を通じて，深みのあるエッセイと深みのないエッセイを判断できるようにします。Exercise では，適切なサポートの妨げとなる「情報の不十分さ」，「関連性の弱さ」，「内容の重複」を見つける練習を行います。

■抽象のはしご（The Ladder of Abstraction）

　「抽象のはしご」とは，言語学者のS. I. Hayakawa 氏が著書 *Language in Thought and Action* の中で掲げた概念で，情報とは「意味の抽象度」により判別されるという考えです。Hayakawa 氏は，ある牧場にいるベシー（Bessie）という牛を例に挙げました。同じ牧場にいるほかの牛とベシーを同じ意味の枠に入れるためには，抽象のはしごを1段上り，ベシーとほかの牛の違いを無視できる意味を当てはめる必要があります。つまり，ベシーから抽象のはしごを上っていくと，ベシー（特定の牛）

幸　福
財　産
所有物
家　畜
牛
ベシー
皮膚と骨
細　胞
原　子
電子・陽子・中性子

→牛（動物の中の１種）→家畜→所有物→財産→幸福となります。その逆に，ベシーからはしごを下りていくと，ベシー→皮膚と骨→細胞→原子→電子・陽子・中性子となります。

Exercise ❶

「抽象のはしご」を理解しましょう。以下の１～７の単語を抽象的な意味から具体的な意味の順に並べ，［　］に番号を記入してください。

1. happiness　　2. sashimi　　3. food　　4. fish
5. nourishment　　6. *maguro*　　7. health

1 → [　] → [　] → [　] → [　] → [　] → [　]

Answers

1 → 7 → 5 → 3 → 4 → 6 → 2

Key Notes

6と2は入れ替えが可能です（2. sashimi → 6. *maguro*）。とらえ方次第で，どちらにもなります。１つはマグロの食べ方として，刺身が１つの方法であるというとらえ方，もう１つは，刺身の中の種類としてのマグロというとらえ方です。エッセイを書くときには，このような抽象度の違いを，常に意識するようにしてください。

■エッセイに深みを出す＝抽象のはしごを下りる

洗練された英文エッセイを書くためにはIntroductionで主張を述べ，Bodyでは詳細情報などを用いてその主張をサポートします。そして，最後にConclusionで主張を繰り返して，Bodyをはさむ"おでんスタイル"を作ります（右図）。

Bodyにあるだ円形は裏付け理由であり，その下にある四角形は裏付け理由をサポートする詳細情報です。さらにその下の三角形では，具体例やデータを提供しています。だ円形は抽象のはしごの最上部，三角形は最下部となります。

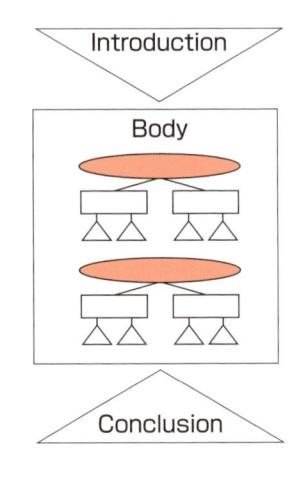

多くの TOEFL 受験者のエッセイは，図の四角形（詳細情報）で展開が終わってしまい，より下位レベル（深みを出す）まで至りません。エッセイが短くなる傾向にあるのも，抽象度が高すぎることが原因です。高得点を取るためには，抽象のはしごを効果的に上り下りし，適切な抽象度で書く必要があります。

■効果的なエッセイの Body 展開スタイル

効果的な Body の展開スタイルを，さらに細かく見ていきましょう。左側は設計図で，右側はエッセイでの展開スタイルを表しています。

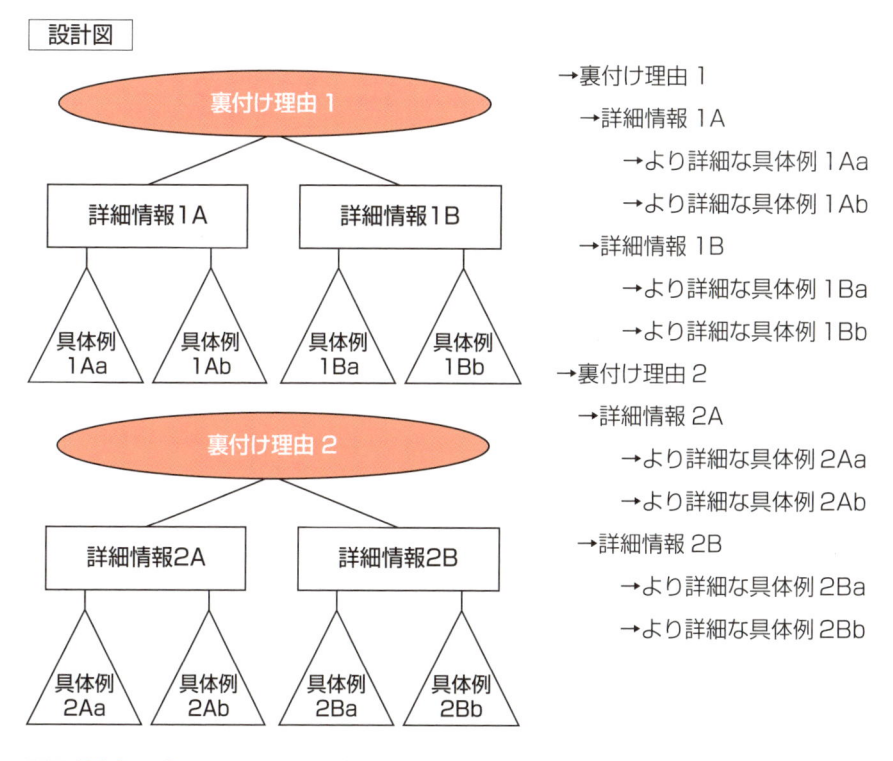

設計図

```
                    裏付け理由 1
         ┌─────────────┴─────────────┐
    詳細情報1A                  詳細情報1B
    ┌────┴────┐             ┌────┴────┐
  具体例   具体例           具体例   具体例
   1Aa     1Ab              1Ba     1Bb

                    裏付け理由 2
         ┌─────────────┴─────────────┐
    詳細情報2A                  詳細情報2B
    ┌────┴────┐             ┌────┴────┐
  具体例   具体例           具体例   具体例
   2Aa     2Ab              2Ba     2Bb
```

→裏付け理由 1
　→詳細情報 1A
　　→より詳細な具体例 1Aa
　　→より詳細な具体例 1Ab
　→詳細情報 1B
　　→より詳細な具体例 1Ba
　　→より詳細な具体例 1Bb
→裏付け理由 2
　→詳細情報 2A
　　→より詳細な具体例 2Aa
　　→より詳細な具体例 2Ab
　→詳細情報 2B
　　→より詳細な具体例 2Ba
　　→より詳細な具体例 2Bb

■具体例でデータを示し，十分な裏付けを

十分な裏付けを行うためには，より詳細な具体例を提示する際に，データを提示することが重要です。エッセイに使うデータは厳密である必要はありません。ある程度正しいと思われる情報であれば，細かい部分は自分で作っても構いません。採点者はデータが厳密であるかどうかは考慮せず，それよりもエッセイの構成，単語やフレーズの使い方，文法の正確さを重視します。

■ 受験者が抱えるライティングの3大問題

「十分な裏付けができない（内容に深みがない）」ことが，受験者が抱える最も大きな問題の1つであることはすでに取り上げました。このほかに「内容の関連性が弱い」，「内容が重複する」という問題があります。

1つの文章は，その前後の文章と論理的に関連していなくてはいけません。書き手は，論理的な流れを明確にして読み手（採点者）に伝えることが重要です。これが内容に関連性を持たせるということです。また，不必要に内容を繰り返してしまうことも問題です。すべての文が前の文の内容を展開させたものになっているか，よく確認しましょう。

Exercise 2

STEP 3などで扱った次のトピックに対するサンプルエッセイの一部を読み，(1)～(9)の文の役割を特定してください。（　）に，主張（MP），構成表示（OI），裏付け理由（SR），詳細情報（DE = Detail/Exampleのこと），より詳細な具体例（SpDE = Specific Detail/Exampleのこと）をそれぞれアルファベットで記入してください。また，関連性のない文には（X）を，重複している文には（Y）を記入してください。

各役割の詳細について確認したい場合は，STEP 1を参照してください。

Scholarships should be offered primarily on the basis of financial need, rather than on academic achievement. Agree or disagree with this statement and give concrete examples to support your answer.

　　I disagree with the idea that scholarships should be offered primarily based on financial need, rather than academic achievement (^{1}　　). There are two reasons for this: attracting talented applicants and motivating students to work harder (^{2}　　).

　　The first reason why schools should base scholarships upon academic achievement instead of economic need is that they can attract more gifted candidates for their programs (^{3}　　). Some students are classified as gifted when they are in elementary school and are enrolled in classes exclusively for gifted children (^{4}　　). At an early age, some students display special abilities and are placed in special classes (^{5}　　). Gifted students have many options for further study, so an academic institution must often provide some financial incentive in the form of scholarships to appeal to these students (⁶   ). A recent study of university admission patterns proved this fact conclusively (⁷   ). More than 60 percent of gifted students surveyed listed the availability of scholarships as the primary consideration in choosing one school over another (⁸   ). Moreover, many music students begin taking music lessons even before they enter kindergarten (⁹   ).

Answers
(1) MP　(2) OI　(3) SR　(4) X　(5) XかつY　(6) DE
(7) SpDE　(8) SpDE　(9) X

Key Notes
　(6) の「詳細情報」に基づき，「より詳細な具体例」が (7) と (8) に続いています。このような場合は，(7) よりも (8) の方が「抽象のはしご」のレベル（抽象度）が低くなり，より具体的な内容となっています（(7) は大学入学の傾向が研究で証明されたという事実で，(8) はその研究の内容）。

【訳】奨学金は，学業成績ではなく，主に金銭的な必要性をもとに提供されるべきであるという意見に反対である。これには，2つの理由が挙げられる。才能のある志願者を引きつけること，そして学生が学業により一生懸命に励む動機付けとなることである。
　学校が奨学金を，経済的な必要性ではなく，学業成績に基づいて与えるべきであることの第一の理由は，学校のプログラムに，より多くの能力のある志願者を引きつけることができるからである。小学校の間に天才児と認定され，天才児専用のクラスに登録される生徒もいる。幼いうちに特別な能力を示し，特別なクラスに入れられる生徒もいる。能力のある学生には，さらなる勉強のためのたくさんの選択肢がある。したがって，こういった学生を引きつけるために，学術機関は奨学金という形で金銭的な動機を与えなくてはいけないことが多い。大学入学における傾向の最近の研究では，この事実が決定的に証明された。調査の対象となった才能のある学生の60%以上が，学校を選択するために第一に考慮するものとして，奨学金が利用できるかどうかを挙げた。さらに，音楽を学ぶ学生の多くは，幼稚園に入る前に音楽のレッスンを受け始めている。

Parrot Phrases

●裏付け理由を書く際に使用

The first reason why schools should base scholarships upon academic achievement instead of economic need **is that** they can attract more gifted candidates for their programs.

(学校が奨学金を，経済的な必要性ではなく，学業成績に基づいて与えるべきであることの第一の理由は，学校のプログラムに，より多くの能力のある志願者を引きつけることができるからである)

STEP 7 詳細情報の書き方

Body ④

STEP 7

Introduction
Body
Conclusion

> **学習目標**
> より詳細な情報を具体例として用いて，Body を十分に展開するテクニックを身につける。

■ポイント

　STEP 6 で学習したように，TOEFL ライティングで高得点を取るためには，抽象度を上げ下げして内容を展開していくことが重要になります。しかし，このスキルを確実に使いこなすためには，より踏み込んだ練習が必要です。多くの受験者は，抽象のはしごを十分に下がることを難しいと感じています。「内容の判断を読み手に委ねる」という日本式の書き方に慣れてしまっているため，その必要性を感じていないというのも理由の 1 つでしょう。「1 を聞いて 10 を知る」というのが日本語の文化ですが，英語文化では「1 を聞いて 1 を知るだけ」なのです。10 を知ってもらうためには，10 またはそれ以上のことを言わなければなりません。

　多くの受験者のエッセイは長さが十分でなく，短くなる傾向があります。高得点を取るためには，Body パラグラフを十分に展開しなければなりません。かなり充実しているように見える STEP 1 から STEP 6 のモデルエッセイも，実はまだ完璧な展開とは言えず，さらに詳細な情報を提示できると理想的です。

　STEP 7 では，以下の 3 つの種類の具体例の展開方法を学習します。
　（1）統計データ　（2）個人の経験に基づく情報　（3）一般常識

■具体例の 3 つの展開方法

　「ポイント」で示した 3 つの種類の具体例の展開方法を紹介します。STEP 2 で学習した以下のトピックに対する Introduction と 1 つ目の裏付け理由の後に続く文として，どのような文が考えられるか，見てみましょう。

The countryside is a better place to raise children than a large city. Do you agree or disagree with this opinion? Use specific reasons and examples to support your position.

 I strongly agree that raising children in a rural setting is preferable to raising them in an urban environment.［MP＝主張］There are two reasons for this opinion: safety and nature.［OI＝構成表示］
 First of all, it is much safer to raise children in the countryside.［SR-1＝裏付け理由1］

1　統計データを用いた具体例

> For one thing, the crime rate is much lower there than it is in cities.［詳細情報］According to the Ministry of Justice, there are 42 percent fewer crimes committed in the countryside than in urban areas.［統計データ］
> （1つには，都市に比べて犯罪率が非常に低い。法務省によれば，田舎では都市に比べて犯罪件数が42％少ない）

　「42％少ない」というデータを使用することで，抽象のはしごを意識して書いていることがわかります。これは，スコアによい影響を与えます。
　ただし，必ずしもパーセントで表す必要はありません。別の例を見てみましょう。

> To begin with, the crime rate is much lower there than it is in cities.［詳細情報］One person in 15,000 living in the countryside has directly experienced a crime, compared to one person in 5,000 living in the city.［統計データ］
> （まず，都市に比べて犯罪率が非常に低い。都市に住む人は5,000人に1人の割合で犯罪の実体験があるのに対して，田舎では15,000人に1人の割合である）

　統計データが正確かどうかを採点者が調査することはありませんので，数値が正確かどうかは問われません。重視されるのは，より詳細な情報を提供することができているかどうかです。言い換えれば，抽象のはしごを1段下がって内容を深めることができているかどうかが重要なのです。

2　個人の経験に基づく情報を用いた具体例

　自分自身の経験を具体例に使うことができます。この場合も，明らかに不自然

● ● STEP 7

なものでなければ，事実かどうかは問題にされません。

> The first reason is that the crime rate is much lower there than it is in cities. [詳細情報] I never experienced a crime during the ten years I lived in a small town in Shimane, but within the first year of living in Tokyo there were two burglaries in my apartment building. [経験]
> （1つ目の理由は，都市に比べて犯罪率が非常に低いということだ。私が島根の小さな町に住んでいた10年間は犯罪とは無縁の生活だったが，東京に住み始めて最初の1年間に私のマンションで2回も強盗事件があった）

3　一般常識を用いた具体例

　書いた事柄をさらに裏付けるために，一般常識を用いて裏付ける方法もあります。一般的であることが前提とされるため，社会通念的な考えから大きく外れることは許されませんが，完全に一致しなければならないわけではありません。

> For one thing, the crime rate is much lower there than it is in cities. [詳細情報] Many people in small towns do not even worry about locking the doors to their houses. [一般常識]
> （1つには，都市に比べて犯罪率が非常に低い。小さな町に住む多くの人は，家のドアに鍵をかけることにさえ気を遣わない）

　通常，一般常識を用いた具体例は，その後に統計データを付け加えることで，抽象のはしごを1段下がることができます。以下の例で確認しましょう。

> To begin with, the crime rate is much lower there than it is in cities. [詳細情報] Many people in small towns do not even worry about locking the doors to their houses. [一般常識] Fifty-five percent of Japan's rural residents in a recent study reported never locking their doors when at home. [統計データ]
> （まず，都市に比べて犯罪率が非常に低い。最近の調査では，日本の田舎に住む人の55％は，家にいるときには鍵をかけないと報告されている）

Exercise ❶

　同じトピックを用いて，以下に提示されている裏付け理由と詳細情報をもとに，

より詳細な具体例を書いてください。なお，統計データ，個人の経験に基づく情報，一般常識の3種類をそれぞれ書きましょう。

The countryside is a better place to raise children than a large city. Do you agree or disagree with this opinion? Use specific reasons and examples to support your position.

裏付け理由：Children who grow up in rural areas can develop a greater appreciation of nature.

詳細情報：They need to travel only a short distance to experience real nature.

統計データ：_____

個人の経験：_____

一般常識：_____

Sample Answers

統計データ：The overwhelming majority of children raised in the countryside live within 3 kilometers of a river, forest, or mountain.
（田舎で育った子供たちの大多数が，川，森または山から3キロ以内に住んでいる）

個人の経験：When I lived in Kansas, within a few minutes' walk of my house, I could go hiking in the woods or swimming in a lake.
（私がカンザスに住んでいたとき，家から徒歩2，3分以内で森にハイキングに行ったり，湖に泳ぎに行ったりすることができた）

一般常識：For most children raised in rural areas, nature is only a short walk away from their front doors.
（農村部で育ったほとんどの子供たちにとって，自然は玄関から歩いてすぐのところにある）

【訳】裏付け理由：田舎で育った子供たちは，自然へのより深い理解を養える。
詳細情報：わずかな距離を行くだけで，本物の自然を体験することができる。

Exercise ❷

STEP 3 などで扱った以下のトピックを読み，自動車に対して肯定的な立場の主張，構成表示，裏付け理由に基づく詳細情報と具体例を付け加えた Body を展開してください。

Some people believe that automobiles have been a beneficial invention, whereas others believe any benefits are outweighed by the negative impact they have had on the environment. Which position do you support and why? Give concrete examples to support your answer.

　　Even though motor vehicles may adversely affect the environment, overall their creation has had a favorable effect on society. [主張] This is because of their convenience and the economic development they have made possible. [構成表示]
　　The first reason is related to convenience. [裏付け理由1]

詳細情報 1A：_____

具体例 1Aa：_____

詳細情報 1B：_____

具体例 1Ba：_____

Sample Answers

詳細情報1A：Cars enable us to travel long distances that we would otherwise not be able to travel.
（自動車を使用することで，ほかの方法では行けないような長距離を移動することができる）

具体例1Aa：Using my car, it is easy for me to commute to my job which is more than 30 kilometers away from where I live.
（車を使うことで，私は自宅から30キロ以上離れている職場への通勤が楽にできる）

詳細情報1B：Moreover, motor vehicles allow us to transport goods that we would not be able to carry otherwise.
（さらに，自動車を使うことで，それがないと運べないようなものを運搬することができる）

具体例1Ba：Over 80 percent of all urban residents use their cars at least once a week to transport their groceries from stores to their homes.
（都市で暮らす人々の80％以上は，少なくとも週に1度は店から家に食料品を運ぶために車を使っている）

【訳】自動車は環境に対して悪い影響を与えてきたかもしれないが，全体としてその創造は社会に対して好ましい影響を与えてきた。これは，自動車の便利さと，自動車が可能にした経済的発展が理由である。
　第一の理由は便利さと関連がある。

◯ Key Notes

　解答例に近いことが書ければよいというわけではありません。答えはほかにもありますが，学習した内容をうまく使って書けているかどうかを確認しましょう。ここでは，以下の具体例が使われています。
　具体例1Aa：個人の経験に基づく情報を使用（通勤手段としての使用）
　具体例1Ba：統計データを使用（買い物で自動車を使う人の割合）

STEP 8 Conclusion の書き方

学習目標
Conclusion の書き方の基本である，Introduction をパラフレーズする（言い換える）テクニックを身につける。

ポイント

　エッセイの構成要素の3つ目である Conclusion の書き方を学びます。Conclusion といっても，ここで初めて「結論」を述べるわけではないことはすでに学習しました。また，新しいアイデアを述べる必要もありません。Conclusion では，Introduction で述べた主張や構成表示を，別の言葉を用いて最後にもう一度述べ，結論の再確認を行います。Introduction では，「自分の立場・主張の明確化」と「理由の提示（構成表示）」をし，Body ではその「裏付け理由」を示します。Conclusion では，Introduction と Body で述べたことをまとめる作業を行います。したがって，この目的以外の余分な文章を書く必要はありません。簡単に言うと，「以上のことから，私は…の立場を取っています」と締めくくるのです。

　STEP 8 では，Conclusion の要素を2つ学習します。1つは必ず入れなければならない「主張の繰り返し」です。もう1つは，Conclusion を洗練させるためのもので，時間がない場合は省略可能な「裏付け理由の要約」です。

■主張の言い換え

　Conclusion の第1文で，主張を繰り返します。つまり，Introduction ですでに述べた主張をもう一度述べ，強調するということです。繰り返しには2つの方法があります。

　1つ目は Introduction の主張を「コピー＆ペースト」でそのまま貼り付ける方法です。Introduction とまったく同じ文章になりますが，間違いではないので，残り時間が少ないときにはこの方法を選びましょう。エッセイには Conclusion

が必要なので、どんな状況でも必ず書くようにしてください。コピー＆ペーストの方法でも Conclusion がないよりはましです。

　もう１つは、より効果的な Conclusion を作成する方法で、Introduction の「パラフレーズ」です。同義語や異なる構文を用いて Introduction の主張を言い換えるのです。

　以上のどちらの方法で展開する場合でも、Conclusion の書き出しは、必ず in conclusion（結論として）や consequently（その結果）などの転換語を使用してください。そうすることで、Conclusion が始まることを読み手に伝えることができ、Body からスムーズに移行することができます。

Exercise ❶

　すでに何度か学習している以下のトピックと Introduction を使用し、Conclusion を分析します。次の（1）〜（5）の Conclusion（主張の繰り返し）を読み、１点（悪い）〜５点（よい）で評価を行い、スコアを（　）に記入してください。また、なぜそのスコアをつけたのか、理由も考えてください。

Scholarships should be offered primarily on the basis of financial need, rather than on academic achievement. Agree or disagree with this statement and give concrete examples to support your answer.

　　I disagree with the idea that scholarships should be offered primarily based on financial need, rather than academic achievement. There are two reasons for this: attracting talented applicants and motivating students to work harder.

---

(1)
I disagree with the idea that scholarships should be offered primarily based on financial need, rather than academic achievement.

(2)
　　I do not think that students need to receive any type of financial aid because it is a privilege to attend university, not a right.

(3)

　For these reasons, scholastic performance should be the determining factor in the awarding of scholarships, not economic hardship.

(4)

　In conclusion, the university will find it hard to attract talented applicants for its programs. Many potential students who have demonstrated academic excellence will choose to attend universities where their achievement is properly recognized and rewarded.

(5)

　Consequently, I disagrees with the idea about scholarships should

Answers

(1)（3点）Introduction の主張を抜粋して繰り返したものです。字下げも転換語もありません。それでも書かないよりは「Conclusion がある」ということで 3 点となります。転換語が使用できればスコアはさらに上がります。

(2)（2点）論点から外れています。Introduction の主張を繰り返しておらず，トピックが求めているものとは別の方向へ展開されています。

(3)（5点）よく書けている Conclusion です。Introduction とは異なる構文を用い，同じ概念を別の言い方で表して，主張を繰り返しています。転換語や字下げも適切なので，これから Conclusion に移行することが，しっかりと読み手に伝わります。

(4)（3点または2点）判断が難しい Conclusion です。本書のライティングスタイルには沿っていません。それだけでなく，書き手が言いたいことを正確に理解することが困難です。よいエッセイは推測する必要なく，書き手のポイントが理解できるものでなくてはいけません。

(5)（1点）文法ミス（I disagrees と about）があり，さらに文章が完成していない Conclusion です。このような Conclusion を避けるため，残り時間が少ない場合には，Introduction のコピー＆ペーストを行って Conclusion を完成させてください。

【訳】
(1) 奨学金は，学業成績ではなく，主に金銭的な必要性をもとに提供されるべきであるという意見に反対である。

(2) 大学に行くことは特権ではあるが権利ではないため，学生はどんな種類の経済的援助も受け取る必要はない。
(3) これらの理由から，奨学金の授与の決定要素は，経済的な困難ではなく，学業成績であるべきである。
(4) 結論として，大学はプログラムへ有能な志願者を引きつけることは難しいだろう。学業の優秀さを示した多くの入学する可能性のある学生は，彼らの実績が適切に認められ，報われる大学への入学を選択するだろう。
(5) 結果として，私は奨学金が…すべきだという考えに反対である

■裏付け理由の要約

時間に余裕があれば，2つの裏付け理由を要約することで，さらにConclusion，ひいてはエッセイ全体の質を高めることができます。構成表示を単純に繰り返すだけでも構いませんが，よりよい方法は同義語を効果的に用いたパラフレーズです。

先ほどの奨学金に関するトピックを例に，裏付け理由の要約を分析してみましょう。主張の繰り返し部分は，Exercise 1 の (3) を使用します。

Introduction

I disagree with the idea that scholarships should be offered primarily based on financial need, rather than academic achievement. There are two reasons for this: attracting talented applicants and motivating students to work harder.

Conclusion 1

For these reasons, scholastic performance should be the determining factor in the awarding of scholarships, not economic hardship. If the university does so, it can attract talented applicants and motivate its students to work harder.

(これらの理由から，奨学金の授与の決定要素は，経済的な困難ではなく，学業成績であるべきである。もし大学がそうすれば，有能な志願者を引きつけ，さらに学生が一生懸命に学業に取り組む動機付けとなりうる)

分析：Conclusion 1 の下線部分は構成表示の抜粋ですが，悪くはありません。パラフレーズほどよい方法ではありませんが，裏付け理由の繰り返しに関して，抜粋を使用することは問題ありません。

Conclusion 2

　　For these reasons, scholastic performance should be the determining factor in the awarding of scholarships, not economic hardship. If the university does so, it can <u>appeal to highly competent future applicants and encourage its current students to exert even more of an effort to reach their fullest potential.</u>

(これらの理由から，奨学金の授与の決定要素は，経済的な困難ではなく，学業成績であるべきである。もし大学がそうすれば，高い能力を持つ未来の志願者を引きつけ，在学生に最大限の可能性を引き出そうとさらに努力をさせることとなりうる)

分析：非常に洗練された Conclusion です。裏付け理由の同義語と，異なる構文を使用し，効果的に言い換えています。

Exercise 2

　以下の2つの主張に基づき，Conclusion を作成してください。(1) は，「発展途上国は地方よりも都市の生活環境の向上に集中するべきだという考えに賛成か反対か」というトピックに対して賛成するエッセイで，主張の繰り返しのみを書いてください。(2) はこれまでにも取り上げている自動車についてのエッセイで，主張の繰り返しに加えて，裏付け理由の要約を組み込んでください。

(1) Developing countries first need to concentrate on improving living conditions in urban areas before they concern themselves with conditions in the countryside. Important businesses are usually located in urban areas, and the workforce there is usually more highly educated.

(2) While there may have been some benefits from the invention of automobiles, these benefits are outweighed by their negative effects on the environment. There are two reasons for this: air pollution and depletion of natural resources.

Sample Answers

(1) Thus, as mentioned, it is essential that developing nations pay attention to initially upgrading the standard of living in urban areas before turning their attention to those living in the countryside.

(2) Therefore, the adverse impact of motor vehicles has been greater than the benefits society has derived from their invention. The influence cars have had on the quality of air we breathe and the maintenance of our natural resources has been far from positive.

【訳】
(1) したがって，すでに述べたように，発展途上国は田舎に暮らす人々に目を向ける前に，初めは都会の生活水準を向上させることに集中することが重要である。
(2) それゆえに，自動車の発明によって社会が得る利益よりも，その悪影響の方が大きい。われわれが呼吸する空気の質や天然資源の維持に自動車が与えてきた影響は，プラスと言えるものからは程遠い。

ただ語句を同義語と入れ替えるだけでなく，多様な構文を使うことで効果的なパラフレーズが行われていることを，以下の「解答チェック！」を利用して確認しましょう。

解答チェック！

- [ ] Conclusion の第1文は主張の繰り返しになっていますか
- [ ] 主張の繰り返し部分の最初には適切な転換語を使いましたか
- [ ] 主張のキーワードとキーフレーズがパラフレーズされていますか
- [ ] 2つの裏付け理由の要約が盛り込まれていますか（省略可）
- [ ] 裏付け理由がパラフレーズ（または抜粋）されていますか

STEP 9 Independent Writing ① 議論型

Integrated Writing
Independent Writing

● ● STEP 9

> **学習目標**
> 出題の基本となる議論型(agree or disagree)のトピックに対するエッセイのライティングテクニックを身につける。

> **ポイント**
>
> 　ここから，Independent Writing の具体的なエッセイライティングに取り組みます。試験では，Integrated Writing → Independent Writing の順で出題されますが，まずはライティングに専念する後者について十分に学習し，それから複雑な課題をこなす前者に取り組むのが効果的な順序だと考えられますので，本書ではそのように進めます。
>
> 　Independent Writing において出題の基本となるのは，「賛成か反対かどちらの立場を取るか」という議論型です。これまで学習してきたように，Introduction→Body→Conclusion の構成で，主張・立場が詳細情報や具体例でしっかりと裏付けられていることが大切です。転換語の効果的な使用や語句の抜粋・パラフレーズも重要なスキルです。今までに学習したスキルをどのようなトピックでも応用できるようにしましょう。

1 トピックを慎重に読み，キーワードからトピックのタイプを特定する

　Independent Writing では，現在では議論型，それも agree や disagree という語が使われることが一般的ですが，念のためトピックのタイプや使われている語はよく確認しましょう。かつて見られた Do you support or oppose ～?(～を支持するか，反対するか) や Which would you prefer?(どちらを好むか) という形式は，現在ではあまり出題されません。

Do you agree or disagree with the following statement?
(以下の記述に賛成か，反対か)

Which do you agree with?
(どちらに賛成か)

2 自分の立場や主張を決定する

主張を決めることに時間をかけず，エッセイを展開しやすい意見を決め，ブレインストーミングを始めましょう。

3 主張を裏付けるための理由や具体例をブレインストーミングする

STEP 2で学んだような方法で，主張を裏付ける理由や具体例を考え出します。裏付け理由を説明する詳細情報・具体例も挙げて，エッセイの設計図を完成させましょう。

4 Introduction から順次，書き始める

Exercise

以下のトピックについて，主張に賛成する，つまり「オンライン授業の方を好む」という立場で，実際に書いてみましょう。目標時間は 30分以内 です。これまでに学習した Introduction→Body→Conclusion の構成や，抜粋・パラフレーズ，抽象→具体，転換語などを活用してください。

Do you agree or disagree with the following statement?
It is better for students to study online using a computer than to attend class at the university itself.
Use specific reasons and examples to support your answer.

Sample Answer

Although many students might rather attend courses in the classrooms of a traditional university, I would prefer the more innovative approach of studying online. There are two principal reasons: cost and convenience.

To begin, online courses are typically far cheaper than conventional on-campus classes. First, the university does not have to expend as much funding on faculty salaries, because one professor can teach many more students. In fact, one well-designed course can be taught to literally thousands of students on the Internet, rather than limiting itself to however many will fit in a classroom. For instance, at the present time, my brother is taking a business marketing course online. More than three thousand other students are enrolled in the course. As a result, it is only about one-fifth of the cost of comparable courses at other universities in our community. Furthermore, since educational institutions offering online courses do not have to pay for constructing classroom buildings, or for heating, cleaning, and maintenance expenses, they are able to offer Internet instruction for far less than universities that offer only conventional classes.

In addition, studying online is much more convenient than physically going to a classroom. Most of my current classmates travel approximately two hours every day to the college where we study. This is valuable time that they could be using for studying, working, or simply enjoying their lives. Moreover, online access to courses allows one to choose the particular time one wishes to study rather than follow a schedule someone else designs. In my case, I prefer to wake up early at 6 a.m. and tackle difficult material while I am alert and fresh. However, conventional universities do not offer courses at that time. These may be all reasons why a recent survey at our local high school revealed that 70 percent of the students preferred online instruction to classroom learning.

In conclusion, even though many students still attend traditional classes on university campuses, my own preference is for online study. This is primarily due to the fact that it is less costly and far more convenient. (347 語)

🔑 Key Notes

サンプルエッセイでは，様々な具体例を用いながら「抽象のはしご」を上がり下がりしていることに注目してください。

Body パラグラフ 1
　　コスト → オンラインで多人数教育が可能 → 自分の兄（弟）の話（個人の経験）
　　　　　　　　　　　　　　　　　　　　 → 5 分の 1 のコスト（データ）

Body パラグラフ 2
　　便利さ → 学習する時間が選べること → 自分のこと（個人の経験）
　　　　　 → 従来の学校にはないよさ　→ 高校での調査（統計データ）

【サンプルエッセイの訳】従来のように大学の教室で授業を受ける方がよいと考える学生も多いかもしれないが，私はより革新的な方法であるオンライン学習を好む。主な理由は 2 つある。コストと便利さである。

　初めに，オンラインコースは通常，従来のキャンパスで行う授業に比べて非常に安価である。第一に，1 人の教授がはるかに多くの学生を教えることができるため，大学側は教授陣の給料に従来型ほど多くの資金を費やさなくてもよい。実際に，何人であれ，参加人数に制限がある教室での授業に比べて，うまく計画されたコースでは，インターネット上で文字通り何千もの学生を教えることができる。例えば，現在，私の兄（弟）はオンラインでビジネスマーケティングのコースを受講している。そのコースには，3,000 人以上のほかの学生が登録している。結果として，私たちの地域にあるほかの大学の同じようなコースのコストの，約 5 分の 1 しかかからない。さらに，オンラインコースを提供している教育機関は，教室棟の建設費や暖房，清掃，メンテナンスの費用を払う必要がないため，従来の授業しか提供していない大学に比べてはるかに安価でインターネットでの教育を提供できる。

　さらに，実際に教室に行くよりも，オンライン学習はずっと便利である。私の現在のクラスメートのほとんどは，学んでいる大学まで毎日約 2 時間をかけて通っている。彼らはこの貴重な時間を勉強や仕事，あるいはただ楽しく過ごすことに使えるはずなのだ。そのうえ，学生はオンラインでコースにアクセスすることにより，ほかの誰かが立てたスケジュールに合わせるのではなく，自分が勉強したい特定の時間を選ぶことができる。私の場合は，朝早く 6 時に起きて，集中力があって活力のあるうちに難しい教材に取り組むことを好んでいる。しかし従来の大学では，その時間帯には授業を行っていない。私たちの地区にある高校で行われた最近の調査では，生徒の 70% が教室での学習よりもオンライン教育を好むという結果が出たが，その理由として，これらすべてが当てはまるかもしれない。

● ● STEP 9

> 結論として，いまだに多くの学生が大学キャンパスで行われる従来の授業に出席しているが，私個人の好みはオンライン学習である。これは主にコストがより低く，はるかに便利だからという事実によるものだ。
>
> 【トピックの訳】以下の記述に賛成か反対か。パソコンを使ってオンラインで学習する方が，大学で授業に出席するよりもよい。具体的な理由や例を挙げて答えよ。

あなたが書いたエッセイを読み，以下の情報が入っているかどうかチェックしてみましょう。

解答チェック！

Introduction
- [ ] トピックからキーワードを特定しましたか
- [ ] 言い換えられる語句をパラフレーズしましたか
- [ ] 言い換えられない語句はそのまま抜粋していますか
- [ ] 立場（主張）を明確にしていますか
- [ ] 構成表示を明確に示しましたか　＝主な理由は○つある。△△と□□だ。
- [ ] 余分な情報を含めていませんか

Body
- [ ] 各パラグラフにIntroductionの主張の裏付け理由であるトピックセンテンスは書かれていますか
- [ ] トピックセンテンスの根拠となる詳細情報や具体例（統計データ，個人の経験，一般常識）を含めていますか
- [ ] 効果的に転換語が使われていますか
- [ ] 抽象から具体へと展開していますか

Conclusion
- [ ] Conclusionの第1文は主張の繰り返しになっていますか
- [ ] 主張の繰り返し部分の最初には適切な転換語を使いましたか
- [ ] 主張のキーワードやキーフレーズはパラフレーズされていますか
- [ ] 2つの裏付け理由の要約が追加されていますか（省略可）
- [ ] 裏付け理由がパラフレーズ（または抜粋）されていますか

STEP 10　そのほかのトピックタイプ

Independent Writing ②

Integrated Writing
Independent Writing

学習目標　Body を議論型以外のタイプで展開するテクニックを身につける。

ポイント

　Independent Writing で出題の基本となるのは，STEP 9 で扱った議論型です。しかし，以前には比較対照型，因果関係型などほかのタイプも出題がありました。いつまた突然，傾向が変わるかわからないうえに，ライティング力をより高める練習にもなるので，これらも学習しておきましょう。
　議論型と同様に，いずれのタイプにおいてもしっかりした構成や詳細情報，具体例による十分な裏付けが，高得点に結びつきます。

■比較対照型ライティング

　比較対照型トピックとは，2つの事柄を比較し，対照しながら書くものです。簡単に言うと，議論型のように結論は2つのうち一方についてなのですが，ライティングの過程で，両方に触れながら進める必要があるのです。

　比較対照型を苦手としている学習者は多いようです。まず前提として，比較対照の難しさや制限時間のプレッシャーがあっても，これまでに学んできた英文エッセイの基本原則"おでんスタイル"を忘れないでください。主張を明確にしたうえで，裏付け理由や詳細情報，具体例でサポートすることが必要です。

　そのうえで，比較対照に時間をかけすぎてしまい，主張や裏付け理由を展開できずに終わる，ということを避けるのが重要です。比較対照型のトピックは，問題の前半で「〜を比較せよ」というタスクが課され，後半で「では，あなたはどちらが〜かを述べ，その理由を挙げよ」という議論型のタスクが課されます。後半の議論について見落としがちですが，こちらのタスクの方が前半の比較対照タスクよりも重要であることを念頭に置いてください。

● ● STEP 10

1　トピックを慎重に読み，キーワードからトピックのタイプを特定する

比較対照型に使用されるキーワードと，出題例を確認しましょう。

advantages（利点）	disadvantages（不利益，不利）
positive（肯定的な，プラスの）	negative（否定的な，マイナスの）
contrast（～を対照させる）	compare（～と比較する）
similarities（類似）	differences（相違）

(1) Your local government is deciding whether to establish a park or allow a factory to be built on some unused land in your community. Contrast the positive effects of each choice. Which one do you prefer? Give reasons for your preference.

(2) Students who study at a university away from home typically choose to live on campus in a university dormitory or off campus in a private apartment. Compare the advantages of living in a dormitory with the advantages of living in a private apartment. Where would you rather live? Give specific reasons for your preference.

(1) あなたの地域の自治体が，地域内の使われていない土地に公園を建設するか，工場の建設を認めるかを決定しようとしている。それぞれの選択のプラスの影響を対比せよ。あなたはどちらを好むか。あなたの選択の理由を述べよ。

(2) 実家から離れた大学に通う学生は，通常，キャンパス内の大学寮に住むか，キャンパス外にある民間のアパートに住む。寮生活の利点とアパート生活の利点を比較せよ。あなたはどちらに住みたいか。あなたの選択の具体的な理由を述べよ。

2　自分の立場や主張を決定する

比較対照型であっても，1つの立場から議論，推薦，または同意をしてエッセイを展開します。まずは自分の立場を決めましょう。

3　主張を裏付ける理由や具体例を考える

主張を裏付ける理由と，それを説明する詳細情報・具体例を挙げて，エッセイの設計図を完成させます。それができたら，Introductionを書き始めます。比較対照型のIntroductionは，ほかのタイプよりも長くなることがあります。Introductionの最後に，主張と構成表示を書きます。

■比較対照型で使える転換語

議論型のトピックに対するIntroductionと同様に,比較対照型のIntroductionでも転換語を効果的に使えば,素早く簡潔に書くことができます。

以下で比較対照の際に使用する転換語を確認しましょう。

中立の立場の文で使用	一方に重点を置いた文で使用
while ～（～であるのに） whereas ～（～であるのに） by contrast（対照的に） in contrast（対照的に）	despite ～（～にもかかわらず） in spite of ～（～にもかかわらず） however（しかしながら） nevertheless（それにもかかわらず）

Exercise ❶

前ページのトピック(2)に対して,比較対照型のエッセイを作成しましょう。「キャンパス内の寮に住むことを好む立場」から，30分でエッセイ全体を作成してください。賛成・反対の両方の立場に触れながら書くようにしましょう。

Students who study at a university away from home typically choose to live on campus in a university dormitory or off campus in a private apartment. Compare the advantages of living in a dormitory with the advantages of living in a private apartment. Where would you rather live? Give specific reasons for your preference.

Sample Answer

Residing in an apartment off campus gives one more personal privacy and chances to concentrate on studying. By contrast, staying on campus in a dormitory means one is living closely with other students and one's studying may at times be interrupted. Nevertheless, I would prefer to live on campus for two reasons: cost and convenience.

To begin with, living in a dormitory is typically much cheaper than renting a private apartment. First, universities are non-profit institutions and they do not usually try to make a profit from students. Therefore, the accommodation costs of living in student housing are much less than when renting from a private landlord whose goal is profit. For example, at State University in Centerville, Washington, where I hope to study, the cost of living in a shared dormitory room is $3,000 a year. By contrast, even the smallest private apartment in Centerville would be about $6,000. Second, since a university can place a large number of students in the same building, it can save on electricity, heating, telephone and water expenses. These savings are passed on to the student residents who have no extra utility bills to pay, as they would if they stayed in a private apartment.

Furthermore, living in on-campus housing is much more convenient than living off campus. The classroom buildings are a short walk away, and one can easily stroll to the library when one needs a book, access to databases, or use of the university computer system. Moreover, much of the life of a university occurs on campus. There are football games to watch, musical performances to attend, and functions such as lectures and dances. All of these are much easier to participate in if one lives nearby in a dormitory. Finally, if one wishes to meet with a professor during office hours, or get together with one's fellow students, it is much easier to do when living on campus.

There are certainly a number of reasons to prefer to live off campus in private housing, such as privacy and focus on study, but all in all I would prefer to live on campus mainly because it is more economical and practical. (361 語)

🔑 Key Notes

比較対照型のエッセイでは，Conclusion の中で簡単に「逆の立場」にも触れておくのを忘れないようにしましょう。そうすることで，採点者にあなたが2つの立場を比較対照していることを明確に伝えることができるからです。

【訳】キャンパス外のアパートに住むと，個人のプライバシーが保てるほか，勉強にも集中できる。それに対して，キャンパス内の寮に住むことは，ほかの学生と密接に生活することとなり，ときには勉強を妨げられることがあるかもしれない。それでも，私は2つの理由からキャンパス内に住むことを好む。それは，費用と便利さである。

初めに，寮に住むことは通常，民間のアパートを借りるよりも格段に安い。1つ目に，大学は非営利機関であり，たいていは学生からお金を儲けようとはしない。そのため，利益を得ることを目的とする民間の家主からアパートを借りる場合よりも，学生寮に住む家賃はずっと安い。例えば，私が学びたいと思っているワシントン州のセンタービルにある州立大学では，寮のルームシェアをする部屋の費用は年間 3,000 ドルである。これに対して，センタービルにある一番小さなアパートでさえも約 6,000 ドルはかかる。2つ目に，大学は多くの学生を同じ建物に収容できるため，電気，暖房，電話，水道の費用が節約できる。学生たちは民間のアパートに住んでいたら支払うはずの余分な公共料金を寮では払わなくてよく，その節約できた分は寮に住む学生に還元される。

さらに，キャンパス内の住居に住むことは，キャンパス外に住むよりもずっと便利である。教室棟は歩いてすぐの所にあり，また本や，データベースへのアクセス，大学のコンピューターシステムの使用が必要なときには，図書館にも簡単に歩いて行ける。そのうえ，大学生活の多くのことはキャンパス内で行われる。フットボールの試合の観戦や，演奏会への参加や，講演やダンスなどの行事もある。近くの寮に住むことで，これらすべてに参加することがはるかに容易になる。最後に，オフィスアワー中に教授に会いたいときや仲間の学生と集まりたいときには，キャンパスに住んでいるととても簡単にできる。

キャンパス外で民間の住宅に住むことを好む理由は，プライバシーや勉強に集中できることなど，確かにたくさんあるが，全体から見ると，主により経済的かつ実用的であるという点で，私はキャンパス内に住むことを好む。

● ● STEP 10

■ 因果関係型ライティング

　因果関係型とは，ある事柄の原因や理由，影響や変化などの関係を記述するタイプです。エッセイの展開方法の自由度がほかのタイプより高いので，最も難しいと言えます。日本人受験者がこのタイプに取り組む場合，取り上げる事柄と主張を決定し，それを裏付ける理由や具体例を考え出すのに時間がかかりすぎる傾向があります。このタイプは非常に難しい分，練習しておくことでライティングの力をかなり伸ばすことができます。

　このタイプも，議論型や比較対照型と同様の手順で進めていきましょう。

　なお，因果関係型に特徴的なキーワードとその出題例は，以下のとおりです。

> effect（影響，効果），influence（影響），impact（影響）
> Why（なぜ），Explain why（なぜかを説明せよ），
> What are some reasons ～?（～のいくつかの理由は何か）

(1) Music is popular in almost every society. Explain why people like music so much. Use specific reasons and details to develop your essay.

(2) Many people go to university in order to get a good job after graduation. What are some other reasons why people study in college or university? Use specific examples and details to support your response.

(3) Planes, trains, cars, and other forms of modern transportation have a great effect on society. Choose one form of modern transportation and explain how it has influenced the way people live. Use specific reasons and examples to support your response.

(1) 音楽はほとんどすべての社会において人気がある。なぜ人々は音楽がそれほど好きなのかを説明せよ。具体的な理由や詳細を挙げて論述せよ。
(2) 多くの人々は卒業後によい職を得るために大学に行く。人々が大学に行くほかの理由は何か。答えを裏付ける具体的な例や詳細を挙げよ。
(3) 飛行機，電車，自動車やほかの現代の交通手段は社会に多大な影響を与えている。現代の交通機関から1つ選び，それが人々の生き方にどのような影響を与えてきたかを説明せよ。答えを裏付ける具体的な理由や例を挙げよ。

Exercise ❷

やや難易度の高いトピックを使い，30分でエッセイを作成しましょう。トピックは前ページの(3)「交通手段が人々に与える影響について」です。解答例は「飛行機」を選択してエッセイを展開しています。自分の解答と比較するために「飛行機」を選んで書いても，別の交通手段を選んで書いても，どちらでも構いません。

Planes, trains, cars, and other forms of modern transportation have a great effect on society. Choose one form of modern transportation and explain how it has influenced the way people live. Use specific reasons and examples to support your response.

Sample Answer

   Many modern forms of transportation have had an enormous influence on society, such as trains, cars, and even bicycles. In particular, planes have significantly impacted people's lives, mainly because they have allowed people to swiftly cross large distances to meet with each other, and because they allow goods to be transported anywhere in the world on a moment's notice.

   To begin with, air travel has affected people's lives because it has made it possible for individuals—and even groups—to travel nearly anywhere in the world to meet with other people. One effect this has had is on global business. For example, business leaders can fly anywhere to oversee the operations of foreign branches, to make alliances with companies in other countries, and to firsthand analyze markets in which they may wish to expand, even on other continents. A second effect plane travel has had is on families. In the past, if families wanted to stay together, they had to limit their employment opportunities and live in the same place. Now, however, brothers and sisters, and sometimes even husbands and wives, may have jobs in different cities but due to air travel still see each other on weekends or holidays. In short, planes have helped to create global business and also allowed people to seek employment in distant places.

   A further effect of planes is the distribution of commodities all over the world. Air transport allows goods to be shipped nearly anywhere in a very short length of time. As a result, products are not only cheaper but more widely available. For example, the computer that I recently ordered was assembled in Taiwan with parts that were made in China, and the computer was then delivered to me in Tokyo. Air transport allows a global supply chain to provide goods directly to the consumer at a very low price, because it permits each country and company to do what it does best at the least cost. Furthermore, it makes a huge number of products more widely available, from fruit grown in one country but consumed in another, to medicine manufactured in one place but used to treat illness in another. As a result, both the speed and the range of air transport have had a significant influence on society.

　　Although modern transportation of all kinds has affected people and their lives, planes especially have had a powerful influence. This is because they have made it easy for both people and goods to be quickly conveyed almost anywhere on the Earth.　　　　　　　　　　（420 語）

【訳】例えば電車，自動車，そして自転車でさえも，現代の交通手段の多くが社会に多大なる影響を与えてきた。特に，飛行機が人々の生活に与えた影響は著しい。その理由は主に，人と人が会うために遠距離を素早く移動できることを可能にしたことであり，また世界中のどこにでも，あっという間に商品を運ぶことを可能にしたことである。

　初めに，飛行機での移動は，個人，それに団体でさえも，ほかの人に会うために世界中のほとんどすべての場所に行けるようになったという点で，人々の生活に影響を与えてきた。このことの影響の１つは，グローバルビジネスに対するものである。例えば，ビジネスリーダーはどこにでも飛んで行き，海外支店の業務を監督することや，他国の会社と提携を結ぶこと，さらに事業拡大を考えている国が別の大陸だとしても，直接，その国において市場分析をすることができる。飛行機による移動の２つ目の影響は，家族に対するものである。過去においては，家族が一緒にいたい場合は，就職のチャンスを自ら制限して，同じ場所に住まなければならなかった。しかし，今では兄弟姉妹が，ときには夫婦でさえも，別々の都市で仕事をしている場合であっても，飛行機による移動のおかげで週末や休日には会うことができる。手短に言えば，飛行機はグローバルビジネスを生み出すのに貢献し，また人々が遠く離れた場所での就職を求めることを可能にした。

　飛行機によるさらなる影響は，世界中への商品の流通である。空輸は商品を，ほぼどこへでも非常に短時間で輸送することを可能にする。結果として，製品はより安くなるだけでなく，より広く入手できるようになった。例えば，私が最近注文したコンピューターは，中国製の部品を使って台湾で組み立てられ，それから東京にいる私に届けられた。空輸によって，それぞれの国や会社が自分たちの得意なことを最小限のコストで行えるため，国際的なサプライチェーンが商品を非常に低価格で消費者に直接提供することが可能になる。さらに，空輸は莫大な数の製品をより広く入手可能にし，ある国で育てられた果物が別の国で消費されるといったことから，ある場所で作られた薬が，別の場所で治療のために使われるといったことまで行われている。結果として，航空輸送のスピードと範囲は，社会に多大なる影響を与えてきた。

　現代におけるすべての種類の交通手段が人々とその生活に影響を与えてきたが，飛行機は特に強い影響を与えてきた。なぜなら，飛行機によって，人も商品も，地球上のほとんどあらゆる場所に迅速に運ばれるようになったからである。

STEP 11 Reading 速読術

Integrated Writing ①

Integrated Writing / Independent Writing

学習目標

読解スピードを上げるため，いくつかの単語を意味のまとまり（チャンク）としてとらえて読み取るテクニックを身につける。

ポイント

　ここから，Integrated Writing の対策に入ります。Integrated Writing では，リーディングパッセージとレクチャー（リスニング）の内容を踏まえてライティングを行います。パッセージを制限時間内に読み終えることが前提条件となり，理解度を落とさずに，できるだけ速く読むことが求められますが，そのために必要なのは，英語を意味のまとまり（チャンク）で読むことです。

　母語の学習プロセスを思い返してみましょう。子供のころは文章を1文字ずつ読んでいたはずです。しかし，徐々に意味のまとまりで読めるようになったのではないでしょうか。同じことが英語でもできれば，速く読むことが可能になります。

　ゆっくり読めば，より確実に理解できるというわけではありません。また，日本語を読むときと同様，100%理解する必要はありません。重要なポイントを素早く押さえることが Integrated Writing において必要なスキルです。実際の試験では，パッセージ（230〜300語）を制限時間3分以内に読まなくてはなりません。パッセージの内容に関するメモを取る時間を考えると，2分以内に読み終えるスピードがあると理想的です。

　STEP 11 では，速く読み進めるために，いくつかの単語を意味のまとまりとしてとらえて読むトレーニングを行います。ただし，このトレーニングだけで速読力が身につくわけではありませんので，日ごろから英文を読む際にはスピードを意識し，速読トレーニングを行いましょう。

■ 速読のための6つのアドバイス

1 「ゆっくり読むほど理解度がアップする」は誤解
　1語ずつじっくりと読まなければ意味が取れないような文章はありません。

2 頭の中でも発音はしない
　黙読であっても，頭の中で発音していると，音読と同じスピードでしか読めません。発音しないことで，2〜3倍のスピードで読むことができます。ただし，英文を読むことに慣れているのが前提です。

3 戻り読みをしない
　パッセージは通常，"おでんスタイル"（STEP 1 参照）に沿って書かれているため，主張についての詳細は後で述べられます。わからない箇所で立ち止まったり，戻って内容を確認したりせず，そのまま読み進めましょう。すべてに目を通して全体像をつかんだ後で，必要に応じて詳細を確認するとよいでしょう。

4 視野を広げ，チャンクでとらえて読む
　日本語の文章を読むときのことを思い浮かべてください。1文字ずつ追うのではなく，意味のまとまり（チャンク）ごとに読んでいませんか。英文においても，一度に見る言葉の範囲を広げて，チャンクで読むことが大切です。慣れると数語を一度に読むことができるようになります。

5 "おでんスタイル"を理解する
　"おでんスタイル"のテンプレートを理解して，トピックセンテンスや転換語に注意して読むことにより，必要な情報を容易に，かつ素早く把握できます。

6 レクチャーを理解するための準備であるという目的意識を持つ
　6つのアドバイスの中で最も重要なものです。パッセージでは通常3つの裏付け理由が展開されますが，書き手の主張とその裏付け理由3つを確実に押さえることが，レクチャーへの準備となります。
　なお，レクチャーは基本的に，「パッセージの裏付け理由に異議を唱え，矛盾点を提示する」という形を取ります。また，最近はあまり見られませんが，「パッセージの裏付け理由について，具体例や説明を加える」という形や，「パッセージの裏付け理由をサポートするための議論や詳細情報を提供する」という形も練習し

ておき，すべての形に対応できるようにしておきましょう（詳しくは STEP 14 と 15 を参照）。

　いずれにしても，レクチャーを聞く前に，パッセージに書かれた主張や裏付け理由が理解できなければ，エッセイは展開できませんから，パッセージのポイントをつかむことは不可欠です。

Exercise ❶

　Integrated Writing のリーディングパッセージと同レベルのパッセージを使って，今のあなたのリーディングスピードを計ってみましょう。制限時間は 1 分です。時間を計りながら，通常のスピードで読んでください。パッセージの右側に示した数字は，その行を読み終わった時点での語数です。

　During the 1920's and early 1930's, the architectural style known as Art Deco was extremely popular for designing buildings. At the time, these were considered the buildings of the future: sleek, geometric, dramatic. With their cubic forms and zigzag designs, art deco buildings embraced the machine age.

　Like any architectural or artistic style, Art Deco evolved from many sources. The stern and sober outlines of the Bauhaus School and aerodynamic styling of modern technology were combined with patterns and icons taken from ancient Greece and Rome, the Far East, Africa, and India, as well as Mayan and Aztec cultures. But above all, | 102
Art Deco expressed the public's enthusiasm over a spectacular | 111
archaeological find in Egypt: in 1922, archaeologist Howard Carter | 120
discovered the tomb of King Tutankhamen. What he discovered there | 130
would have a huge impact on the reigning artistic style that would | 142
dominate art and architecture for the next ten years. | 151

　What is it that gives Art Deco buildings their Egyptian flavor? | 162
Ancient Egyptian art was created to relate stories. Various highly | 172
stylized icons all had symbolic meanings. The walls of King Tut's | 183
tomb, in particular, displayed many of these icons. Drawing on this, Art | 195
Deco architects often adorned their buildings with symbolic images. | 204
Perhaps the most famous example is New York's Chrysler Building, | 214
designed by William Van Alen. For a few months the world's tallest | 226

structure, the skyscraper is adorned with hubcaps, eagle hood	235
ornaments, and subtly abstract images of cars. Other Art Deco architects	246
used stylized flowers, sunbursts, birds and machine gears. From	255
skyscrapers and movie theaters to service stations and private homes,	265
the idea of using icons in architecture became the pinnacle of fashion.	277

🔑 Key Notes

　1分間で何語読めましたか。アメリカ人の大学生の平均が約250〜300WPM（Word Per Minute：1分間に読める語数）です。皆さんは200WPMを目指してください。メモを取る場合は，150WPM程度までスピードが落ちても問題ありません。実際の試験のパッセージの長さは230〜300語で，制限時間は3分なので，遅くとも1分間に100語（100WPM）程度で読めれば，パッセージを読み終えることができます。レクチャーの後にパッセージを再度参照することができますが，少なくともレクチャーを聞く前の段階では，主張と裏付け理由だけは特定しておきましょう。

　読解スピードを上げるためには，すでに説明したように，チャンクとして意味をとらえなくてはなりません。さらに，「主張」と「3つの裏付け理由」を素早く把握するスキルを身につけましょう。そうすることで，十分な時間を残してレクチャーに備えることができます。

【訳】1920年代から1930年代初期における建物のデザインでは，アールデコとして知られる建築様式が，非常に人気があった。当時，その滑らかで，幾何学的で，印象的な建築物は，未来の建物とみなされていた。立方体の形とジグザグのデザインにより，アールデコの建築物は機械化時代を取り込んだ。

　ほかの建築や芸術のスタイルと同様に，アールデコは多くの源から発展した。バウハウススクールの厳格で落ち着いた輪郭や現代技術の航空力学的スタイルは，マヤやアステカの文化のみならず古代ギリシャやローマ，極東，アフリカ，インドのパターンや偶像と結合された。しかし，何よりもアールデコは，エジプトにおける劇的な考古学的発見に対する市民の熱狂を表現した。1922年，考古学者のハワード・カーターがツタンカーメン王の墓を発見した。そこで彼が発見したものが，次の10年間の美術と建築を支配することになる主流の芸術スタイルに，非常に大きな影響を与えたと言える。

　アールデコの建築物にエジプト的な味わいを与えたものは何か。古代エジプトの芸術は，物語を語るために作られた。極めて様式化された様々な偶像は，すべて象徴的な意味を持っていた。特に，ツタンカーメン王の墓の壁には，こうした偶像が多く描かれていた。これを参考にして，アールデコの建築家たちは象徴的なイメージで建物を装飾することがよくあった。おそらく最も有名な例は，ウィリアム・ヴァン・アレンがデザイ

ンしたニューヨークのクライスラービルだろう。数か月間，世界一高い建築物であったが，その超高層ビルはホイールキャップ，ボンネットに付けるワシの飾り，微妙に抽象化された自動車のイメージで装飾されている。アールデコのほかの建築家は，様式化された花や日輪，鳥や機械の歯車などを使用した。超高層ビルや映画館からガソリンスタンドや個人の家まで，建築に偶像を使用するという考えは流行の絶頂となった。

Exercise ❷

より効果的な読み方を身につけられるよう，チャンクでとらえる練習をします。カードなどを使って，チャンクごとに改行されたパッセージを隠してください。2秒ごとに1行ずつずらして読んでみましょう。一度読んだ行は絶対に読み返さないでください。読み終わったら，再びパッセージを隠し，設問に答えてください。

When you are learning a foreign language,
one of the most important things is
to improve your vocabulary, including idioms.
If you think about it,
when a native speaker of English talks directly to you,
probably you can understand
almost everything she is saying.
But when two native speakers talk to each other,
your listening comprehension
goes down very quickly.
Why does this happen?
The main reason is idioms.
Native speakers use many idioms in their daily speech.
Learning English idioms will greatly help you
to improve your overall listening comprehension.   [END]

Question:
What is the author's main point?
 (A) Most people do not use idioms very often in their daily speech.
 (B) Studying idioms is more important than studying other vocabulary.
 (C) Understanding idioms is essential in improving listening ability.
 (D) It is difficult for non-native speakers to understand native speakers.

Answer

(C)

Key Notes

　正解できた人は，チャンクで素早く読みながらも，最も重要な情報（著者の主張）をつかめています。このパッセージは 15 行で 91 語あります。1 行を 2 秒で読めれば，180WPM 以上となります。速く読みながらも内容を確実に理解するためには，理解を助ける重要な情報を持つ語句を特定しながら読むことが大切です。以下にキーワードを下線で示しました。キーワードを読んでいくだけでも意味が取れることを確認してください。

When you are learning a <u>foreign language</u>, one of the most important things is to improve your <u>vocabulary</u>, <u>including idioms</u>. If you think about it, when a native speaker of English talks <u>directly</u> to you, probably you <u>can understand almost everything</u> she is saying. But when <u>two native speakers talk</u> to each other, your <u>listening comprehension goes down</u> very quickly. Why does this happen? The <u>main reason is idioms</u>. Native speakers <u>use many idioms</u> in their daily speech. <u>Learning English idioms</u> will greatly help you to <u>improve</u> your overall <u>listening comprehension</u>.

【訳】外国語を学ぶときに最も重要なことの 1 つは，イディオムを含めたボキャブラリーの力を伸ばすことである。考えてみると，英語のネイティブスピーカーが直接あなたに話すときには，あなたはほとんどすべてのことを理解できるだろう。しかし，2 人のネイティブスピーカー同士で話しているのを聞くと，あなたの聴解力は急激に落ちる。なぜこのようなことが起こるのだろうか。主な理由はイディオムである。ネイティブスピーカーは，日々の会話の中で多くのイディオムを使用する。英語のイディオムを学ぶことは，全般的な聴解力を上達させるためにたいへん役立つだろう。

質問：
著者の主張は何か。
　　(A) 大半の人は，日々の話し言葉の中でイディオムをあまり使わない。
　　(B) イディオムを学ぶことはほかのボキャブラリーを学ぶよりも重要である。
　　(C) 聴解力を伸ばすためには，イディオムの理解が不可欠である。
　　(D) 英語が母語でない人がネイティブスピーカーを理解するのは難しい。

Exercise ❸

Exercise 2 と同様に、カードなどでパッセージを隠しながら、2秒ごとに1行ずつ読み進めてください。戻り読みをせず、最後まで読みましょう。読み終わったら、再びパッセージを隠し、(1), (2) の設問に答えてください。

Learning idioms will not only increase your listening ability
but it will also give you a deeper knowledge
of the culture of the people using that language.
To begin with, idioms are based on metaphors,
and these metaphors give us a "window"
into the way of thinking of the people
who use these metaphorical idioms.
For example, "to beat around the bush,"
which means to speak about something indirectly,
has quite a negative connotation
for people who come from cultures like the United States or Australia,
where saying directly "what's on your mind"
is viewed so positively that
straightforward speaking is usually taken for granted.　　[END]

Questions:

(1) What is the main point of the passage?

　(A) Americans tend to use more idioms than Australians.

　(B) Speaking directly is taken for granted in some countries.

　(C) Listening comprehension is the most important language skill.

　(D) A knowledge of idioms leads to deeper cultural understanding.

(2) What evidence does the author give to support this main point?

　(A) The metaphors underlying idioms allow us to see culture more deeply.

　(B) Most people take culture for granted without thinking about it carefully.

　(C) American and Australian cultures both highly value optimistic attitudes.

　(D) In every culture it is important to speak in a straightforward manner.

Answers

(1) (D)　(2) (A)

○ Key Notes

　設問では，著者の主張とともに，裏付け理由の特定ができたかどうかを確認しています。速く読めても，キーワードを押さえて「主張」と「裏付け理由」の2つを理解していないと，正解することはできません。今回は14行，105語のパッセージです。2秒ごとに1行を読むと，225WPMで読めたことになります。これは，実際の試験のリーディングで「主張」と「裏付け理由」を十分特定できるスピードでしょう。

【訳】イディオムの学習は，聴解力を伸ばすだけではない。その言語を使っている人々の文化についてより深く知ることもできる。初めに，イディオムは比喩（隠喩）に基づいており，その比喩はこうした比喩的なイディオムを使う人々の考え方を見る「窓」を与えてくれる。例えば，"to beat around the bush"（やぶの周りをたたく）という，何かについて遠回しに言うことを意味するイディオムは，アメリカやオーストラリアなどの文化圏出身の人々にとって，非常に否定的な意味を含んでいる。そこでは「心にあること」を率直に述べることがとても肯定的にとらえられ，自分の意見を正直に述べることをたいてい当然とする。

質問：
(1) パッセージの主張は何か。
　　(A) アメリカ人はオーストラリア人よりもイディオムを多く使う傾向がある。
　　(B) 率直に言うことを当然のこととみなす国もある。
　　(C) 聴解力は最も重要な言語スキルである。
　　(D) イディオムの知識は，より深い文化の理解につながる。

(2) この主張を裏付けるために，著者はどのような根拠を述べているか。
　　(A) イディオムの根底にある比喩により，文化をより深く理解することができる。
　　(B) ほとんどの人々は，注意深く考えずに文化を当然のものと思っている。
　　(C) アメリカとオーストラリアの文化は両方とも，楽観的な態度を高く評価する。
　　(D) すべての文化で，正直に言うことは重要である。

STEP 12
Integrated Writing ②
Reading & Listening ①
標識に沿って読む・聞く

> **学習目標**　内容理解の鍵となる「標識」に沿って読む・聞くテクニックを身につける。

ポイント

　STEP 11 では，"おでんスタイル"を理解しながら，リーディングパッセージをチャンクでとらえて速読し，レクチャーに備えることを学習しました。それに加えて，「標識」に沿った読み方・聞き方を身につければ，さらに素早く確実に重要な情報をつかむことが可能になります。

　標識とは，書き手がエッセイの方向を示すために使う，転換語などの単語や表現です（「転換語」に関しては STEP 5 参照）。Independent Writing においては，皆さんが書き手として読み手を誘導しなくてはなりません。そのためには，転換語の使用が重要となります。同様に Integrated Writing のパッセージやレクチャーでは，今度は読み手・聞き手として，転換語をたどりながら書き手・話し手のポイントを理解します。TOEFL のライティングやスピーキングで出題されるパッセージやレクチャーは，シンプルな"おでんスタイル"になっていますので，比較的容易に標識を見つけることができます。

　STEP 12 では，文章のナビゲーターの役割を果たしている標識に沿って読む・聞く方法を学習します。パッセージとレクチャーには必ず標識があり，また共通する特徴がありますので，同時にマスターしてしまいましょう。

■ リーディングパッセージの標識

　以下の（A），（B）2つのパッセージを読み，どちらがより簡単かつ迅速に重要な情報を把握できるかを考えてください。

(A) Learning idioms increases your listening ability. It gives you a deeper knowledge of the culture of the people using that language. Idioms are based on metaphors. Metaphors let us see the way of thinking of people. The idiom, "to beat around the bush," has a negative connotation for people who come from cultures like the United States or Australia. Straightforward speaking is taken for granted there.

(B) Learning idioms will not only increase your listening ability in a given language, but also it will give you a deeper knowledge of the culture of the people using that language. To begin with, idioms are based on metaphors, and these metaphors are extremely important in giving us a "window" into the way of thinking of the people who use these metaphorical idioms. For example, "to beat around the bush," which means to speak about something indirectly, has a profoundly negative connotation for people who come from cultures like the United States or Australia, whereas saying directly "what's on your mind" is viewed so positively that straightforward speaking is usually taken for granted.

おそらく（B）を選んだのではないでしょうか。パッセージが（A）より長いにもかかわらず，なぜ（B）の方が読みやすいのでしょうか。その理由は「標識」の有無です。（A）には標識がありませんが，（B）にはあるからです。

パッセージで使われる標識には，次の3つがあります。

<u>1</u> 転換語（談話標識）
<u>2</u> 情報の繰り返し
<u>3</u> 書き手の意図が含まれた単語や比喩表現

<u>1</u> 転換語（談話標識）

転換語は，論理の流れを追う目印になります。however や in contrast などは，その前に述べられたことと対照的な情報が提示されることを表しています。for example や for instance などは，裏付けの例が続くことを表しています。また，in addition や furthermore などは，前に述べたポイントをさらに説明することを表しています（STEP 5 参照）。

2 情報の繰り返し

　書き手がパッセージの流れに沿って読み手を誘導する方法として、「情報の繰り返し」も使われます。通常は、前に出た情報をパラフレーズする方法がとられます。
　以下の英文は、情報の繰り返しが行われている例です。

<u>Various highly stylized icons all had symbolic meanings</u>. The walls of King Tut's tomb, in particular, <u>displayed many of these icons</u>. Drawing on this, Art Deco architects <u>often adorned their buildings with symbolic images</u>. Perhaps the most famous example is New York's Chrysler Building, designed by William Van Alen. For a few months the world's tallest structure, the <u>skyscraper is adorned with hubcaps, eagle hood ornaments, and subtly abstract images of cars</u>.

【訳】極めて様式化された様々な偶像はすべて、象徴的意味を持っていた。特に、ツタンカーメン王の墓の壁には、こうした偶像が多く描かれていた。これを参考にして、アールデコの建築家たちは象徴的なイメージで建物を装飾することがよくあった。おそらく最も有名な例は、ウィリアム・ヴァン・アレンがデザインしたニューヨークのクライスラービルだろう。数か月間、世界一高い建築物であったが、その超高層ビルはホイールキャップ、ボンネットに付けるワシの飾り、微妙に抽象化された自動車のイメージで装飾されている。

　下線部はすべて「偶像は象徴的な意味を伝える」ことに言及しています。このように、パラフレーズを用いて2回以上繰り返される情報には注目してください。

3 書き手の意図が含まれた単語や比喩表現

　単語の中には、肯定的あるいは否定的な意味合いを強く持つものがあります。特に、この傾向は形容詞や副詞に見られます。例えば、「細めの人」を slender と呼ぶ場合は、肯定的な意味を含みます。一方、その人を skinny と呼ぶと、少し否定的な意味を含みます。さらに否定的に言いたければ gaunt を使うこともできます。書き手は、意図したいニュアンスを出すために、注意して単語を選択します。中立的な単語が選ばれている場合は、特に重要な語として強調していないと判断できるでしょう。逆に、肯定的、または否定的なニュアンスが含まれた単語を使用している場合は、関連する情報が重要であり、注意して読む必要があることを示唆していると考えられます。

中立的な単語であっても，引用符（""）で囲まれていたり，extremely, enormously（極端に，非常に）などの強意語がついていたりする場合は，たいてい書き手の意図が含まれます。特に，引用符で囲まれた単語には特別な意味が含まれているか，あるいは比喩的に使われていると考えられます。

Exercise ❶

110ページ（B）のイディオムに関するパッセージをもう一度読み，標識に下線を引いてください。またその標識は，転換語（T＝Transition），情報の繰り返し（R＝Repeated），書き手の意図が含まれた語句（P＝Point of view）のどれに当たるか，アルファベットで表してください。

Answers

　　Learning idioms will not only (T) increase your listening ability in a given language, but also (T) it will give you a deeper knowledge of the culture of the people using that language (R). To begin with (T), idioms are based on metaphors, and these metaphors are extremely (P) important in giving us a "window" (P) into the way of thinking of the people who use these metaphorical idioms (R). For example, "to beat around the bush," which means to speak about something indirectly, has a profoundly (P) negative connotation for people who come from cultures like the United States or Australia, whereas (T) saying directly "what's on your mind" is viewed so positively that straightforward speaking is usually (P) taken for granted.

【訳】イディオムの学習は，その言語での聴解力を伸ばすだけではなく，その言語を使っている人々の文化をより深く知ることにもなる。初めに，イディオムは比喩に基づいており，その比喩こそ，こうした比喩的なイディオムを使う人々の考え方を見ることができる「窓」の役割を与えてくれるという点で極めて重要である。例えば，"to beat around the bush"（やぶの周りをたたく）という，何かについて遠回しに言うことを意味するイディオムは，アメリカやオーストラリアなどの文化圏出身の人々にとって，非常に否定的な意味を含んでいる。その一方で，「心にあること」を率直に述べることがとても肯定的にとらえられ，正直に話すことは，たいてい当たり前のこととみなされている。

● ● STEP 12

■レクチャーの標識

リーディングパッセージに使われる3つの標識は，レクチャーにおいても使われます。ライティングでは，書き手が転換語を用いて読み手を誘導していくことの重要性を学習しました。スピーキングでも同様に，話し手が聞き手のナビゲーターとなる必要があります。レクチャーにおける標識は，パッセージで使われる3つの標識のほかに，次の3つがあります。

<u>1</u> イントネーション
<u>2</u> ポーズと速度
<u>3</u> 声のトーン

<u>1</u> イントネーション

日本語では，重要な情報を強調する場合，声を大きくします。大きな声で注意を引くことで，重要だということを伝えるのです。これに対して英語では，イントネーション（抑揚）をつけます。

以下の文を（A），（B）2種類の読み方をします。スクリプトを見ないでCDを聞き，どちらがより理解しやすいかを考えてください。

CD 2

(A) (B) There are three important reasons why sheep are usually raised primarily in rural areas.

（B）の方が理解しやすかったでしょう。その理由は，重要な情報がイントネーションをつけることで強調されているからです。

<u>2</u> ポーズと速度

レクチャーでは，ポーズを置くことで重要な情報がこれから提供されることを暗示する場合があります。また，重要な情報を提供した後にポーズを置くことで，聞き手の理解を促進することもあります。ほかにも，意図的に速く話したり，ゆっくり話したりすることもあります。いずれの方法も，聞き手に注意を促す役割を持っています。

CDを聞いて，次ページの（A）～（C）3種類の読み方を比べてください（2つ目の文は2種類の読み方をします）。

> **CD 3**
>
> (A) When it was first built, the Chrysler building was the world's tallest structure, at least for a few months.
> (B) (C) For a few months after it was built, the Chrysler building was the world's tallest structure.

3つすべてにおいて、話し手は「クライスラービルが一時的に世界一高い建築物になった」ということを強調していますが、ポーズと速度が少しずつ異なっています。

3 声のトーン

話し方も標識としての役割を持つことがあります。話し手の声のトーンが急に変わった場合、そこに重要な情報を含んでいるかもしれません。

CDを聞いてトーンの違いを比べましょう。1つ目の文は（A）世界一の高さだったのがほんの数か月であったことを強調する皮肉をこめたトーン、（B）世界一の高さであったことを強調するための感情がこもったトーンの2種類で読みます。（C）は、ほんの数か月間、世界一の高さであったことをソフトなトーンで読んで強調しています。

> **CD 4**
>
> (A) (B) For a few months after it was built, the Chrysler building was the world's tallest structure.
> (C) When it was originally constructed, the Chrysler building was the tallest in the world, at least for a few months.

Exercise ❷　　　　　　　　　　　　　　　　　　　　CD 5

　STEP 11 で学習したパッセージをもとにしたレクチャー（一部パラフレーズしてあります）を，最初は以下にあるスクリプトを見ないで聞いてください。次に，スクリプトを見ながら聞いてください。その際，以下のスクリプトの標識に下線を引き，転換語（T），情報の繰り返し（R），書き手の意図が含まれた語句（P）のどれになるか，アルファベットで表してください。音声で強調されているところや，ポーズ，声のトーンにも注意して聞いてみましょう。

　　When you are learning a foreign language, one of the most important things is to improve your vocabulary, including your control of idioms. If you think about it, when a native speaker of English talks directly to you, probably you can understand virtually everything she is saying. However, when two native speakers talk to each other, your listening comprehension goes down dramatically. Things you normally might have understood become hard to catch. Why does this happen? The main reason is idioms. Native speakers use many idioms in their daily speech. There is absolutely no doubt about it whatsoever, learning English idioms will greatly help you to improve your overall English language listening comprehension ability.

Answers

太字は音声で強調されているところです。

When you are learning a foreign language, one of the **most important** things is to improve your **vocabulary**,（ポーズ）**including** your control of idioms. If you think about it, when a native speaker of English talks directly to you, probably you can understand virtually (P) everything she is saying. However (T), when two native speakers talk to each other, your listening comprehension goes down **dramatically** (P). Things you **normally** might have understood（皮肉調）become hard to catch (R). Why does this happen? The **main** reason is **idioms**. Native speakers use many idioms（ポーズ）in their daily speech. There is **absolutely** (P) no doubt about it **whatsoever** (P), learning English **idioms** will **greatly** help you to improve your overall English language **listening comprehension** ability. (R)（ゆっくり）

【訳】外国語を学ぶときに最も重要なことの1つは，イディオムをコントロールする力を含めたボキャブラリーを伸ばすことである。考えてみると，英語のネイティブスピーカーが直接あなたに話すときには，おそらくあなたはほとんどすべてのことを理解できるだろう。しかし，2人のネイティブスピーカー同士で話しているときは，あなたの聴解力は急激に落ちる。通常であれば理解できたかもしれないことが，聞き取りにくくなる。なぜこのようなことが起こるのだろうか。主な理由は，イディオムである。ネイティブスピーカーは，日々の会話の中で多くのイディオムを使用する。まったく疑いもなく，英語のイディオムを学ぶことは，英語の全般的な聴解力を上達させるためにたいへん役立つだろう。

STEP 13 Integrated Writing ③
Reading & Listening ② メモの取り方

Integrated Writing
Independent Writing

● ● STEP 13

> **学習目標**
> リーディングパッセージとレクチャーのメモの取り方を習得する。

ポイント

Integrated Writing の主な採点基準は,「リーディングパッセージとレクチャーの内容の関連性を正確に,かつ一貫して述べているかどうか」ということです。そのためにはパッセージとレクチャーのそれぞれのポイントを把握し,その関連性を示す必要があります。非常に複雑で難易度の高いタスクですが,これまでに学んだスキルを活用し,さらにここで学習する「メモを取るスキル」や Integrated Writing の傾向に合わせた対策を行うことで,高得点を狙えます。

パッセージとレクチャーは,基本的に STEP 1 で学習した "おでんスタイル" の構成なので,構成を意識して読めば(聞けば),主張や裏付け理由,さらに詳細情報も特定しやすくなります。また,標識に注目することで,レクチャーとパッセージの関連性を確実に把握できます。通常,パッセージのポイントとレクチャーのポイントは同じ順番で提示されます。効果的にメモを作成するスキルを身につけることで,関連性を正確に示すエッセイが書けるようになります。

■メモを取る前に

メモを取る際には,読んだものをやみくもに書くのではなく,主張,裏付け理由,詳細などを書き取ることが大切です。パッセージの構成を特定できて初めて,効果的なメモが取れるようになります。重要な情報を素早く特定するために,以下の2点を心がけましょう。

(1) エッセイの構成を意識する

ライティング方法として学んだエッセイの構成は,パッセージにおいても当てはまります。つまり,Introduction で主張が述べられ,Body の最初の文章が裏

付け理由であることが多い，ということです。主張が Conclusion で繰り返されることもあります。重要な情報を特定するために，エッセイの構成を意識してパッセージを読むことが大切です。

(2) 標識（転換語，情報の繰り返し，意図を含む語句）に気をつける

　主張，裏付け理由，詳細情報などの重要な情報を特定するために，STEP 12 で学習したように，標識には必ず注意してください。

■パッセージのメモの取り方

　Integrated Writing では，レクチャーを聞いた後でもう一度パッセージを確認することができます。しかし，だからと言ってパッセージの理解をおろそかにしてレクチャーに臨むのは非効率的です。パッセージの内容を把握していれば，レクチャーを聞きながらパッセージの内容との比較検討が可能になり，スムーズにライティングに移ることができます。

　では，どのようにメモを取ればよいのでしょう。文字を省略する，重要な情報のみを書き留めるといった，効率的なメモの取り方を紹介します。

Exercise ❶

　パッセージを読み，メモを書き出しましょう。次のページのメモの空欄に裏付け理由を 3 つ記入してください。なお，MP は主張，OI は構成表示，SR は裏付け理由を意味しています。メモ中の単語は省略して書いてあります。

　　Archaeologists have long disputed what exactly triggered the "Neolithic Revolution," that pivotal period when humans underwent a shift from surviving on hunting-and-gathering to relying upon plant cultivation. It is impossible to overestimate the importance of this long drawn-out transformation, for the development of agriculture directly resulted in the establishment of villages, and ultimately, over time, in the rise of cities and the so-called dawn of civilization. There seems to have been three overriding factors that enabled this decisive shift. The first is the change in temperature. About 12,000 years ago, the last Ice Age ended, and as the middle latitudes began to warm, agriculture became viable in these important regions of the planet. The next reason is also inextricably linked to climate change: a decline in precipitation. As the Earth became drier, people and animals were forced to gather around water sources, such as rivers and lakes. For humans, like other animals, must above all have water. It was this mingling of people that led to some of the earliest communities. Related to the previous two, the last cause is a dwindling in the number of large animals to hunt, as many species had a hard time adjusting to climate change.

In the final analysis, it was this shortage of game animals that led humans to domesticate plants, and only when they no longer had to forage and hunt far and wide to satisfy their hunger did they begin to found villages, towns, and enduring societies.

Sample Memo

```
MP: agricul → villages & civ.
OI: 3 reasons
SR-1: _____  ↑
SR-2: _____  ↓
SR-3: _____ + _____ = big anim ↓
Humans needed food → cultiv plants → vil. & civ.
```

Sample Answers

SR-1: temp　　SR-2: water　　SR-3: temp (+) water

🔑 Key Notes

　メモを作成する時間(リーディングの制限時間)は3分しかありませんので、このような骨格のみで構いません。上の例では、20語程度の語句と記号のみのメモですが、重要なポイントを特定してあり、内容も明確です。省略や記号を用いて、なるべく速くメモを書くことで、3分間でレクチャーの準備が整います。

【訳】「新石器時代の革命」、つまり人間が狩猟採集の生活から農耕に依存する生活へと転換した極めて重要な時期をもたらしたものが正確には何だったのかということについて、考古学者の間で長年にわたり論争が繰り広げられてきた。この長い年月をかけた変容の重要性は過大評価のしようがない。農業の発展が村の成立に直接つながり、やがて時を経て都市の始まり、そしていわゆる文明の幕明けにつながったからである。この決定的な移行を可能にした最も重要な要因は3つあると考えられる。第一は気温の変化である。およそ12,000年前に最終氷期が終わると、中緯度地帯の温暖化により、地球のこうした重要な地域において農業が実現可能になった。次の理由も気候の変化と密接に関連しているが、降雨量の減少である。地球が乾燥するにつれて、人や動物は川や湖など、水源の周りに集まることを余儀なくされた。ほかの動物と同様、人間には何よりも水が必要なのだから。こうした人々の交流が初期のコミュニティーを形成することにつながった。最後の原因は前の2つと関連があるが、多くの種が気候変化に適応できず、狩猟の対象である大型の動物の数が減少したことである。

　結局のところ、この獲物となる動物の不足が、人間が植物を栽培する原因となった。そして、空腹を満たすために広範囲にわたって食料を調達したり狩猟をしたりする必要がなくなったときになって初めて、彼らは村、町、そして恒久的な社会を形成し始めたのである。

■レクチャーのメモの取り方

　パッセージの後に流されるレクチャーは約2分です。一度しか聞けないため，非常に難易度の高いタスクですが，パッセージと同様に"おでんスタイル"を意識して，主張や裏付け理由を特定し，標識に沿った聞き方をすることで，重要な情報を把握しやすくなります。通常，3つのポイントが話される順番は，パッセージで述べられる順番と同じです。

Exercise ❷

レクチャーを聞き，3つの裏付け理由を以下のメモの空欄に書き出してください。

Sample Memo

```
MP: first farming → settled com. NO
OI: temp ↑, rainfall ↓, game animals ↓ → set. com. NO
SR-1: _____
SR-2: _____
SR-3: _____
Theory backwards: vil. → farm
```

Sample Answers

SR-1: 1st set. before Ice Age end
　　　↑ temp ≠ set. com.
SR-2: Aft. Ice Age climate wetter not drier!
　　　People didn't gath around water
SR-3: Ag. didn't form places w. animals dying
　　　1st plants dom. in gd hunting area

Key Notes

　この問題は，講師がパッセージの内容に「異議を唱える（takes issue with）」，「疑問を投げかける（casts doubt on [upon]）」，「反対する（disagrees with）」といった「反論」の形を取っており，Integrated Writing の基本タイプです。これら３つの表現は，STEP 14 で学習する「反論型」のキーワードになります。レクチャーで重要な情報を素早く特定するために，以下の３点を心がけましょう。

(1) エッセイの構成を意識する
(2) 標識（転換語，情報の繰り返し，意図を含む語句）に注意する
(3) パッセージで把握したポイントと比較対照する

　パッセージで把握したポイントと比較対照しながら聞くことにより，レクチャーの重要な情報を特定しやすくなります。またパッセージとの関係を容易に理解することができます。
　以下のスクリプトで，下線は標識を，太字は音声による強調を表します。転換語は T，意図を含む語句は P，情報の繰り返しは色付き下線（対応するものは同じ種類）で表しています。

【レクチャーのスクリプトと訳】

　The story that **most** archaeologists tell is that the seeds of **civilization** were planted with our first crops of **peas** and **barley**. They argue, in general (T), that **climate** change at the end of the last **Ice Age** laid the ground for the **earliest** permanent settlements and villages. In particular (T), they reason that the **rising temperatures**, a **decline in rainfall**, and a drop in **game animals** led to the first **farming** which in turn led to settled **communities**. This is a scenario that I **disagree** with (P): it just doesn't **square** with the **facts**. (MP) [リーディングへの反論]

To **begin** with (T), the first settlements **predated** (P) the end of the Ice Age—and the beginning of agriculture. (SR-1) That's **right**, the first villages were forming before (P) the Ice Age ended, so warming temperatures can **hardly** (P) be said to have had much effect on human settlement. (SR-1) **Moreover** (T), more **careful** climate study in recent years has shown that the **period** following the **last** Ice Age was not (P) **drier** but (T)(P) **wetter**. (SR-2) Given **that** (T), the theory that people gathered around scarce **water** sources and decided to **stay** there goes out the **window** (P). **Last** (T), according to traditional (P) theories, agriculture began in places where animals were **dying out** or **dwindling**, but (T) (P) the most **recent** evidence suggests that plant domestication actually began in some of the **best** hunting-and-gathering areas of the **Near East**, rather than in places hit by **shortfalls**. (SR-3) Apparently, our ancestors first turned to **farming** in regions where the hunting was actually **quite good** (P).

Therefore (T), it is totally **possible** that the old theory has it **backwards** (P): **first** (T) people settled down in **villages**, and **then** (T) they took up farming. [MPの繰り返し]

ほとんどの考古学者は，エンドウ豆と大麦の最初の作物とともに文明の種がまかれたという話をする。一般的に，最終氷期の終わりに起こった気候の変化によって，最古の定住集落や村の土壌が作られることとなったと論じている。特に，気温の上昇，降雨量の減少，そして獲物となる動物の減少が最初の農耕につながり，それが定住集落の形成につながったと論じている。私はこのシナリオに反対である。それはまったく事実にそぐわないからだ。

初めに，最初の定住は氷河期の終わり，それと農業の開始よりも前にさかのぼる。そう，最初の村は，氷河期が終わる前に形成されつつあったので，気温の上昇が人間の定住に大きな影響を与えたとは言いがたい。さらに，近年のより念入りな気候の研究により，最終氷期に続く時代はより乾燥していたのではなく，より水分があったことがわかった。それを踏まえると，人々が少ない水源の周りに集まり，その周辺に留まることを決めたという理論は消える。最後に，従来の理論によると，農業は動物が死滅したり，減少したりした場所で始まったとされているが，最新の証拠により，植物の栽培が始まったのは，動物不足に陥った場所ではなく，近東の狩猟採集に最も適した地域の一部で

あると示唆されている。どうやら，私たちの先祖は，まず狩猟が十分にできる地域で農業を始めたようだ。
　このことから，古い理論は逆であると言うことが十分に可能だ。まず，人々が村に定住し，それから農耕を始めたのである。

■ メモの完成

　Integrated Writingのメモは，重要な情報を書き留めておくためだけでなく，その後のライティングの設計図としても利用できます。ですから，見やすいメモを作成することが非常に大切です。パッセージとレクチャーの関係が一目でわかるように，左側にリーディングのメモを，右側にレクチャーのメモを並べるとよいでしょう。また，字下げを使えば，MP（主張）やSR（裏付け理由）など略語を使用せずに主張や裏付け理由がわかるメモを取ることもできます。

Sample Memo

Reading	Lecture
agricul → villages & civ. 3 reasons	first farming → settled com. NO temp ↑ rainfall ↓ game animals ↓ 　→ set. com. NO
SR-1: temp ↑	SR-1: 1st set. before Ice Age end 　↑ temp ≠ set. com.
SR-2: water ↓	SR-2: Aft. Ice Age climate wetter not drier! People didn't gath around water
SR-3: temp + water = big anim ↓	SR-3: Ag. didn't form places w. animals dying 1st plants dom. in gd hunting area
Humans needed food → cultiv plants 　→ vil. & civ.	Theory backwards: vil. → farm

STEP 14 反論型タスク

Integrated Writing ④

● ● STEP 14

Integrated Writing
Independent Writing

学習目標

リーディングパッセージの内容に対し、レクチャーでの反論点を把握し、それらを関連付けてエッセイを書くテクニックを身につける。

ポイント

ここでは、Integrated Writing の基本である反論型タスクに焦点を当て、反論のポイントを把握するスキルを習得します。このタイプでは、レクチャーの内容がパッセージの内容に対して疑問を投げかける視点に立って展開されます。Whereas some people may claim that... (…ということを主張する人々がいるかもしれない一方で) や Despite the fact that... (…という事実にもかかわらず) などのフレーズが使われていれば、反論型タスクだと予想できます。

（1）パッセージとレクチャーに含まれる重要ポイントを把握し、反論のポイントを特定すること、そして（2）パッセージとレクチャーの関係を要約して書き出すこと、を練習します。

■ Integrated Writing の基本戦略

Integrated Writing では、リーディングパッセージとレクチャーそれぞれの裏付け理由の関連性を要約することが求められるため、パッセージやレクチャーの内容のパラフレーズや抜粋を行います。関連性を述べるときには、パッセージとレクチャーのポイントを「キャッチボール」を行うように交互に述べていきます。例えば、パッセージの裏付け理由1を書いたら、それに対応するレクチャーの裏付け理由1を書きます。どのように「キャッチボール」が行われているかについては、サンプルエッセイで確認しておきましょう。

採点基準から判断すると、4点を取るためには、「レクチャーの重要な情報を選択できていること」のほか、それらの情報をパッセージの内容と正しく関連付け、かつ理解を妨げるような間違いやミスがない解答を作成することが必要とされま

す。重要ポイント（裏付け理由）のキャッチボールができていれば，この点はすでに達成していると言えます。

　さらに高得点を目指すには，転換語を使って構成を明確にして，裏付け理由をサポートする詳細情報や具体例を含めながら，パッセージとレクチャーの関連性を述べることが必要です。

■反論型ライティング

　反論型タスクでは，通常，パッセージとレクチャーそれぞれについて，3つの裏付け理由が提示されます。

　指示文は次のような形を取ります。

Summarize the points made in the lecture you just heard, explaining how they cast doubt on points made in the reading.

Summarize the points made in the lecture you just heard, explaining how they take issue with points made in the reading.

Summarize the lecture you just heard, explaining in what ways the lecturer disagrees with the points made in the reading.

（あなたが聞いたレクチャー（のポイント）をまとめて，話し手がどのようにリーディングのポイントに疑問を投げかけているか［異議を唱えているか・反対しているか］説明せよ）

Exercise ❶

ノートを用意してください。以下のパッセージを読み，STEP 13で学習した要領でメモを取りましょう。主張と裏付け理由は必ず入れてください。制限時間は3分です。

Although the notion of manned space flight is adventurous and exciting, nations should discontinue these types of programs. Human exploration of space is dangerous, costly, and impractical.

In terms of danger, the radiation astronauts are exposed to jeopardizes their health. Even if astronauts do not immediately display an adverse reaction to space flight, no one can predict with certainty the long-term effects. Moreover, possible mechanical failures or collisions with space debris can have potentially lethal consequences for those aboard the spacecraft.

In addition, the cost of manned space expeditions cannot be justified. It has been estimated that just one country's manned space program, that of the United States, will cost between $170 billion and $600 billion during the first two decades of the 21st century. Just one launch costs several billion dollars, when research and development costs are factored in. This is money that could far better be used to address other social needs.

Finally, manned space travel is impractical. Human beings are limited physically in terms of how long they can endure the cramped conditions of the tiny space vehicle they must use. Furthermore, the amount of supplies needed to sustain the crew also restricts the distance they can travel. Even if distance were not an issue, the physical characteristics of human beings limit what types of research they can carry out.

For all of these reasons, the continued investment in manned space flight cannot be justified and these programs should be abandoned.

Sample Answer

作成したメモと比べてください。主張と裏付け理由は正しく特定できましたか。現時点では，詳細情報まで特定できなくても構いません。

Sample Memo

```
MP:    discont. manned space flight
SR-1:  dangerous
       rad damage
       mechan prblms or coll w/ sp debris
SR-2:  costly
       $170-600 bil
       one launch $several bil
SR-3:  impractical
       hum. cannot endure lng cramped flt
       cannot carry enough suppl for lng flt
       phys char of hum lmt resrch
```

Key Notes

　このサンプルメモはパッセージの全体像を把握するためのものです。重要なことは，主張と3つの裏付け理由まで抜き出せたかどうかです。なお，MPは主張，SRは裏付け理由を表します。

　【訳】有人宇宙飛行という概念は冒険的でわくわくするが，国家はこのような種類の計画を中止すべきである。(MP) 人間による宇宙探査は危険であり，費用がかかり，そして非実用的だからだ。
　危険という点では，宇宙飛行士が浴びる放射線は彼らの健康を脅かす。(SR-1) 宇宙飛行士が宇宙飛行に対する有害反応をすぐに示さないとしても，長期的な影響は誰も確信を持って予想することができない。さらに，起こりうる機械の故障やスペースデブリ（宇宙ごみ）との衝突により，宇宙船に乗り込む人々にとって致命的な結果をもたらすことにもなりかねない。
　それに加えて，有人宇宙飛行にかかるコストは正当化できない。(SR-2) 1か国だけの有人宇宙飛行計画のコストでも，米国の場合，21世紀の最初の20年間に1,700億ドルから6,000億ドルになると見積もられている。研究開発のコストも含めると，1

回の打ち上げだけで数十億ドルかかる。これは，ほかの社会的ニーズに対応するためにはるかに有効に使われうるお金である。

　最後に，有人宇宙旅行は非実用的である。(SR-3) 使用しなければならないごく小さな宇宙船の窮屈な状態に対して，人間が身体的にどれだけ耐えられるかには限度がある。さらに，乗組員に必要な物資の量を考えると，移動できる距離は制限される。仮に距離が問題ではなかったとしても，人間の身体的な特性を考えると，実行可能な調査の種類にも限界がある。

　これらすべての理由から，有人宇宙飛行に今後も投資し続けることは正当化できず，こうした計画は廃止されるべきである。

Exercise ❷　　　　　　　　　　　　　　　　　CD 7

　CD のトラック 7 を再生し，Exercise 1 のパッセージに対するレクチャーを聞き，メモを取ってください。パッセージで提示された裏付け理由に対して，どのように疑問を投げかけているのかに注意しましょう。その際，できるだけ多くの詳細情報と具体例をメモしてください。なお，メモのチェックは Exercise 3 の後に行いますので，レクチャーを聞き終わったら，続けて Exercise 3 に取り組んでください。

Exercise 3

以下のスクリプトを目で追いながら，もう一度レクチャーを聞いてください。主張，裏付け理由，詳細情報に注意して聞き，Exercise 1 のパッセージの内容に反論している主張と裏付け理由に下線を引いてください。また，裏付け理由をサポートする詳細情報や具体例を表す文を（ ）で囲んでください。それぞれの裏付け理由の詳細情報について，少なくとも1つは特定しましょう。

I've heard the claim that manned space exploration cannot be justified. I absolutely disagree with this idea. Manned space expeditions should be encouraged, not abandoned.

One reason cited by opponents of manned space flights is the danger to the astronauts themselves, particularly in terms of radiation exposure. Well, you can be sure that scientists have carefully calculated the amount of radiation that space travelers are exposed to. In all but the rarest circumstances, the average person is exposed to more radiation from X-rays than an astronaut is during a space mission. Furthermore, modern engineering techniques have led to the development of extremely sophisticated lightweight plastic radiation shields.

OK. Now I'd like to dispute the notion that the cost of these missions cannot be justified. I'll admit that they are not cheap, but the benefits definitely outweigh the cost. For one thing, it's a question of national pride. But on a very practical level, too, there is an important justification for having a human crew. In the case of technical difficulty, in many instances only humans have the ingenuity and adaptability to recognize and fix the problem before it leads to a failure that may doom the mission. Think about how much money would be wasted if the mission failed—in that sense, a human crew would even be cost-effective, wouldn't it?

And, as for the "impracticality" of human space flight, only humans can perform certain types of research in space. This is not something that can be left to machines, which can only perform tasks that they have been pre-programmed to do. They can't adjust on the fly the way a trained scientist can. Consequently, you see the argument that space programs should be disposed of is far too simplistic.

Answers

主張＝ MP，裏付け理由＝ SR，詳細情報＝ DE，具体例＝ SpDE で表しています。

I've heard the claim that manned space exploration cannot be justified. I absolutely disagree with this idea. Manned space expeditions should be encouraged, not abandoned. (MP)
　　One reason cited by opponents of manned space flights is the danger to the astronauts themselves, particularly in terms of radiation exposure. (SR-1) Well, (you can be sure that scientists have carefully calculated the amount of radiation that space travelers are exposed to. (DE-1A)) (In all but the rarest circumstances, the average person is exposed to more radiation from X-rays than an astronaut is during a space mission. (SpDE-1Aa)) (Furthermore, modern engineering techniques have led to the development of extremely sophisticated lightweight plastic radiation shields. (DE-1B))
　　OK. Now I'd like to dispute the notion that the cost of these missions cannot be justified. (SR-2) (I'll admit that they are not cheap, but the benefits definitely outweigh the cost. For one thing, it's a question of national pride. (DE-2A)) (But on a very practical level, too, there is an important justification for having a human crew. (DE-2B)) (In the case of technical difficulty, in many instances only humans have the ingenuity and adaptability to recognize and fix the problem before it leads to a failure that may doom the mission. (SpDE-2Ba)) (Think about how much money would be wasted if the mission failed—in that sense, a human crew would even be cost-effective, wouldn't it? (SpDE-2Bb))
　　And, as for the "impracticality" of human space flight, only humans can perform certain types of research in space. (SR-3) (This is not something that can be left to machines, which can only perform tasks that they have been pre-programmed to do. (DE-3A)) (They can't adjust on the fly the way a trained scientist can. (SpDE-3Aa))
　　Consequently, you see the argument that space programs should be

disposed of is far too simplistic. [MPの繰り返し]

Sample Memo

Reading

MP: discont. manned space flight
SR-1: dangerous
　　　rad damage
　　　mechan prblms or coll
　　　　　　w/ sp debris
SR-2: costly
　　　$170-600 bil
　　　one launch $several bil

SR-3: impractical
　　　hum. cannot endure lng
　　　　　　　　cramped flt
　　　cannot carry enough
　　　　　　suppl for lng flt
　　　phys char of hum lmt resrch

Lecture

MP: encourage, not aban.
SR-1: not dang
　　　rad damage OK
　　　av. pers. more fm X-ray
　　　hi tech plast. rad shlds
SR-2: cost OK
　　　natl pride
　　　hum ingen. & adapt
　　　save doomed miss
　　　→ sv cost
SR-3: pract. OK hum. do
　　　mach. can't
　　　mach. only do prgrm
　　　　　　can't adj on fly

Key Notes

　講師が使っていた標識に気づきましたか。転換語，情報の繰り返し，意図を含む語句（ingenuity や simplistic など），イントネーション，ポーズやペース調整（Well や OK など），そして声のトーンなどが含まれていました。STEP 12で学習したように，これらの標識は重要な情報を把握する大きな助けとなります。

　続けて Exercise 2 で取ったメモをチェックしましょう。上のサンプルと同様である必要はありませんが，主張と３つの裏付け理由，それに関する最低１つの詳細情報を書き出すことができましたか。サンプルでは，MP（主張），

SR-1（裏付け理由1）などの略語を使っていますが，必ずしもこれらを使う必要はありません。メモを取る練習を重ねることで，少ない文字数で多くの情報をメモすることができるようになります。

【訳】有人宇宙探査は正当化できないという主張を聞いたことがある。この考えにはまったく反対である。有人宇宙探検は促進されるべきであり，廃止されるべきではない。

　有人宇宙飛行の反対者が言及する1つの理由は，宇宙飛行士自身に対する危険性，特に放射線にさらされる点である。まあ，宇宙飛行士がさらされる放射線の量を科学者が入念に計算していることは，確かだと思ってよい。よほどの状況を除けば，宇宙飛行士が宇宙での任務中に浴びる放射線よりも，平均的な人がレントゲン撮影で浴びる放射線の方が多いのである。さらに，現代工学技術により，非常に高性能の軽量プラスチックの放射線シールドが開発されている。

　さて，次にこうした任務のコストが正当化できないという考えに異議を唱えたい。安くないことは認めるが，恩恵はコストを明らかに超える。1つには，国家の威信の問題である。しかし，非常に実用的なレベルにおいても，人間を乗組員にすることに重要な正当性がある。技術的な問題が発生したときには，多くの場合，それが任務の破綻につながりかねない失敗となる前に問題点を見つけ，解決する独創性と適応性を持っているのは人間だけである。任務が失敗した場合にどれだけのお金が無駄になるのかを考えてみてほしい。そのことを考えると，人間が乗ることは費用に対して効果的であるとさえ言えるのではないだろうか。

　そして，有人宇宙飛行の「非実用性」については，宇宙である種の調査を遂行することができるのは人間だけである。これは機械に委ねられないものである。なぜなら機械はあらかじめプログラムされた作業しか実行することができないからだ。トレーニングを受けた科学者ができるような飛行中の調整も機械にはできない。

　結論として，宇宙計画を廃止すべきだという議論はあまりに短絡的すぎるとわかるだろう。

Exercise ❹

　Exercise 1～3で使用したパッセージとレクチャーから，メモを参照して実際にエッセイを書き，解答例と比べてみましょう。<u>20分以内</u>に書けると理想的ですが，まずは時間よりも，正しく書くことを最優先に考えましょう。下記のチェック事項も参考にしながら進めてください。

Summarize the points made in the lecture you just heard, explaining how the speaker casts doubt on points made in the reading.

（あなたが聞いたレクチャーのポイントをまとめて，話し手がどのようにリーディングのポイントに疑問を投げかけているか説明せよ）

解答チェック！

- ☐ パッセージの主張，裏付け理由を正しく理解できましたか
- ☐ レクチャーの主張，裏付け理由と少なくとも1つの詳細情報を正しく理解できましたか
- ☐ 構成に沿ってわかりやすいメモを取れましたか
- ☐ エッセイの冒頭で，パッセージの主張と，それに対する話し手の意見を述べましたか
- ☐ レクチャーとパッセージに3つの裏付け理由があることを述べましたか
- ☐ メモの構成に沿って，パッセージとレクチャーの情報を交互に述べていますか
- ☐ それぞれの裏付け理由に対して，少なくとも1つの詳細情報（具体例まであると理想的）を述べていますか
- ☐ パロットフレーズを効果的に使って，話し手の意見を述べていますか
- ☐ 話し手の言葉をパラフレーズしていますか
- ☐ 話し手の言葉を抜粋していますか（パラフレーズできない箇所や，話し手の使った言葉を用いて強調したい箇所がある場合）
- ☐ 見直しをしましたか

Sample Answer

以下のエッセイ中の下線部はパロットフレーズです。

　　The lecturer takes issue with the main point of the reading that manned space flight should be discontinued. She disagrees with the author of the reading on the questions of safety, cost, and practicality.

　　According to the lecturer, manned space travel does not pose a great threat to the health of the astronauts. Scientists have carefully calculated the amount of radiation exposure and have determined it to be safe. Moreover, recently developed hi-tech plastic radiation shields further protect space travelers. As for cost, the speaker feels that the cost is justified. In fact, humans, because of their ingenuity and adaptability, can sometimes solve unexpected problems that might even lead to the failure of the mission. If so, it leads ultimately to cost savings, in the opinion of the speaker. Finally, the speaker does not consider manned space flight to be impractical. To the contrary, she claims that machines are only capable of performing those tasks which humans have programmed them to do. In other words, they can only do what human programmers have already imagined might occur. Human beings, on the other hand, are capable of dealing with new and unique situations.

　　For these reasons, the lecturer finds the argument in the reading to be overly simplistic.　　　　　　　　　　　　　　　　　　　　（207語）

【訳】講師は，有人宇宙飛行は中止されるべきだというリーディングの主張に異議を唱えている。彼女は，安全性，コスト，実用性の問題に関してリーディングの著者に反対している。
　講師によれば，有人宇宙飛行は宇宙飛行士の健康に重大な脅威とはならないという。科学者たちは，放射線を浴びる量について入念に計算したうえで，安全であると判断している。そのうえ，最近開発されたハイテクなプラスチックを使用した放射線シールドが，宇宙飛行士をこれまで以上に保護している。コストについては，講師は正当化できると感じている。実際に，任務の失敗につながるような予期しない問題が起こっても，人間はその独創性と適応性により解決できることがある。もしそうであれば，話し手の意見では，結局はコストを抑えることにつながる。最後に，話し手は，有人宇宙飛行を

非実用的だとは思っていない。逆に，機械は人間がプログラムした作業を行うことしかできないと主張している。言い換えれば，機械ができることは，人間のプログラマーが起こりうると予想したことのみである。それに対して，人間は新しくまれな状況にも対応することができる。

　これらの理由から，講師はリーディングにおける議論があまりに短絡的であると考えている。

Parrot Phrases

●パッセージに対する講師の反論を説明する際に使用

The lecturer takes issue with the main point of the reading that manned space flight should be discontinued.
（講師は，有人宇宙飛行は中止されるべきだというリーディングの主張に異議を唱えている）

She disagrees with the author of the reading on the questions of safety, cost, and practicality.
（彼女は，安全性，コスト，実用性の問題に関してリーディングの著者に反対している）

●講師の意見を述べる際に使用

According to the lecturer, manned space travel does not pose a great threat to the health of the astronauts.
（講師によれば，有人宇宙飛行は宇宙飛行士の健康に重大な脅威とはならないという）

If so, it leads ultimately to cost savings, **in the opinion of the speaker**.
（もしそうであれば，話し手の意見では，結局はコストを抑えることにつながる）

　そのほか，the lecturer believes [asserts, concludes] 〜（講師は〜と信じている［主張している，結論で述べている］といった言い方もあります。

STEP 15 そのほかのタスク

Integrated Writing ⑤

学習目標
リーディングパッセージで提示された主張と，レクチャーで提示された具体例や追加情報を把握し，それらを関連付けてエッセイを書くテクニックを身につける。

ポイント

　現在の Integrated Writing では，STEP 14 で学習した反論型が一般的です。しかし，いつまた突然，出題傾向が変わって，以前にあったほかのタイプが出題されるかわかりません。そして，ライティング力をより高める練習にもなるので，ここでほかのタイプも練習しておきましょう。

　反論型以外では，パッセージで扱った主張に関する例証や補足などの追加情報を，レクチャーの中で提示するタイプがあります。見分け方としては，パッセージのポイントを押さえることができていれば，レクチャーの最初の裏付け理由を聞くだけで，タイプを特定することができます。つまり，話し手がパッセージの裏付け理由に関する例証や補足を提示している場合は，「主張と追加情報」を要約するライティングが求められていると判断できるのです。この場合も反論型と同様に，パッセージとレクチャーの内容を「キャッチボール」のように交互に書き出します。

■反論型以外のタスクの指示文
　反論型以外のタスクでは，次のような指示文が表示されます。

Summarize the points made in the lecture you just heard, explaining how they illustrate points made in the reading.

Summarize the points made in the lecture you just heard, explaining how they offer additional examples for points made in the reading.

Summarize the lecture you just heard, explaining how the speaker <u>gives specific evidence</u> for points made in the reading.

(あなたが聞いたレクチャー（のポイント）をまとめて，話し手がどのようにリーディングのポイントを例証しているか［補足例を提示しているか，具体的な証拠を提示しているか］説明せよ)

Summarize the points made in the lecture you just heard, explaining how they <u>further support</u> the points made in the reading.

Summarize the points made in the lecture you just heard, explaining how they <u>provide further evidence</u> for the points made in the reading.

Summarize the lecture you just heard, explaining the <u>additional reasons</u> offered by the speaker.

(あなたが聞いたレクチャー（のポイント）をまとめて，話し手がどのようにリーディングのポイントをさらに裏付けているか［さらなる根拠を提示しているか，追加理由を提示しているか］説明せよ)

Exercise ❶　　　　　　　　　　　　　　　　　CD 8

　STEP 14 で学習した以下のパッセージをもう一度読み，主張や裏付け理由などのポイントを確認してください。続けてそれに対するレクチャーを聞き，主張（MP），裏付け理由（SR-1, SR-2, SR-3）を中心に，メモを取ってください。レクチャーでは，パッセージの裏付け理由にどのような例証が提示されているか（具体例とその詳細情報）に集中して聞きましょう。なお，レクチャーの内容は STEP 14 とは異なります。

　　Although the notion of manned space flight is adventurous and exciting, nations should discontinue these types of programs. Human exploration of space is dangerous, costly, and impractical.

　　In terms of danger, the radiation astronauts are exposed to jeopardizes their health. Even if astronauts do not immediately display an adverse reaction to space flight, no one can predict with certainty the long-term effects. Moreover, possible mechanical failures or collisions with space debris can have potentially lethal consequences for those aboard the spacecraft.

　　In addition, the cost of manned space expeditions cannot be justified. It has been estimated that just one country's manned space program, that of the United States, will cost between $170 billion and $600 billion during the first two decades of the 21st century. Just one launch costs several billion dollars, when research and development costs are factored in. This is money that could far better be used to address other social needs.

Finally, manned space travel is impractical. Human beings are limited physically in terms of how long they can endure the cramped conditions of the tiny space vehicle they must use. Furthermore, the amount of supplies needed to sustain the crew also restricts the distance they can travel. Even if distance were not an issue, the physical characteristics of human beings limit what types of research they can carry out.

For all of these reasons, the continued investment in manned space flight cannot be justified and these programs should be abandoned.

Answers

Sample Memo

Reading
MP: discont. manned space flight
SR-1: dangerous
　　　rad damage
　　　mechan prblms or coll
　　　　　w/ sp debris

SR-2: costly
　　　$170-600 bil
　　　one launch $several bil

SR-3: impractical
　　　hum. cannot endure lng
　　　　　cramped flt
　　　cannot carry enough
　　　　　suppl for lng flt
　　　phys char of hum lmt resrch

Lecture
MP: agr w/ rd
SR-1: unsafe
　　　2 acc w/ 14 fatal
　　　out of 135
　　　no othr scien endvr OK
　　　rad → high cancer rate
　　　at least a few more

SR-2: outrag. cost
　　　Mars → 18 mos
　　　cost $400 bil
　　　use for txtbks

SR-3: impract. extended periods
　　　Voyager to outer planets
　　　more than 30 yrs to limit
　　　　　sol sys

　　下線は標識を，太字は上昇調のイントネーションを表します。転換語は T，意図を含む語句は P で表しています。また，主張= MP，裏付け理由= SR，詳細情報= DE，具体例= SpDE で表しています。

【レクチャーのスクリプトと訳】

　　Today I'd like to talk about **manned space** flight and give you some specific **examples** of why I believe we **no longer need** these types of programs. (MP)

　　Without any question (T), the **most** important issue is **safety**. (SR-1)

(During the 30 years of the space shuttle program, the US suffered **two** fatal **accidents**, resulting in the loss of **14** astronauts. (DE-1A) That's two out of 135 flights! (SpDE-1Aa) Can you **imagine** any **other** scientific endeavor where such a ratio would be considered **acceptable**? (SpDE-1Ab) Moreover (T), even if (T) they **survive** the trip, astronauts are at a **greater risk** for cancer later in life because of the **radiation** they have been exposed to. (DE-1B) They are at least a few percent **more** likely to develop cancer compared to the general public. (SpDE-1Ba))

Next (T), there's the **outrageous (P) cost** involved. (SR-2) (Let's consider only one program for now: the planned expedition to **Mars**. (DE-2A) Going to the Red Planet would require a minimum of **18 months**—**six** months **getting** there, **six** months of research on the surface, and **six** months more getting **back**. (SpDE-2Aa) We're talking about a **400 billion dollar** commitment here. (SpDE-2Ab) That's four hundred **billion**. Think about how many **textbooks**, or **teachers' salaries**, **that** would cover. (SpDE-2Ac))

However (T), it's **not only** about safety and cost—it's **also totally (P) impractical** to send people into space for the extended periods needed to accomplish meaningful research. (SR-3) (Let me give you a specific "**for instance**"(T): in 1977 the US sent the space probes Voyager 1 and Voyager 2 on missions to the **outer planets**. (DE-3A) It took Voyager 1 more than **30 years** to reach the limits of our own solar system, and the other hasn't made it **that** far **yet**. (SpDE-3Aa) There's no way we could expect humans to endure a flight that long. (SpDE-3Ab))

All things considered, you can **easily** understand why I am **not** a big fan of manned space flight. [MPの繰り返し]

今日は，有人宇宙飛行について話し，なぜ私がこの種類の計画がもはや必要でないと考えているか，具体例を挙げてみたい。
疑いもなく，最も重要な問題点は安全性である。30年にわたるスペースシャトル計画では，アメリカは2つの致命的な事故を経験し，結果的に14人の宇宙飛行士を失った。135回の飛行のうち2回である！ ほかの科学的な試みの中で，このような事故率が許容できるとみなされるものなど，想像できるだろうか。さらに，もし生還したとしても，宇宙飛行士は放射線を浴びているため，後年にガンを発症する危険性が高い。一

般人と比べ，ガンになる確率が少なくとも数％は高い。

次に，法外なコストが関係している。ここでは，1つの計画のみ，火星探索計画を考えてみよう。その赤い惑星へ行くには最低 18 か月が必要である。到着に6か月，地表での調査に6か月，そして帰還に6か月である。今話しているのは 4,000 億ドルの投入のことだ。4,000 億ドルである。それだけあれば，教科書や教師の給料がどれだけ賄えるか，考えてほしい。

しかし，安全性とコストだけではない。有意義な調査を遂行するために長期にわたり宇宙に人を送ることは，まったく非実用的である。具体的な「例えば」を挙げると，1977 年にアメリカは，ボイジャー1号と2号という宇宙探査機を小惑星帯の外の惑星へと送り出した。ボイジャー1号がわれわれの太陽系の限界に到達するのに 30 年以上かかり，もう1機はそこまで遠くへ行っていない。人間がこのような長期におよぶ飛行に耐えうることを期待することはできない。

すべてを考慮すると，私がなぜ有人宇宙飛行をそれほど支持しないかを容易に理解することができるだろう。

◯ Key Notes

メモを見てみましょう。裏付け理由1（SR-1）の詳細情報の順番が，パッセージとレクチャーで異なっていることに気づくでしょう。裏付け理由の順番は同じですが，詳細情報や具体例の順番は変わることがあります。また，パッセージでは詳細情報が2つあるのに対し，レクチャーではその1つに対して述べていることや，パッセージの1つの詳細情報に対して，レクチャーでは2つの詳細情報を提供することもあります。

■具体例を提示する例示型タスクのサンプルエッセイ

以下は,Exercise 1 に対するサンプルエッセイですので,参考にしてください。

Summarize the lecture you just heard, explaining how the speaker gives specific evidence for points made in the reading.

(あなたが聞いたレクチャーのポイントをまとめて,話し手がどのようにリーディングのポイントに関する具体的な証拠を挙げているかを説明せよ)

 The lecturer agrees that it is inadvisable to continue manned space programs and he provides specific examples of how dangerous, costly, and impractical manned space travel is.

 To begin, he illustrates the danger by presenting statistics about the number of fatalities the American space shuttle program has suffered. Unfortunately, fourteen astronauts have been lost. He wonders whether any other scientific research project would accept such a high accident rate. As further support for his opinion, he points to the greater cancer risk astronauts have compared to the population as a whole.

 He then moves on to discuss the question of cost, which he deems outrageous. A mission to Mars would take 18 months and cost $400 billion. In the opinion of the lecturer, this money could be better spent on, for example, education.

 Finally, he cites the cases of Voyager 1 and 2 as evidence for the impracticality of manned space flight. Even to reach the end of our solar system, it took Voyager 1 over 30 years. For the lecturer this is an unacceptably long time for anyone to live in such a confined space.

 All of the above examples provide support for the lecturer's opinion that manned space travel programs should be halted. (205 語)

【訳】講師は有人宇宙計画の続行を勧められないことに賛成しており,有人宇宙飛行がどれだけ危険で,費用がかかり,非実用的であるかという具体例を挙げている。
 初めに,講師はアメリカのスペースシャトル計画が被った死者数についての統計を提示することで,その危険性を説明している。不幸なことに,14 名の宇宙飛行士が命を落としている。彼はほかの科学的な調査プロジェクトの中で,このような高い事故率を容認するものがあるか疑問に思っている。自分の意見についてのさらなる裏付けとして,一般人全体と比べて宇宙飛行士のガン発症率は高いということを指摘している。

それから，コストの問題の議論に話を進めるが，彼はこれを法外だと考えている。火星への宇宙飛行には 18 か月の期間と 4,000 億ドルの費用がかかる。講師の意見では，このお金を，例えば教育に使う方がよいとしている。

　最後に，有人宇宙飛行の非実用性の根拠として，ボイジャー 1 号と 2 号の事例に言及している。ボイジャー 1 号が太陽系の端にたどり着くだけでも 30 年以上かかった。講師にとって，これは人があれほど密閉された空間で生活するには受け入れがたいほどの長期間である。

　以上の例はすべて，有人宇宙旅行計画を停止すべきであるという講師の意見に対する裏付けとなっている。

　続いて，具体例ではなく，関連した情報が追加されるタイプを確認しましょう。

Exercise ❷　　　　　　　　　　　　　　CD 9

　Exercise 1 に戻ってもう一度パッセージを読み，主張や裏付け理由などの重要ポイントを確認してください。続けて，それに対する新しいレクチャーを聞きます。レクチャーでは，パッセージの裏付け理由にどのような追加情報が提示されているか（具体例とその詳細情報）に集中して聞き，主張（MP），裏付け理由（SR-1，SR-2，SR-3）などをメモに取りましょう。

Answers

Sample Memo

Reading
MP: discont. manned space flight
SR-1: dangerous
　　　rad damage
　　　mechan prblms or coll
　　　　　　w/ sp debris
SR-2: costly
　　　$170-600 bil
　　　one launch $several bil
SR-3: impractical
　　　hum. cannot endure lng
　　　　　　cramped flt
　　　cannot carry enough
　　　　　　suppl for lng flt
　　　phys char of hum lmt resrch

Lecture
MP: end manned sp flight
SR-1: huge risk of rad dmg
　　　hum bdy need time to recvr
　　　cont rad expsure irrep dmg
SR-2: not cost-eff.
　　　robotic probe better
　　　4 dec no grndbking disc. by hum
SR-3: same
　　　1 pers 2 kg fd & wtr/day
　　　10K kg for 5-man mission
　　　plus oxy
　　　sp suit lim phys dexterity
　　　mach adv over hum

【レクチャーのスクリプトと訳】

　Your reading raises an interesting question about whether manned space flight should be continued or not. For me, the answer to that question is very clear: just as your reading suggests, I believe that the time has come to end our misguided attempt to explore space ourselves. (MP)

　First of all, despite the claims of those who downplay the radiation danger, there exists a huge risk to space travelers. (SR-1) (The human body needs time to recover after being exposed to radiation. (DE-1A) If exposure is more or less continuous over several days, the tissue never has time to fully regenerate before being irreparably damaged. (SpDE-1Aa))

　Second, sending human researchers to space simply is not cost-effective. (SR-2) (Robotic probes can gather needed scientific data at a fraction of the cost. (DE-2A) In fact, most of the groundbreaking discoveries made in the past four decades have come from unmanned space probes. (SpDE-2Aa))

Last, but certainly not least, there's the issue of whether manned space research is even practical. (SR-3) (To begin with, it takes a huge amount of food and water to simply sustain the lives of the astronauts. (DE-3A) Each person requires about two kilograms of food and water daily. (SpDE-3Aa) They talk about growing vegetables on the spacecraft and recycling liquid wastes, but even assuming they could do that, we're still talking about 10,000 kg of food and water for a five-person crew on an extended mission, to say nothing of the oxygen supply necessary. (SpDE-3Ab) Moreover, human beings are limited physically in what research they can conduct. (DE-3B) The spacesuits they are obliged to wear virtually guarantee that astronauts will not have the physical dexterity they need to perform experiments requiring very precise tolerances. (SpDE-3Ba) In my opinion, this is a clear case of where machines have the obvious physical advantage over humans. (SpDE-3Bb))

That's why I find myself in total accord with the author of your textbook. [MPの繰り返し]

リーディングでは，有人宇宙飛行を継続すべきかどうかという興味深い問題を提起している。私にとって，その問題に対する答えはまったく明らかである。リーディングで示されているように，自分たち自身で宇宙探索をしようという見当違いの試みを終えるときが来たと思う。

まず初めに，放射線の危険性を軽視する人々の主張に反して，宇宙飛行士には莫大なリスクが伴う。人間の体は放射線を浴びた後，回復するために時間が必要である。放射線にほぼ継続的に数日間さらされていた場合，回復不能なほどダメージを受ける前に，細胞組織が完全に再生するための時間はまったくない。

第二に，人間の研究者を宇宙に送り出すことは，費用に対して効果的ではない。ロボットによる探索であれば，その何分の1かのコストで必要な科学的データを集めることができる。実際に，過去40年間における画期的な発見のほとんどは，無人の宇宙探査機によりもたらされた。

最後に，忘れてはならないのが，有人による宇宙研究が実用的かどうかの問題である。初めに，宇宙飛行士の生命を維持するためだけでも，膨大な量の食料や水が必要である。

人間は各々1日に約2キログラムの食べ物や水を必要としている。宇宙船の中で野菜を栽培し，液状廃棄物を再利用するという話もあるが，仮にそれが可能だとしても，5人の乗組員が長期にわたる宇宙飛行を行うには，酸素の供給が必要なことは言うまでもなく，さらにおよそ1万キログラムの食料と水が必要である。さらに，人間ができる調査には，肉体的な限界がある。着用が義務付けられている宇宙服は，宇宙飛行士がかなりの正確性が求められる実験を行うのに必要な身体的器用さを持たない，ということを実質的に証明するものだ。私の意見では，これは機械の方が明らかに人間よりも物理的に優位である明白な事例だ。

この理由により，私は教科書の著者に全面的に賛成である。

Key Notes

パッセージの裏付け理由3つに対応する追加情報を特定できましたか。詳細情報や具体例をどれだけ特定できたかによって，ライティングの正確さに影響します。

冒頭の文で，すぐにトピックについて話していないことに注目してください。この文は背景情報を伝えています。レクチャーは必ずしも主張（MP）から入るわけではありませんが，レクチャー全体の構成はパッセージの構成とほぼ一致しています。

Exercise ❸

メモを参考に，20分以内にエッセイを仕上げてください。エッセイには，これまでに学習したパロットフレーズをできるだけ使ってみましょう。

Summarize the points made in the lecture you just heard, explaining how they offer further evidence for points made in the reading.

（あなたが聞いたレクチャーのポイントをまとめて，どのようにリーディングのポイントに関する追加の根拠を提示しているか説明せよ）

解答チェック！

- ☐ パッセージの主張，裏付け理由を正しく理解できましたか
- ☐ レクチャーの主張，裏付け理由と少なくとも1つの詳細情報を正しく理解できましたか
- ☐ 構成に沿ってわかりやすいメモを取れましたか
- ☐ エッセイの第1文で，パッセージの主張に対する話し手の意見を述べましたか
- ☐ レクチャーとパッセージに3つの裏付け理由があることを述べましたか
- ☐ メモの構成に沿って，パッセージとレクチャーの情報を交互に述べていますか
- ☐ それぞれの裏付け理由に対して，少なくとも1つの詳細情報（具体例まであると理想的）を述べていますか
- ☐ パロットフレーズを効果的に使って，話し手の意見を述べていますか
- ☐ 話し手の言葉をパラフレーズしていますか
- ☐ 話し手の言葉を抜粋していますか（パラフレーズできない箇所や，話し手の使った言葉を用いて強調したい箇所がある場合）
- ☐ 見直しをしましたか

Sample Answer

エッセイ中の下線部はパロットフレーズです。

　The author of the reading asserts that manned space travel should be discontinued because of concerns about safety, cost, and practicality. The lecturer takes precisely the same position and offers concrete reasons to support his view.

　First of all, the lecturer argues that a problem with radiation exposure remains, despite efforts to minimize its effect on space travelers. The human body needs time to recover and to regenerate cells exposed to radiation. Because of the continuous nature of the radiation astronauts are bombarded with, the lecturer maintains that the damage to the body can be irreparable. Next, the lecturer states that manned space missions are not cost-effective. As evidence for this, he points to the fact that virtually all groundbreaking discoveries over the past four decades have resulted from unmanned space flights. Finally, the lecturer contends that such flights are impractical for two reasons: logistics and physical limitations of the astronauts themselves. He makes the case that each astronaut needs 2 kg of food and water daily. Thus, an extended five-person mission would need approximately 10,000 kg of supplies. Further, because of the harsh environment of space, the astronauts need to protect themselves with spacesuits. The speaker insists that astronauts are limited in their ability to perform tasks which require physical dexterity.

　Thus, the lecturer supports the position taken by the author of the reading that manned space travel programs should be eliminated.

(233 語)

【訳】リーディングの著者は，安全性，コスト，実用性の不安から，有人宇宙飛行は中止されるべきだと主張している。講師はまったく同じ立場であり，その意見を支持するための具体的な理由を提供している。

　まず初めに，宇宙飛行士への放射線の影響を最小限に抑える努力にもかかわらず，放射線にさらされることの問題は残ると講師は論じている。人間の体は，放射線にさらされた細胞が回復し，再生するために時間が必要である。宇宙飛行士が浴びる放射線が継

続的な性質のものであることから，体が受けたダメージは回復できないと講師は主張している。次に，講師は，有人による宇宙での任務は，費用に対して効果的でないと述べている。この根拠として，過去40年間のほぼすべての画期的な発見は無人宇宙飛行によりもたらされているという事実を彼は指摘している。最後に，講師は，2つの理由からそのような飛行が非実用的であると主張している。物資の補給と宇宙飛行士自身の身体的限界である。宇宙飛行士はそれぞれ2キログラムの食料と水を日々必要とすると彼は主張している。そのため，長期間にわたる5人の任務となれば，約1万キログラムの物資が必要となる。さらに，宇宙の過酷な環境のため，宇宙飛行士は宇宙服によって自らを守る必要がある。身体的器用さを必要とする作業を行う宇宙飛行士の能力は制限されると講師は述べている。

　このように，講師は，有人宇宙飛行の計画は撤廃すべきであるというリーディングの著者の立場を支持している。

Parrot Phrases

●パッセージの著者の意見を述べる際に使用

The author of the reading asserts [claims] that manned space travel should be discontinued because of concerns about safety, cost, and practicality.

（リーディングの著者は，安全性，コスト，実用性の不安から，有人宇宙飛行は中止されるべきだと主張している）

●レクチャーで挙げられた根拠（証拠）に言及する際に使用

As evidence for this, he points to the fact that virtually all groundbreaking discoveries over the past four decades have resulted from unmanned space flights.

（この根拠として，過去40年間のほぼすべての画期的な発見は無人宇宙飛行によりもたらされているという事実を彼は指摘している）

●講師の主張に言及する際に使用

He makes the case that each astronaut needs 2 kg of food and water daily.

（宇宙飛行士はそれぞれ2キログラムの食料と水を日々必要とすると彼は主張している）

●講師がパッセージと同じ立場であることを述べる際に使用

The lecturer supports the position taken by the author of the reading that manned space travel programs should be eliminated.

（講師は，有人宇宙飛行の計画は撤廃すべきであるというリーディングの著者の立場を支持している）

ここで扱わなかったものも含め，以下のような言い方もあわせて覚えておくとよいでしょう。

● レクチャーがパッセージに同意しているときの表現

The lecture supports many of the points in the reading, and it offers specific examples to illustrate them.
（レクチャーはリーディングのポイントの多くを支持しており，それらを説明するために具体例を提供している）

そのほか，agree with ～（～に同意している），take precisely the same position（まったく同じ立場を取っている），Both the reading and the lecture emphasize that ～（リーディングもレクチャーも～ということを強調している）などの表現が可能です。

● レクチャーが詳細を提示していることを述べる際に使用

The lecture provides details about the three kinds of records that small businesses need to maintain.
（レクチャーは，小企業が維持する必要がある3種類の記録に関する詳細を提供している）

The lecturer illustrates this point with the need for a "journal," or "book of original entry."
（講師はこの点の例証として，「日誌」つまり「原簿」の必要性を挙げている）

The lecture gives the example of the operating statement.
（レクチャーは損益計算書の例を示している）

The lecture adds that bookkeeping takes time.
（レクチャーは簿記は時間がかかると付け加えている）

そのほか，The lecturer offers concrete reasons to support his view.（講師は意見を裏付けるために具体的な例を提示している）といった表現もあります。

STEP 16 ボキャブラリー

総仕上げ①

> **学習目標**
> 専門用語や難しい単語の意味を推測するスキルと，洗練されたエッセイに必要な，多様なボキャブラリーや表現方法を身につける。

ポイント

　TOEFLのライティングでは，ボキャブラリー（語彙）が非常に重要です。ここまでの学習で，トピック，主張，裏付け理由のパラフレーズにおける同義語の重要性を強調してきましたが，Independent Writingでは，採点基準の1つに「英語を使いこなす力」，「多様なボキャブラリーや表現を用いる力」が明記されているのです。同じ内容であっても異なる言い方をすることで，高い評価を得られます。

　Integrated Writingにおいても，ボキャブラリーは重要です。その理由は2つあります。1つ目は，当然ですが，単語力があればパッセージとレクチャーの内容を理解できる度合いが上がるということです。2つ目は，Independent Writingのように採点基準には明示されていませんが，採点者はエッセイに使われている表現の多様性を見ているのです。つまり，Integrated Writingにおいても高度なボキャブラリーや多様な表現を使うことで，より高い点数を得られるのです。ただし，Integrated Writingの方が，アカデミックな内容のパッセージやレクチャーであるため，ボキャブラリーはより複雑で，抽象的なものになります。

　STEP 16では，短期的・長期的それぞれのボキャブラリー戦略を学びます。

■ **短期的戦略：ボキャブラリーを推測する力を身につける**

　Integrated Writingにおけるアカデミックなリーディングパッセージ，レクチャーの中のボキャブラリーは，以下の4種類に分類されます。

(1) パッセージやレクチャーの中で定義される専門用語や特殊な用語
(2) パッセージやレクチャーの中で定義される高度なボキャブラリー
(3) 文脈や語源から推測できる高度なボキャブラリー
(4) ライティングでパラフレーズすべき一般的なボキャブラリー

次の2つの Exercise を通して,以上のようなボキャブラリーにどう対処するかを見ていきましょう。

Exercise ❶

STEP 13 で使用した以下のパッセージの一部を読んで,(A) 専門用語や特殊な用語,(B) 専門用語ではないが高度なボキャブラリーをそれぞれ抜き出してください。

　　Archaeologists have long disputed what exactly triggered the "Neolithic Revolution," that pivotal period when humans underwent a shift from surviving on hunting-and-gathering to relying upon plant cultivation. It is impossible to overestimate the importance of this long drawn-out transformation, for the development of agriculture directly resulted in the establishment of villages, and ultimately, over time, in the rise of cities and the so-called dawn of civilization. There seems to have been three overriding factors that enabled this decisive shift.

　　The first is the change in temperature. About 12,000 years ago, the last Ice Age ended, and as the middle latitudes began to warm, agriculture became viable in these important regions of the planet.

Sample Answers

(A) Archaeologists, Neolithic Revolution, Ice Age
(B) triggered, pivotal, underwent, cultivation, overestimate, long drawn-out, transformation, ultimately, overriding, latitudes, viable など

Key Notes

(A) 最も重要な用語である"Neolithic Revolution"は，パッセージ中で"that pivotal period when humans underwent a shift from surviving on hunting-and-gathering to relying upon plant cultivation"と定義されています。TOEFL では，受験者に対してこのような専門用語を知っていることまでは求めていませんが，その定義についての説明を理解したうえで，ライティングで使用することを求めています。採点者は，エッセイの中での専門用語の使い方で，受験者が定義を理解できているかどうかを見ているのです。これは，TOEFL の全セクションに共通して言えることです。

次に，定義付けはありませんが，Archaeologists です。本文の内容から，人間が狩猟採集をしていた時代から農業に依存するまでの移り変わりを調査する人々であることを意味していることがわかります。

最後に，Ice Age ですが，2 つのシンプルな単語〈ice + age〉からできているので，専門用語といっても意味を推測しやすいでしょう。

(B) このレベルのボキャブラリーは，学習者にとって最も難しいものです。当然のことながら，多くの単語を覚えて試験に臨めばそれだけ文章が容易に読めるようになります。しかし，どれほど事前に学習しても，完璧にして臨むことは不可能に近く，またその必要もありません。

ボキャブラリーを理解するには，いくつか方法があります。①与えられている定義を理解する，②前後の文脈から推測する，③単語を分解することで理解する，④繰り返しや同義語への置き換えで理解する，などです。こうして見てみると，専門用語や難しいボキャブラリーを恐れる必要はないことがわかります。注意して読んだり聞いたりすることで，言葉の意味を理解することが可能なのです。

Exercise 2

Exercise 1で学習した文章のうち，下線部の単語について，文脈や同義語，単語のパーツなどから，意味を推測してください。

(1) Archaeologists have long disputed what exactly triggered the "Neolithic Revolution," that pivotal period when humans underwent a shift from surviving on hunting-and-gathering to relying upon plant cultivation.

(2) It is impossible to overestimate the importance of this long drawn-out transformation, for the development of agriculture directly resulted in the establishment of villages, and ultimately, over time, in the rise of cities and the so-called dawn of civilization.

(3) About 12,000 years ago, the last Ice Age ended, and as the middle latitudes began to warm, agriculture became viable in these important regions of the planet.

Answers

(1) triggered =〜のきっかけとなる,pivotal = 極めて重要な
(2) long drawn-out = 長くかかる,transformation = 変化
(3) middle latitudes = 中緯度(地帯),viable = 実行可能な

Key Notes

　正確に推測するのは容易でないかもしれませんが,大まかなイメージや,ニュアンスがプラスかマイナスかなど,漠然とでも意味を推測できるようにしましょう。それだけでも,文章の理解度がまったく違ってきます。

(1) まず下線部を含む箇所の構造を理解すると,「pivotal な時期である "Neolithic Revolution" を,正確には何が trigger したのか」となります。when 以降は that pivotal period の言い換えなので,「狩猟採集から農耕への移行」が pivotal な時期であるということになり,「極めて重要な」という意味だと推測できます。また,「何が trigger したのかについて長く議論されてきた」ことから,「〜のきっかけとなる」だと推測します。trigger が名詞では「銃の引き金」という意味だと知っている人は,そこから動詞の意味を推測することもできるかもしれません。
(2) draw out (〜を長引かせる) という言葉を知っていれば容易に推測できますが,知らなくても,long と draw を知っていれば,「長く引かれた」のような意味だと見当をつけることができます。文脈から,狩猟採集から農耕への変化についてだとわかるので,「(時間が) 長くかかる」という意味だと推測できます。transformation については,trans- という接頭辞をぜひ覚えておくとよいでしょう。「まったく別の状態に,横切って,超えて」などの意味を持っており,ここでは form (形) を変えること,つまり「変化,変形」の意味だと推測できます。
(3) 文脈から these important regions of the planet が middle latitudes を指しているということがわかれば,middle latitudes (中緯度) という語句を知らなくても,それが地球のどこかのことだとわかります。さらに middle という語がわかっていれば,地球の真ん中あたりだと推測できます。viable は文脈から,中緯度にある地域が暖かくなると,農業が viable になると述べられているので,農業が「可能」になるという意味だと推測できます。

■ **長期的戦略：洗練されたボキャブラリーを身につける**

　ボキャブラリーの知識は，ライティング，スピーキング，リスニング，リーディングすべてのスキルの基礎となるのはもちろんですが，洗練されたボキャブラリーを身につけることは，TOEFLで高得点を取るためにも不可欠です。体系的なボキャブラリーの学習を行うことで，誰でも効率よく語彙力を伸ばすことが可能です。

　ボキャブラリーの学習方法には，次の2つのカテゴリーがあります。

1 ボキャブラリーをグループに分け，意味ごとに整理する
2 学習方法を調整する

1 ボキャブラリーをグループに分け，意味ごとに整理する

　以下のように，グループに分け，関連付けることで記憶しやすくなります。

(1) 簡単な語句を洗練された語句に置き換える

　簡単な語句ばかりを使ってエッセイを書くと，使えるボキャブラリーが限定されていて，洗練された表現ができないのだというマイナスの印象を与えてしまいます。できるだけ簡単な語句を避けて，多様な表現を使うようにしましょう。

　以下に挙げるのはあくまで例であり，ほかにも同義語・類義語があるかもしれません。また，それぞれ少しずつ意味が異なっており，どのような状況でも入れ替えが可能というわけではありませんので，注意してください。

get	obtain, acquire, procure, get a hold of, get one's hands on
do	perform, undertake, conduct, execute, carry out
buy	purchase, pay for, acquire
say	state, report, observe, claim, maintain, assert, contend, predict, forecast
think about	consider, ponder, analyze, examine, assess, evaluate
find (out)	discover, learn, realize, recognize, apprehend, grasp
check	look at, examine, investigate, inspect, scrutinize, probe, pore over

help	aid, assist, support, be of assistance, lend a hand
change	alter, modify
live in	reside in, inhabit
bad	harmful, negative, damaging, detrimental, deleterious
good	helpful, positive, beneficial, advantageous
important	significant, essential, substantial, vital, crucial, pivotal, imperative, weighty
mostly	largely, mainly, primarily, chiefly, principally, predominantly
a lot	a great deal, large amounts, immense amounts, enormous amounts, massive amounts
fast	quickly, swiftly, rapidly, in the blink of an eye, in a flash
international	worldwide, global
expensive	costly, high-priced, luxurious, exorbitant
attractive	nice-looking, appealing, agreeable, aesthetically pleasing
enjoyable	fun, pleasurable, pleasant, agreeable

(2) 同義語のパロットフレーズ

　(1) の中で特に，パッセージやレクチャーの主張を説明するときなどの言い方に注意しましょう。say, think, believe などのシンプルすぎる単語や，くだけた表現を使いすぎるのは避けましょう。これらを使うことは間違いではありませんが，以下の例のような言葉を使う方が，より洗練された表現となります。パロットフレーズとして覚えておきましょう。

　　The passage **states**（述べる）　　The passage **observes**（述べる）
　　The passage **maintains**（主張する）　The passage **reports**（伝える）
　　The lecturer **claims**（主張する）　　The lecturer **asserts**（主張する）
　　The lecturer **contends**（主張する）　The lecturer **reasons**（論じる）

(3) 意味的な結び付きのある語

一般的なボキャブラリーについても，専門的なボキャブラリーについても，意味的な結び付きを通して学習しましょう。

脚	thigh（太もも），knee（ひざ），calf（ふくらはぎ），shin（すね），ankle（足首），foot（足），toe（足の指），sole（足の裏）
体の組織	muscle（筋肉），cartilage（軟骨），ligament（じん帯），tendon（腱）
風邪の症状	runny nose（鼻水），congestion（鼻づまり），headache（頭痛），earache（耳痛），fever（熱），cough（せき）
感染の原因	bacteria（細菌），virus（ウイルス），fungus（菌）

(4) 派生語

派生語（名詞，動詞，形容詞など）は，一度に身につけてしまいましょう。

動　詞	名　詞	形容詞	形容詞
cultivate（〜を耕す）	cultivation	cultivated	cultivatable
adjust（〜を調節する）	adjustment	adjusted	adjustable

(5) 反意語

語頭に打ち消しの言葉がつくものはセットで覚えましょう。

efficient（効果的な）	profitable（利益がある）	function（機能する）	embark（〜を乗船させる）
inefficient（非効果的な）	unprofitable（無益な）	malfunction（機能しない）	disembark（〜を下船させる）

(6) 科目

科目ごとに体系的に学習しましょう。以下は主要科目です。自分があまり詳しく知らない科目を重点的に覚えてもよいでしょう。

生物科学	Botany (植物学)	Zoology (動物学)	Medicine (医学)
物理科学	Astronomy (天文学)	Chemistry / Physics (化学／物理学)	Geology (地質学)
社会科学	Economics (経済学)	Psychology (心理学)	Sociology (社会学)
アメリカの歴史	Colonial (植民地時代の)	Early Republic (建国期)	Post-Civil War (南北戦争後)
芸術	Writers (作家)	Artists (芸術家)	Musicians (音楽家)

2 学習方法を調整する

聞くことで単語を覚える学習者もいれば、書き出すことで覚える人もいます。また、繰り返し口に出すことで覚えるという人もいます。いろいろと試しながら、自分に合った学習法を見つけましょう。

[学習方法の例]
・単語カードを使用する（順番の入れ替えも容易にでき、復習しやすい）
・単語ノートを作る
・単語の派生語を図にして表す
・洋書の余白や後ろなどに、その本に出てきた単語のリストを作る
・単語グループ、派生語、語源など、本書で紹介したように体系付けられた単語学習教材を使用する

どの学習法を選んだとしても、次の原則をボキャブラリー学習に取り入れてください。
・頻繁に復習しましょう。
・少しずつでよいので、毎日単語を学習しましょう。

・眺めるだけでは覚えにくいので，学習した単語を口に出したり，書き出したりして，体を使ってみましょう。

　英語に触れれば触れるだけ，ボキャブラリーを身につけることができます。興味のある英語の本や雑誌を読んだり，英字新聞を購読したりしてみましょう。また，インターネットで英語の情報を調べたり，英語のチャットグループに入ったりしてみるのもよいでしょう。ほかにも，英語のニュースを見たり，ラジオを聞いたり，映画やドラマを英語字幕付きで見たりと，英語に触れる方法はさまざまです。携帯電話など電子機器の表記を英語に設定するだけでも，知っている単語が増えます。興味のあることから始めて，幅広くボキャブラリーの知識を身につけましょう。

STEP 17 テクニックとタイムマネジメント

総仕上げ②

学習目標 より効果的に文章を書くためのテクニックを身につける。

ポイント

　ここでは，限られた時間の中で，いかに効果的に，高得点を狙えるエッセイを書くか，というテクニックを学びます。

　まず，複数の文を1文にまとめるライティングテクニックをマスターします。Independent Writing の採点基準では，さまざまな構文を使うことが高得点に必要であると明記されています。つまり，SV 型や SVO 型の単純な文章しか書けない場合，どれほど文法的に正しかったとしても，高いスコアは望めないのです。複数の文を1文にまとめるというテクニックを身につけることで，エッセイの質を向上させることが可能になります。

　次に，タイムマネジメント，つまり「時間内にエッセイを完成させる」ための技術を学びます。自分のライティングのスピードを計り，どの程度速く書けるのかを把握したうえで，制限時間内で効果的にエッセイを展開する方法を学習しましょう。書くことに集中し，本来のライティングスピードを知ることができるように，比較的簡単なトピックを使用して練習します。

■接続詞でまとめるテクニック

　2つの文を，従属接続詞を使って1文にまとめるテクニックを身につけましょう。この場合，2つの文は主となる文と従となる（主となる文をサポートする情報を持つ）文という役割分担をしますが，接続詞を含む文が従属節（従となる文の方）となります。

　従属接続詞には，次のようなものがあり，これらの後ろには文が続きます。

> although [though], even though（〜だけれども）
> as, since（〜なので）, because（なぜなら〜）
> after（〜の後で）, before（〜の前に）
> if（〜ならば）, when（〜のとき）, while（〜の間、〜の一方で）など

　なお，接続詞ではありませんが，前置詞の働きをして文章をまとめる役目をするものがあります。これらも覚えておきましょう。

> prior to（〜の前に）, subsequent to（〜に続いて）, before（〜の前に）, after（〜の後で）, even before（〜の前でさえ）など

　従属節は前に置くことも，後ろに置くこともできます。従属接続詞を使って表すことのできる代表的な3つの関係をまとめておきます。

1　原因・理由と結果（A なので B）

(A) Automobiles emit carbon monoxide.（自動車は一酸化炭素を排出する）
(B) Automobile emissions damage the environment.（自動車の排出ガスが環境を害する）
→ **Because** automobiles emit carbon monoxide, their emissions damage the environment.
→ Automobile emissions damage the environment, **because** they contain carbon monoxide.
（自動車は一酸化炭素を排出するため，その排出物が環境を害する）

2　比較対照（A だけれども B）

(A) Working for a large firm provides job security.（大企業に勤めることで雇用の安定が提供される）
(B) The working environment in a large company sometimes feels rather impersonal.（大企業の職場環境は，ときによそよそしく感じられる）
→ **Although** working for a large firm provides job security, the working environment there often feels rather impersonal.
→ A large company sometimes has an impersonal working environment, **though** it provides job security.

(大企業に勤めることで雇用の安定が提供されるが，その職場環境は，ときにそよそよしく感じられる）

なお，〈従属節，主節〉の順の場合，although が好まれる傾向があります。

3 条件（A ならば B）

(A) Some children grow up in the countryside.（田舎で育つ子供がいる）
(B) Children in rural areas can experience nature firsthand.
（田舎の子供は，じかに自然を体験することができる）
→ **If** children grow up in the countryside, they can experience nature firsthand.
→ Children can experience nature firsthand **if** they grow up in rural areas.
（田舎で育てば，子供はじかに自然を体験することができる）

■関係代名詞でまとめるテクニック

２つの文を１文にまとめる２つ目のテクニックは，関係代名詞（which, that, who, whom）の使用です。この場合，２つの文のうち，関係代名詞を含む方が従属節となります。

Many students prefer to wear school uniforms.
（多くの生徒は制服を着ることを好む）
School uniforms are convenient and economical.
（制服は便利かつ経済的である）
→ Many students prefer to wear school uniforms, which are convenient and economical.
（多くの生徒は制服を着ることを好んでおり，それは便利かつ経済的である）

■分詞構文でまとめるテクニック

複数の文を１つにまとめるために，従となる文を分詞構文に変える方法です。強調したい情報や主となる内容を含む文は分詞構文にはしません。

The government focused first on improving the standard of living in urban areas.
（政府は初めに都会の生活水準の向上に焦点を当てた）
The government was able to stimulate record economic growth.

(政府は記録的な経済成長を促すことができた)
→ **Focusing** first on improving the standard of living in urban areas, the government was able to stimulate record economic growth.
(初めに都会の生活水準の向上に焦点を当てたことで，政府は記録的な経済成長を促すことができた)

Exercise ❶

次の (1) 〜 (2) の文のセットを，より洗練された 1 文に書き換えてください。

(1) The school made the wearing of uniforms mandatory.
　　Students were obliged to wear their uniforms every day.
　　(学校は制服の着用を義務化した。生徒は毎日制服を着るよう義務付けられた)

_____
_____

(2) A child growing up in a rural environment is likely to develop a strong sense of community.
　　Children should ideally be raised in the countryside.
　　(田舎で育った子供は強い共同体意識を持つ傾向がある。理想的には子供は田舎で育てられるべきである)

_____
_____

Sample Answers

それぞれ複数の解答例を挙げています。

(1)
- Since the school made the wearing of uniforms mandatory, students were obliged to wear them to school every day.
- The school made the wearing of uniforms mandatory, which obliged students to wear their uniforms every day.

(2)
- As children growing up in rural environments are likely to develop a strong sense of community, they should ideally be raised in the countryside.
- Being likely to develop a strong sense of community if they grow up in a rural environment, children should ideally be raised in the countryside.
- Children should ideally be raised in the countryside, since growing up there is likely to allow them to develop a strong sense of community.

Key Notes

接続詞で2文を結ぶという簡単な方法もありますが、解答例にはより洗練された文も示しました。これらの文を見ると、基本となる文に単語や表現の追加を行い、洗練された文を作り上げていることがわかります。まずはしっかりと、基本となる文を書けるようにしましょう。

Exercise ❷

以下の 2 つのトピックについて，できるだけ長いエッセイを書いてください。TOEFL のライティングスタイルに沿っていなくても構いませんが，「抽象のはしご」をできる限り下りて，主張，裏付け理由，詳細情報，具体例を用いて展開してください。なお，制限時間はそれぞれ 10 分（合計 20 分）です。また，書き終わったら以下の表を埋めてください。そうすることで，自分のライティングスピードを把握できます。

書き終わったら，(1), (2) それぞれの語数とパラグラフ数を記入しましょう。

(1) Describe your high school in detail. What did you like about it? What did you dislike about it?

（出身高校について詳しく説明せよ。高校の何が好きだったか，また高校の何が嫌いだったかを述べよ）

(2) What is the subject you most enjoy studying? Why? Be specific in your description and your explanation.

（最も学ぶことが楽しい教科は何か。また，それはなぜかを詳しく述べて説明せよ）

	(1)	(2)
語数		
パラグラフ数		

> **Key Notes**
>
> 難易度の低いトピックのライティングを行うことで，本来の自分のライティングスピードを把握することができます。実際の試験では，この Exercise にかかった時間以上の時間がかかります。今の時点でタイプするのが遅い，またはアイデアを出すのが遅いという場合は，次の「省略ルール」を用いて書くとよいでしょう。

■「省略ルール」を使って時間を節約する

　どんなに速く書く力があったとしても，実際の試験では時間に追われてしまうことがあります。自分でトピックを選べないため，出題されたトピックによっては裏付け理由や具体例を決めるのに時間がかかるからです。そういった状況の中で，ベストなスコアを取るための効果的な戦略を紹介します。

　エッセイ作成に時間がかかりそうだと感じたら，以下の3つの「省略ルール」を使用し，効果的に内容を削りましょう。(1) だけで厳しい場合は (2) を，それでも時間が足りなければ (3) まで適用するとよいでしょう。

(1) Introduction と Conclusion では抜粋を使用
(2) Body の具体例を 1〜2 つ省略
(3) 詳細情報を 1〜2 つ省略し，具体例をさらに 1〜2 つ省略

　詳細情報や具体例は，裏付け理由をサポートするために非常に重要なものですが，時間を節約するために削らざるを得ない場合もあります。削る際には，必ず「抽象のはしご」の下位から順に削っていきます。そうすることで，全体的な構成を崩さずに，エッセイを維持することができます。

■「省略ルール」の使い方

　通常は，STEP 6 で学習した構成（理想パターン）を維持しましょう。時間が足りない場合は，次の (1) のように 2 つ目の Body パラグラフ（裏付け理由 2）の具体例を省略し，Conclusion は主張の言い換えのみ明示します。さらに時間が足りない場合は (2) のように詳細情報，具体例を省略します。

　ただし，どんなに時間が足りなくても，2 つ目の Body パラグラフをすべて省略することはせず，1 文でも書くように心掛けてください。

理想パターン

　Introduction　主張＋構成表示
→ Body　裏付け理由 1 →詳細情報 1A →具体例 1Aa →詳細情報 1B →具体例 1Ba
　　　　裏付け理由 2 →詳細情報 2A →具体例 2Aa →詳細情報 2B →具体例 2Ba
→ Conclusion　主張＋裏付け理由 1 & 2

(1) 小規模「省略ルール」適用パターン

　Introduction　主張＋構成表示
→ Body　裏付け理由 1 →詳細情報 1A →具体例 1Aa →詳細情報 1B →具体例 1Ba
　　　　裏付け理由 2 →詳細情報 2A →具体例 2Aa →詳細情報 2B →具体例 2Ba
→ Conclusion　主張＋裏付け理由 1 & 2

(2) 大規模「省略ルール」適用パターン

　Introduction　主張＋構成表示
→ Body　裏付け理由 1 →詳細情報 1A →具体例 1Aa →詳細情報 1B →具体例 1Ba
　　　　裏付け理由 2 →詳細情報 2A →詳細情報 2B
→ Conclusion　主張

■よく使われる裏付け理由

　時間を効率よく使い，最大限の実力を発揮するために，以下にまとめたよく使われる裏付け理由の例を知っておくとよいでしょう。例えば，cost（コスト）と convenience（便利さ）という理由は，制服を着ること，オンライン授業，キャンパス内の寮に住むことなど，多くのトピックに使用することができます。また，これらはスピーキングセクションでも同様に活用できるので，2 つのセクションの対策になるでしょう。

> convenience / practicality（便利さ，実用性），cost / expense（コスト），educational value（教育価値），reliability / stability（信頼性，安定性），flexibility（融通性），harmful effect on the environment（環境への悪影響）
>
> enjoyable / pleasurable / comfortable（楽しい，心地よい），attractive（魅力的な），interesting（おもしろい），fair / reasonable / just（公正な），healthy / unhealthy（健康的な，不健康な），environmentally friendly（環境にやさしい）

　これらに慣れておくとエッセイの計画を立てるのが非常に楽になりますが，もちろんこれらだけではなく，自分が書きやすいと思った理由を使ってください。

STEP 18 基本文法事項の確認

学習目標
文法上のケアレスミスをなくすため，間違えやすい項目を確認する。また，エッセイの見直しをすることでケアレスミスを発見し，修正できるようにする。

ポイント

繰り返し説明してきたとおり，STEP 1 で学習した"おでんスタイル"が，エッセイのテンプレート（ひな型）として必要不可欠です。採点基準から言うと，このテンプレートを用いていて，かつトピックに沿ったエッセイを作成すれば，具体例が欠けていたとしても 5 点満点中 3 点以上は確実に取ることができます。また，STEP 16 と STEP 17 で学習したボキャブラリーや表現方法など，語句の使い方が洗練されていれば，さらに高得点が期待できます。

STEP 18 では，もう 1 つの重要項目である「文法」に焦点を当てます。特に基本的な文法項目に関しては，ミスを犯さないように細心の注意を払うことが大切です。例えば，主語と動詞の不一致や，可算・不可算名詞の間違いなどがそれです。よく知っているはずなのに間違えてしまう，自分の英語レベルの範囲内のミスは必ずなくしましょう。このような間違いは，不注意や見直しをしていないことが原因です。おにぎりなどを食べた後に，鏡で確認しなかったために，歯に"のり"をつけたまま面接試験に臨むような状況を想像してみてください。本書では，そのようなケアレスミスを"のりミス"と呼びます。

■間違えやすい基本文法項目

文法項目	よくある間違いと正しい例
①主語と動詞の不一致	× It cause pollution. ○ It causes pollution.

②省略形の間違い	✗ A society displays it's values... ○ A society displays its values...
③可算・不可算名詞の間違い	✗ We need some informations. ○ We need some information.
④代名詞の間違い	✗ I like reading those his books. ○ I like reading his books.
⑤語順・文型の間違い	✗ This makes them difficult to do... ○ This makes it difficult for them to do...
⑥単数・複数形の不一致	✗ One of the most important point I'd like to make is... ○ One of the most important points I'd like to make is...
⑦余分な語の追加，必要な語の脱落	✗ I'd like to discuss about my high school. ○ I'd like to discuss my high school.
⑧因果関係を表す転換語とthenの混同	✗ Then, one could conclude that... ○ As a result, one could conclude that...
⑨ much と many の混同	✗ We didn't have many rains. ○ We didn't have much rain.
⑩ another と other の混同	✗ There is other reason for that. ○ There is another reason for that.

Exercise ❶

STEP 5 で学習した Body パラグラフをもとにした英文を使って，基本文法項目を学習しましょう。以下のエッセイには文法上の間違いが 20 か所あります。間違っている箇所に下線を引き，正しい形に直してください。また，先に示した表の「間違えやすい基本文法項目」のどれにあたるか，1〜10 の番号も示してください。

Do you agree or disagree with the following statement? It is better to work for a big company than a small company. Use specific reasons and examples to support your answer.

Even though there may be much good thing about working for a small company, its generally better to have a job with big company. The first reason is that a big company more constant and a second reason is that you gets more money.

To begin with, I'd like to mention about how a large firms tend to be more reliable than small firms. For example, when the economy go down, they have enough moneys and equipments to survive. One of the most important reason is that their size and borrowing power allows them access to another funds from banks. Then they keeps their workers employed and the things they sell available. By contrast, small companies' size makes them difficult to survive bad times. Then they have to lose their employee. Given this the greater reliability of large companies, they is safer places to have a job.

Answers

Even though there may be (1) <u>much good thing</u> about working for a small company, (2) <u>its</u> generally better to have a job (3) <u>with big company</u>. The first reason is that a big (4) <u>company more constant</u> and (5) <u>a second reason</u> is that you (6) <u>gets</u> more money.

To begin with, I'd like to (7) <u>mention about</u> how (8) <u>a large firms</u> tend to be more reliable than small firms. For example, when the economy (9) <u>go down</u>, they have enough (10) <u>moneys</u> and (11) <u>equipments</u> to survive. (12) <u>One of the most important reason</u> is that their size and borrowing power allows them access to (13) <u>another funds</u> from banks. (14) <u>Then</u> (15) <u>they keeps</u> their workers employed and the things they sell available. By contrast, small companies' size (16) <u>makes them difficult to</u> survive bad times. (17) <u>Then</u> they have to lose their (18) <u>employee</u>. (19) <u>Given this the</u> greater reliability of large companies, (20) <u>they is</u> safer places to have a job.

◯ Key Notes

(1) much good thing → many good things
③⑨ thing は可算名詞なので複数形に対して many を使用。

(2) its → it's
② it's は it is の短縮形。

(3) with big company → with a big company
⑦ 冠詞のつけ忘れは非常に多い間違いの 1 つです。可算名詞を単数形で使うときには，a（対象を特定しない場合）または the（対象を特定する場合）を必ず使用します。

(4) company more constant → company is more constant
⑦ be 動詞の入れ忘れに注意しましょう。

(5) a second reason → the second reason
⑦ 順番を表す first，second，last などの前には the をつけます。a second reason にはならないので注意しましょう。

(6) gets → get
① 主語 you と動詞を一致させます。

(7) mention about → mention
⑦ ほかに discuss，consider も about は不要。

(8) a large firms → large firms
⑥ 知識としては身についていても，実際に多い間違いです。単数か複数かを意識しながら書きましょう。
(9) go down → goes down
① 主語 the economy（単数形）と動詞を一致させます。
(10) moneys → money
③ money は不可算名詞。
(11) equipments → equipment
③ equipment は不可算名詞。
(12) One of the most important reason → One of the most important reasons
⑥ 中上級者にもよく見られる基本的な文法の間違いです。One of ～ とは複数ある中の1つであるため，「～」に置かれる名詞は複数形です。ただし，主語になるのは One であり，単数なので，動詞には -s がつくことにも注意してください。つまり，〈One of the ＋名詞の複数形＋単数の主語を受ける動詞〉となります。
(13) another funds → other funds
⑩ another は単数形，other は複数形もしくは不可算名詞につきます。
(14) Then → As a result など
⑧ Then は因果関係には使用しません。
(15) they keeps → they keep
① 主語 they と動詞を一致させます。
(16) makes them difficult to → makes it difficult for them to
⑤ 〈make it ＋形容詞＋ for ＋人＋ to ～〉の文型を使いましょう。
(17) Then → Because of this など
⑧ Then は因果関係には使用しません。
(18) employee → employees
⑥ 複数の会社の従業員なので複数形。
(19) Given this the → Given the
④ this や that などは，my や your などや冠詞と一緒に使うことはできません。
(20) they is → they are
① 主語 they と動詞を一致させます。

エッセイを書き終えたら文法をチェックすることを，習慣化しましょう。そうすることで，自分が間違える傾向をつかむことができます。間違えやすい基本文法項目で取り上げたような間違いがないか，最後の２〜３分（可能であればもっと）を見直し作業の時間として確保するようにしましょう。ゆっくり見直している時間はありませんが，"のりミス"を発見するには十分な時間です。

受験者が犯す"のりミス"で最も多いものは，「主語と動詞の不一致」，次いで「単数・複数形の不一致」です。これらは，注意して読み直すことで簡単に発見できます。中には，ある程度のレベルに達しても発見が容易でないものもありますが，少なくとも，自分が理解している範囲内の間違いを，極力なくす努力をしましょう。間違いがゼロでなければ５点満点が取れないというわけではありません。しかし，あまりに"のりミス"が目立つ場合は減点の対象となりますので，見直しの段階で修正しましょう。

Exercise ❷

まず，STEP 15 の Exercise 3 で学習した，有人宇宙飛行に関するトピックに対する解答例（サンプルエッセイ）を読み返し，内容を理解してください。その後，以下の解答例に目を通し，"のりミス"に下線を引き，それぞれの"のりミス"を修正してください。制限時間は２分です。

An author of a reading asserts that manned space travel should be discontinued because of concerns about safety, cost, and practicality. The lecturer take precisely the same position and offer concrete reason to support his view.

First of all, the lecturer argues that problem with radiation exposure remains, despite efforts to minimize it's effect on space travelers. The human body needs time to recover and to regenerate cells exposed to radiation. Because of the continuous natures of the radiation astronauts are bombarded with, the lecturer maintains that the some damage to the body can be irreparable. Next, the lecturer states that manned space missions is not cost-effective. As evidence for these, he point to the fact that virtually all groundbreaking discovery over the past four decade have resulted from unmanned space flights. Finally, the lecturer contends that such flights are impractical for two reason: logistics and physical limitations of the astronauts themselves. He makes the case that each astronauts needs 2 kg of food and water daily. Thus, an extended five-person mission would need approximately 10,000 kg of supplies. Further, because of the harsh environment of space, the astronauts need to protect themselves with spacesuits. The speaker insists that astronauts are limited in his ability to perform tasks which requires physical dexterity.

Then, the lecturer supports to the position taken by the author of the reading that manned space travel programs should be eliminated.

Answers

(1) <u>The</u> author of (2) <u>the</u> reading asserts that manned space travel should be discontinued because of concerns about safety, cost, and practicality. The lecturer (3) <u>takes</u> precisely the same position and (4) <u>offers</u> concrete (5) <u>reasons</u> to support his view.

First of all, the lecturer argues that (6) <u>a problem</u> with radiation exposure remains, despite efforts to minimize (7) <u>its</u> effect on space travelers. The human body needs time to recover and to regenerate cells exposed to radiation. Because of the continuous (8) <u>nature</u> of the radiation astronauts are bombarded with, the lecturer maintains that (9) <u>the damage</u> to the body can be irreparable. Next, the lecturer states that manned space missions (10) <u>are</u> not cost-effective. As evidence for (11) <u>this</u>, he (12) <u>points</u> to the fact that virtually (13) <u>all groundbreaking discoveries</u> over the past four (14) <u>decades</u> have resulted from unmanned space flights. Finally, the lecturer contends that such flights are impractical for two (15) <u>reasons</u>: logistics and physical limitations of the astronauts themselves. He makes the case that (16) <u>each astronaut</u> needs 2 kg of food and water daily. Thus, an extended five-person mission would need approximately 10,000 kg of supplies. Further, because of the harsh environment of space, the astronauts need to protect themselves with spacesuits. The speaker insists that astronauts are limited in (17) <u>their ability</u> to perform tasks which (18) <u>require</u> physical dexterity.

(19) <u>Thus</u>, the lecturer (20) <u>supports the position</u> taken by the author of the reading that manned space travel programs should be eliminated.

◯ Key Notes

20か所の"のりミス"をすべて指摘できましたか。間違いの理由は以下に示す通りです。指摘できなかったものは見直してみましょう。

(1) An → The
リーディングパッセージの著者は特定されているため，不特定の an ではなく，特定する the が必要。

(2) a → the
同じく，パッセージは1つしかありません。a を使う場合は，複数あるうちの1つという意味。

(3) take → takes
主語（The lecture）と動詞の不一致。

(4) offer → offers
接続詞 and でつながれていますが，主語が The lecturer（単数形）のため，動詞は offers となります。

(5) reason → reasons
パッセージでは裏付け理由が複数あります。

(6) problem → a problem
problem は数えられるため，a が必要。

(7) it's → its
it の所有格（それの）は its。

(8) natures → nature
nature は抽象名詞なので，複数形は使いません。

(9) the some damage → the damage
the と some は同時に使うことができません。

(10) is → are
主語が複数形（missions）のため，動詞は are。

(11) these → this
代名詞の間違い。ここでは，前文の「費用に対して効果的でない」という内容を指しているため this が適切。

(12) point → points
主語（he）と動詞の不一致。

(13) all groundbreaking discovery → all groundbreaking discoveries
名詞 discovery は数えられる名詞のため，all に対応させて複数形とします。

(14) decade → decades
　　 four に対応させて複数形が適切。
(15) reason → reasons
　　 two とあるため，名詞は複数形。
(16) each astronauts → each astronaut
　　 each（それぞれの）の後ろは単数形になります。every や all も似た意味ですが，この場合，every は後ろの名詞が単数形，all なら複数形になります。
(17) his ability → their ability
　　 代名詞が指すのは astronauts（複数形）のため，代名詞は their が適切。
(18) requires → require
　　 関係代名詞の先行詞が複数形（tasks）のため，動詞は require。
(19) Then → Thus
　　 結論を書くパラグラフなので，Then（そのとき）ではなく，Thus（このように）などが適切。
(20) supports to the position → supports the position
　　 support は直後に目的語を取れるため，前置詞は不要。

STEP 19 ライティングチェック

総仕上げ④

> **学習目標** 句読法，転換語，字下げをチェックし，ライティングの基本ルールに違反するものを修正できるようにする。

ポイント

STEP 18 では，"のりミス"をなくすための文法のチェックを 2 分で行う練習をしました。仮に，見直しのための時間を 3 分確保した場合，"のりミス"のチェックに 2 分，残りが 1 分になります。この残り 1 分で，句読法，転換語，字下げをチェックして，エッセイの総仕上げをします。

STEP 19 では，この句読法，転換語，字下げを確認する練習をします。受験者がよく間違える項目ですので，基本ルールはしっかり押さえておきましょう。

その後，仕上げとして，Integrated Writing に取り組みます。今まで学習したことを生かして，パッセージとレクチャーの関連性をメモに取り，ライティングを行います。必ず最後に 3 分程度を残し，"のりミス"と句読法，転換語，字下げをチェックしてください。

■**句読法（Punctuation）**

句読法とは，文末のピリオド（.），転換語や節の後のカンマ（,），構成表示などで使うコロン（:），そしてセミコロン（;）の使い方です。TOEFL では句読法は複雑である必要はなく，むしろ基本的なルールに沿って書くことが大切です。以下で，日本人受験者がよく犯す句読法の間違いについて確認しましょう。

1 ピリオド（.）

ピリオドは，文を終えるときにのみ使用できます。よくある間違いは，Because などで始まる従属節の最後にピリオドを置いて，それだけで文にしてしまうことです。Because は，会話などで Why などと理由を質問されて答える場合には問題ありませんが，そうでない場合にそれだけで文を終えてしまうと，

● ● STEP 19

文の断片なので"のりミス"となってしまい，スコアに影響します。以下の文の場合は，カンマで節をつなぎます。

× Because his writing often used short sentences.
○ Because his writing often used short sentences, Hemingway reflected the speech of common people.
(ヘミングウェイはライティングに短い文をよく使ったため，一般人の話し方を反映していた)

2　カンマ（,）

2つの節を結合する際によく使われるカンマの間違いを見てみましょう。次の文にはカンマではなく，ピリオドまたはセミコロンが必要です。

× Cars are very convenient, however they cause pollution.
○ Cars are very convenient; however, they cause pollution.
○ Cars are very convenient. However, they cause pollution.
(自動車はとても便利であるが，汚染の原因となる)

なお，but は接続詞なので2つの文をカンマでつなげることができ，Cars are very convenient, but they cause pollution. と言うことができますが，however は副詞なのでそれができません。両者を混同しないようにしましょう。

3　コロン（:）

コロンは理由や原因など，後節が前節の説明をするときに使います。セミコロンと混同しないように気をつけましょう。

× There are two reasons; cost and convenience.
○ There are two reasons: cost and convenience.

4　セミコロン（;）

セミコロンは「弱いピリオド」と考えてください。ほとんどの場合，ピリオドが使える場所であれば，セミコロンに置き換えることが可能です。
特に2つの文の関連性の強さを示したい場合に，セミコロンを使うことができます。

○ Hemingway often used very short sentences; he wanted to reflect the speech of common people.
(ヘミングウェイはとても短い文をよく使った。一般人の話し方を反映したかったのだ)

セミコロンの使い方で最もよくある間違いは、コロンとの混同です。Introductionの構成表示には、次のような間違いが多く見られます。
 × There are three reasons for this; A, B, and C.
 ○ There are three reasons for this: A, B, and C.

■転換語と字下げ

パラグラフの初めは、スペース5つ分の字下げをします。単純なことですが、意外に忘れやすいものです。また、文章の流れを明確に示すため、必ず転換語を使うようにしてください。

Exercise

まず、STEP 15とSTEP 18で学習した、有人宇宙飛行に関するトピックに対する解答例を読み返し、その後、その解答例をもとにした以下の英文に目を通し、修正が必要な句読法や追加すべき標識などをチェックし、下線を引いてください。制限時間は1分です。

The author of the reading asserts that manned space travel should be discontinued because of concerns about safety, cost, and practicality. The lecturer takes precisely the same position and offers concrete reasons to support his view.
　　　The lecturer argues that a problem with radiation exposure remains, despite efforts to minimize its effect on space travelers. The human body needs time to recover and to regenerate cells exposed to radiation. Because of the continuous nature of the radiation astronauts are bombarded with, the lecturer maintains that the damage to the body can be irreparable. Next, the lecturer states that manned space missions are not cost-effective. As evidence for this, he points to the fact that virtually all groundbreaking discoveries over the past four decades have resulted from unmanned space flights. The lecturer contends that such flights are impractical for two reasons; logistics and physical limitations of the astronauts themselves. He makes the case that each astronaut needs 2 kg of food and water daily. Thus, an extended five-person mission would need approximately 10,000 kg of supplies, further, because of the harsh environment of space, the astronauts need to protect themselves with spacesuits. The speaker insists that astronauts are limited in their ability to

perform tasks which require physical dexterity.

Thus, the lecturer supports the position taken by the author of the reading that manned space travel programs should be eliminated.

Answers

(1)　　　The author of the reading asserts that manned space travel should be discontinued because of concerns about safety, cost, and practicality. The lecturer takes precisely the same position and offers concrete reasons to support his view.

　(2) <u>First of all</u>, the lecturer argues that a problem with radiation exposure remains, despite efforts to minimize its effect on space travelers. The human body needs time to recover and to regenerate cells exposed to radiation. Because of the continuous nature of the radiation astronauts are bombarded with, the lecturer maintains that the damage to the body can be irreparable. Next, the lecturer states that manned space missions are not cost-effective. As evidence for this, he points to the fact that virtually all groundbreaking discoveries over the past four decades have resulted from unmanned space flights. (3) <u>Finally</u>, the lecturer contends that such flights are impractical for (4) <u>two reasons</u>: logistics and physical limitations of the astronauts themselves. He makes the case that each astronaut needs 2 kg of food and water daily. Thus, an extended five-person mission would need approximately 10,000 kg of supplies. (5) <u>Further</u>, because of the harsh environment of space, the astronauts need to protect themselves with spacesuits. The speaker insists that astronauts are limited in their ability to perform tasks which require physical dexterity.

Thus, the lecturer supports the position taken by the author of the reading that manned space travel programs should be eliminated.

○ Key Notes

（1）字下げが必要。必ず 5 スペース分の字下げをしましょう。
（2）転換語が抜けています。First of all, First, To begin (with) などが必要です。
（3）転換語の不足。Third, や Finally, などが必要。

(4) セミコロンの誤使用。正しくは次の通りコロンを使います。
... two reasons: logistics and physical limitations of the astronauts themselves.

(5) カンマの誤使用。ピリオドかセミコロンにする2つの修正方法があります。
① ... 10,000 kg of supplies. Further, because of the harsh...
② ... 10,000 kg of supplies; further, because of the harsh...

Practice　　　　　　　　　　　　　　　　　　CD 10

メモ用のノートを用意し，本番と同じように取り組んでください。時間を計りながらパッセージを読み，制限時間3分がたったところで，CDのトラック10を再生してレクチャーを聞いてください。レクチャー終了後，20分以内にエッセイを仕上げましょう。エッセイには，正確な句読法，転換語，字下げを使用してください。

Writing Based on Reading and Listening
Reading Time: 3 minutes

　Raccoons, one of the most distinctive creatures native to North America, are furry mammals with a reputation for slyness and mischief, heightened perhaps by the black mask around their eyes. Primarily forest and marsh dwellers who prefer to make their dens in hollow trees or in burrows in the ground, they display a number of intriguing characteristics.

　To begin with, their paws are extremely dexterous. They are among the only animals other than primates with human-like hands. As a result, they are extremely skilled at manipulating objects, and they have been known to open tightly fastened containers and even turn door knobs to open doors. Moreover, like humans, raccoons sometimes dunk their food in water before eating it. In fact, the scientific name for the species, *lotor*, means "the washer." Some zoologists have speculated that the raccoons' habit of washing their food shows a preference for cleanliness as well as a shrewd understanding of how best to avoid disease.

　Finally, raccoons are unusually adaptable to temperature, especially cold. During bitterly cold or snowy spells, they have been observed sleeping for long periods, like bears. They wait out the inclement weather until it is safe to venture out again for food; in the meantime, they live off their body fat.

　Due to their unusual human-like qualities, as well as their endearing appearance, raccoons are one of North America's most charming, indigenous creatures.

Directions: You have 20 minutes to plan and write your response. Your response will be judged on the basis of the quality of your writing and how well your response presents the points in the lecture and their relationship to the reading passage. Typically, an effective response will be 150 to 225 words.

Question: Summarize the lecture you just heard, explaining in what ways the lecturer disagrees with the points made in the reading.

解答チェック!
- □ パラグラフの始まりは字下げされていますか
- □ セミコロン，カンマ，ピリオドは正しく使われていますか
- □ 転換語は正しく使われていますか

Sample Answer

Sample Memo

Reading	Lecture
Racc. prim forest & marsh dwllr int. char.	mainly urbn dwllr live abnd bldg
SR-1: paws dextr. hum-like hands	SR-1: no opp. thumb can't grasp well
SR-2: wash food avoid disease	SR-2: not wash fd instct → catch fish
SR-3: adapt to temp sleep like bears	SR-3: not hibernate dngr to die in extrm cold lose 50% bdy wght

    The lecturer agrees that raccoons are fascinating animals, but he points out that many of their qualities are widely misunderstood, such as the fact that they actually tend to dwell more often in cities than in the wild. In particular, the lecturer focuses on misconceptions of their human-like hands, their washing behavior, and their "hibernation."

    First, although raccoons have deft hands that are similar to human hands, their thumbs are quite different. Because they are not opposable, raccoons' hands cannot manipulate objects as skillfully as humans can, or even as skillfully as monkeys or chimpanzees. Second, despite the fact that raccoons appear to wash their food in water out of habit, as the reading reports, the lecturer argues that this behavior has nothing to do with actual washing. Rather, it is an instinct related to fishing or shellfish catching. Third, even though raccoons may sleep for a long time in the winter, they are still not hibernating like bears, as the reading implies. In fact, their body temperature and other bodily rates remain the same as when they are awake, and they can lose a dangerous amount of weight.

    Raccoons appear to be similar to humans in many ways, as the

reading suggests. However, the lecture casts doubt upon many of these so-called similar features.
(215語)

Key Notes

ここでは，転換語がややわかりにくいレクチャーを問題に取り上げました。それはレクチャーを聞く前に，しっかりとパッセージの内容を理解して，レクチャーの内容と関連付けることができているかどうかを確認するためです。メモがしっかり取れていれば，レクチャーの内容との関連付けもスムーズに行えます。しっかりと復習をして，基本を身につけましょう。

【サンプルエッセイの訳】講師はアライグマが魅力的な動物であることに同意しているが，実際には大自然の中よりも都会に生息する方が多い傾向があるという事実など，アライグマの特性の多くについては，広く誤解されていると指摘している。特に，講師は人間のような手，洗う行動，「冬眠」に関する誤解に焦点を当てている。

初めに，アライグマは人間の手のような器用な手を持っているが，親指が非常に異なっている。アライグマは親指を向かい合わせられないため，人間のように，いやサルやチンパンジーほどにも巧みに物を扱うことができない。第二に，リーディングで述べられているように，アライグマが食べ物を洗うのは習性からのように見えるという事実に反して，講師は，この行動が実際に洗うこととは関係がないということを論じている。むしろ，その行動は魚捕りや貝捕りに関係した本能であるという。第三に，アライグマは冬になると長期間にわたり眠るかもしれないが，リーディングで示されているように，クマのように冬眠しているわけではない。実際は，アライグマの体温や体の状態を示す数値は，目覚めているときと同じままであり，生命にかかわるほどに体重が落ちることもある。

リーディングで示されているように，アライグマは多くの点で人間に似ているように見える。しかし，レクチャーは，これらのいわゆる類似点の多くに対して疑問を投げかけている。

【パッセージの訳】北米原産の最も独特な動物の一種であるアライグマは，体毛で覆われた哺乳類であり，その目の周りの黒い仮面のためにますますそう思われるのかもしれないが，ずる賢く，いたずら好きであるという評判がある。主に森や湿地に住み，木の空洞や地面にあいた穴に巣を作ることを好むこの動物は，数多くの興味深い特徴を見せる。

初めに，手足が非常に器用である。霊長類を除けば，人間のような手を持っているごくわずかな動物の一種である。結果として，物を操ることに非常にたけており，固く閉められた容器を開けることができ，ノブを回してドアを開けることさえできることが知られている。さらに，アライグマは，人間のように，食べ物を食べる前に水につけることがある。実は，アライグマの学名である lotor は，「洗う者」という意味である。ア

ライグマが食べ物を洗う習性は，病気を避けるための最善策を抜け目なく理解しているだけでなく，きれい好きであることを表していると考える動物学者もいる。

最後に，アライグマは著しく気温，特に寒さに適応する。厳しい寒さや雪が続いている間，アライグマはクマのように長期にわたり眠ることが観察されている。アライグマは悪天候が終わり，また食べ物を探しに出かけることが安全になるまで待つ。その間は，体脂肪を消費しながら生きるのである。

かわいらしい姿形とともに，人間に似ている珍しい性質のため，アライグマは北米で最も魅力的なその土地固有の動物の一種である。

【レクチャーのスクリプトと訳】

Now listen to part of a lecture on the topic you just read about.

　　You all know the cute features of the raccoon from cartoons and pictures: those short pointed ears, that long pointed snout, not to mention the black mask around the eyes. It may surprise you then to learn that although raccoons are one of America's most interesting animals, they are also among the most misunderstood.

　　For instance, although traditionally they lived in the wilds, their natural habitat has changed so that they most commonly dwell now in urban or suburban areas. They make their homes in deserted buildings, garages, attics, and even storm sewers. Although their human-like qualities are often extolled, more careful examination shows them to be limited. Take their hands, for example. Despite the fact that their front paws look like human hands, their thumbs are not opposable. What this means is that they cannot really control objects very well—for instance, they cannot grasp an object well enough to use it as a tool, the way a human, a chimpanzee, or even a monkey can.

　　Furthermore, a great deal has been made out of raccoons' "habit" of washing food. Well, it's not a habit, and they're not really washing their food. Studies have demonstrated that they engage in washing motions even when there's no water. It's far more likely that they are mimicking fishing and shellfish-grabbing behaviors. It's an instinct, not a habit.

　　Finally, it's true that raccoons are good at making it through severe cold snaps and long blizzards. But they do not hibernate like bears. Their metabolic rate and temperature remain constant during extended sleeping periods. Because of that, they can die much more easily during prolonged cold weather, when, unlike bears, they potentially lose as much as 50% of their body weight.

読んだトピックに関するレクチャーの一部を聞きなさい。

　マンガや写真で，目の周りの黒い仮面は言うまでもなく，短くとがった耳や長くとがった鼻など，アライグマのかわいさについてはみんな知っているだろう。そのため，アライグマはアメリカで最も興味深い動物の一種ではあるが，最も勘違いされている動物の一種でもあるということを知って驚くかもしれない。

　例えば，アライグマはもともと自然の中に住んではいたが，その生息環境が変わってしまったため，今では通常，都市や郊外に住んでいる。アライグマは，人の住んでいない建物や，車庫，屋根裏，または排水管にさえ巣を作っている。人間に似た性質を賞賛されることが多いが，もっと注意深く観察すると，その能力は限られていることがわかる。例えば，アライグマの手を取り上げてみよう。アライグマの前足は，人間の手に似ていることは事実であるが，親指は向かい合わせにはなっていない。これは，アライグマは，あまりうまく物を扱うことができないということを意味する。例えば，人間やチンパンジー，またはサルですらできるように，物を道具として使うほどうまくつかむことはできない。

　さらに，アライグマが食べ物を洗う「習性」については，多くのことが言われてきた。ところが，それは習性ではなく，また食べ物を洗っているわけでもない。アライグマは水のないところでも洗う動作を行うことを研究が論証している。魚を捕る行動や，貝をつかむ行動を模倣していると言う方がずっと可能性が高い。それは本能であり，習性ではない。

　最後に，アライグマが，突然の厳しい寒波や長い吹雪をうまく乗り切ることは事実である。しかし，アライグマはクマのように冬眠することはない。長期にわたり眠っている間においても，アライグマの新陳代謝率や体温は一定のままである。そのため，寒い気候が長引くと，クマとは異なり，アライグマは体重を50％も減らすことになりかねず，はるかに簡単に死んでしまうことがありうる。

指示：制限時間20分であなたの答えを計画し，書いてください。採点はライティングの質のほか，レクチャーのポイントとそのリーディングパッセージとの関係をいかに書き出せているかに基づきます。通常，有効な答えの語数は150～225語です。

質問：あなたが聞いたレクチャーをまとめて，話し手がどのようにリーディングのポイントに反対しているか説明せよ。

Parrot Phrases

● 講師がパッセージに同意しつつも異なる意見を持っていることを述べる際に使用

The lecturer agrees that raccoons are fascinating animals, **but he points out that** many of their qualities are widely misunderstood.

(講師はアライグマが魅力的な動物であることに同意しているが,アライグマの特性の多くについては,広く誤解されていると指摘している)

● 講師が焦点を当てる内容を述べる際に使用

The lecturer focuses on misconceptions of their human-like hands, their washing behavior, and their "hibernation."

(講師は人間のような手,洗う行動,「冬眠」に関する誤解に焦点を当てている)

● パッセージで示された内容を述べる際に使用

Raccoons appear to be similar to humans in many ways, **as the reading suggests [implies]**.

(リーディングで示されているように,アライグマは多くの点で人間に似ているように見える)

● レクチャーがパッセージに疑問を投げかけていることを述べる際に使用

The lecture casts doubt upon many of these so-called similar features.

(レクチャーは,これらのいわゆる類似点の多くに対して疑問を投げかけている)

STEP 20 まとめ

総仕上げ⑤

学習目標 今後の学習計画の立て方や，悩み克服のヒントを学ぶ。

■ポイント

多くの TOEFL 受験者は，ライティングを非常に難しいと感じています。それは，以下の 3 つの理由からです。
(1) 母語でさえ，ライティングは非常に難易度の高いタスクであるため
(2) ただでさえ難しいのに時間制限があり，切迫した状況であるため
(3) エッセイの構成や論理展開など，英語によるアカデミックライティング法（"おでんスタイル" や「抽象のはしご」，そのほかの詳細など）を理解しなくてはならないため

本書では，これらの問題点に対処するために，2 種類のタスクをよく知り，効率的な戦略に基づいて時間内に仕上げる練習をし，そして英語でエッセイを書くときのルールを確認しました。これまでに習ったことの総まとめと，受験者としての心得を確認しておきましょう。

■敵を知れ

戦いにおける最も重要な戦略は，「敵を知ること」です。受験者の皆さんにとっては，TOEFL ライティングという「敵」を知ることが，第一のステップです。本書を通して，その全容を知ることができたでしょうか。

本書をしっかりと学習することで，今までは得体の知れない敵であったものが，これからは「友」として，親しみを持って見えてくるかもしれません。本書で紹介した数々の知識・テクニックは試験後，留学先ではもちろんのこと，さらにその後の仕事上のライティングなどでも，十分に使えます。

最後に，今後のライティング学習のための 6 つのヒント（TIPS）に触れ，そし

て受験者のよくある悩みにお答えします。

1 練習，練習，練習！

　本書はこの後，CHAPTER 3，さらには CHAPTER 4 で，本番と同様の練習問題を何度も解くことができます。試験まで時間がない人，あるいはすでに自信たっぷりの人は，このまま先へ進んでもよいでしょう。しかし，より確実にライティング力をつけるには，もう一度 STEP 1 に戻って，あるいは自分が特に苦手だと思う STEP に戻って，練習問題を何度も復習するとよいでしょう。音楽家やスポーツ選手がより高いスキルを身につけるために繰り返し練習するのと同様に，練習を重ねれば重ねるほど，少しずつ確実に，よりよいものが書けるようになっていきます。

　その際，同じ問題を同じように解くこともできますし，Independent Writing であれば，1つのトピックに対して立場の異なる2つのエッセイを書いてもよいでしょう。以前に書いた自分のエッセイを見直して修正したり，新しく書いたものと以前に書いたものを比較してみたりするのもよい方法です。

2 タスクに集中する

　本書で学習したテンプレートに沿った書き方をするだけで，スコアは最低でも3点が取れます。このスコアは，「エッセイがトピックに沿っている」，「構成と展開がよい」，そして「まとまり，流れ，一貫性がある」ことを表しています。さらに高得点を取るためには，次の項目を復習しましょう。

・明確な Introduction，Body，Conclusion を書く
・Integrated Writing では，主張，そしてパッセージとレクチャーの裏付け理由の関連性を述べる
・Independent Writing では，裏付け理由をはっきりと提示し，抽象のはしごを上下しながら，できるだけ多くの詳細情報や具体例でサポートする
・スペルや文法などの"のりミス"をなくす

3 タイムマネジメント

　ライティング練習に取り組む中で，タイムマネジメントのスキルが身につきます。Independent Writing は以下の時間配分で行ってください。慣れてきたら（　）内の時間配分で書けるようにしましょう。

5〜7分（3〜4分）	トピックの確認，ブレインストーミング，設計図の作成
20〜23分（22〜24分）	ライティング
2〜3分（3〜4分）	見直し，修正

　残念ながら，この表のライティング以外の段階は軽視されがちです。しかし，初めの段階を省略して早々と書き始めると，構成が崩れ，内容も一貫せず，十分な展開もされていないエッセイとなる危険があります。また，最後の段階を省略すると，文法などの致命的な間違いを発見することができず，スコアを下げる結果となります。時間を有効に使えるように，ライティング練習をすることが重要です。

4　戦略的なライティングを行う

　Integrated Writing では，主張や関係性に焦点を当て，裏付け理由をパッセージとレクチャーの内容を用いて交互に書きましょう。Independent Writing では，自分自身の本来の意見とは関係なく，明確な裏付け理由の提示や詳細情報，具体例によるサポートがしやすく，書きやすい立場でエッセイを書きましょう。時間が足りなくなった場合は，「省略のルール」（STEP 17 参照）を使用し，構成を崩すことなく書き上げましょう。

　注意しておきたいのは，パッセージの英文の抜粋を頻繁に行わないことです。時間がないときやパラフレーズできないときなどに使用するようにしましょう。必要以上に抜粋することは，英語力の低さを示してしまうことになり，スコアに影響します。最大の安全策は，必要な情報をパラフレーズすることです。

5　ライティング力を上げるため，ほかのスキルも磨く

　Integrated Writing はリーディング力とリスニング力を測るテストでもあり，それらの力を伸ばすことはよりよいスコアに直結します。また，リーディングを通して速読や重要ポイント把握のスキルが上がれば，それだけ正しい英文構造に慣れることになり，ライティングに生かすことができます。さらに，語彙力が上がると，リーディングやリスニングにおける理解度，ライティングにおける表現力が上がります。

6 己を知る

　学習歴や身につけているスキルは受験者によって異なります。自分の実力を知り，得意な点を生かし，弱点を補うことが大切です。強みや弱みのない学習者はいません。自分自身が身につけているスキルを確認し，強みをさらに伸ばすため，そして弱いスキルを克服するために，該当する練習問題を復習しましょう。

■よくある質問

> １か月間学習してきましたが，私は模範解答のように書けません。

A： 本書で提示した模範解答は，理想的な答えであり，平均的なネイティブスピーカーよりも高いレベルのエッセイです。あくまで「モデル」としてとらえ，そこから学ぶために使用してください。

　あなたのライティング力は，本書の学習を通して確実に上達しています。さらに練習が必要だと感じている場合，どの点を伸ばすべきかをよく考え，該当する本書の練習問題に，繰り返し取り組んでください。

　試験の準備には，①ゴールを設定すること（毎日何をどのくらい学習するか），②集中できる環境で学習すること，③定期的に復習し，学習したものが確実にスキルとして身につくように取り組むことが大切です。

> 試験で緊張して考えられません。どうしたらよいでしょうか。

A： テストの本番では，誰もが緊張します。しかし，緊張はエネルギーの一種ですから，うまく対処すれば，プラスのエネルギーになります。

　緊張は自然なものです。十分に準備してきたことを思い出してください。初めて見るトピックだとしても，戸惑うことはありません。本書で書いた多くの文章と同じ構成で英文を書けばよいのです。

> 思ったよりもきちんと書けなかったので，スコアを取り消したい気分です。

A： 本番においては，練習したようにうまくいかないことも，起こるものです。しかし，練習した分は間違いなく上達しています。スコアが戻ってきたら，ゴー

ルを再確認し，学習を振り返り，改めて今後の学習プランを立てましょう。過去のスコアや学習は気にせず，これからの学習への基準として考え，さらなる上達を目指しましょう。

■ **そして…本書で磨き上げたスキルを，留学で活用する！**

　ご存じのように，TOEFL テストは基本的に，北米などの大学または大学院への留学希望者向けのテストです。あなたが今まで受けた英語のテストの中でも，群を抜く難しさかもしれません。しかし，TOEFL テストはあなたを苦しめるためにあるのではなく，あなたが安心して留学生活を送ることができ，問題なく授業についていくための基礎力があるかどうかを確認するためのテストです。留学先ではこのようなタスクが日常的に要求されるわけですから，留学を成功させるために，TOEFL テストでの学習が非常に役立つのです。

　もちろん，TOEFL テストで高得点を出せたからといって，留学生活が楽になるわけではありません。しかし，少なくとも求められている力を自分は十分に備えているのだと，自信を持つことができます。

　それでは，本書で学んだことは，どのように留学後に役に立つのでしょうか。留学中は，履修する授業の中で，以下のような状況が考えられます。

・予習として教科書や参考文献の英文を大量に読む
・長時間にわたって教授の講義を聞く
・ほかの学生たちとディスカッションをする
・大量のレポートを書く

　どのような専門分野でも，授業の予習として，教科書や参考文献の英文を大量に読むことになります。基本的には，教科書や参考文献も本書で学んだ"おでんスタイル"になっていますから，まず Introduction で話の概要を理解し，構成を確認して，次に裏付け理由から詳細情報へと入っていき，最後には結論が提示されるという流れになります。この構成に慣れておくことによって，素早く正確に内容を把握できるほか，どうしても時間がないときには，重要なポイントのみを拾い読みするということも可能になります。また，本書で学習した，ポイントをメモにまとめるスキルも，教科書をまとめる際に役立ちます。

実際にその後に行われる授業でも，教授の講義を聞いたりディスカッションをしたりする過程で，本書で学習したレクチャーの聞き方が活用できます。レクチャーにおいても，ある考えに対する賛成や反対の意見，その具体例や詳細情報が提示されます。本書で学習したように，話をほかの考えに関連付けながら聞いて，ノートを効率的に取る技術が必要です。実際の授業は TOEFL テストの個々の問題よりもずっと長いものですが，時間が長くても短くても，基本は同じです。

　そして，最も本書の内容が生きるのがレポートやエッセイでのライティングです。教科書に書かれている表現のパラフレーズや要約から始まり，"おでんスタイル" に沿って，「抽象のはしご」を上がったり下がったりしながら進めていきます。その際には，文法，ボキャブラリー，タイムマネジメントなど，本書で学んだ技術がすべて生きるでしょう。

　このように，自分の意見を書く Independent Task と，教科書やレクチャーの内容をまとめる Integrated Task が，留学中に大量に取り組む課題となります。STEP 1 から STEP 20 までで「学習」あるいは「練習」として取り組んできたものが，留学中には「日常」となるのです。留学中にしか磨けない能力もありますが，ライティングスキルは留学前に徹底的に磨くことができます。「もっと練習しておけばよかった」と後悔することのないように，留学中の充実した日々を想像してやる気を高めながら学習して，徹底的に準備をして，留学を迎えてください。

CHAPTER 3 >>

実戦練習

実戦練習 1
Integrated Writing …… 200
実戦練習 2
Independent Writing …… 232

実戦練習 1

time: 20 minutes

ポイント

- ここでは，Integrated Writing を 4 題続けて学習します。
- 1 題目では手順を確認しながらエッセイを書いてみましょう。2 題目からはすべて自力で行ってください。もちろん，自信があれば 1 題目から自力で進めても構いません。
- ただ書くのではなく，1 題目はパッセージとレクチャーの最低限のポイントをつかむ，2 題目は裏付け理由や具体例までできるだけ正確に理解するなど，問題ごとに課題を決めて書くとよいでしょう。
- 書いた後は，解答例を読んで終わりとせず，解説や訳をしっかり読んで，足りなかった点は何なのか検証しましょう。すべての問題で「模範解答」と「不十分な解答」の 2 つの解答例を載せていますので，参考にしてください。自分の解答の問題点をはっきりさせてから次の問題に臨みましょう。

Integrated Writing ❶

CD 11

1 パッセージに目を通し，ポイントをメモにまとめる

3 分間でパッセージを読みます。パッセージのポイント，裏付け理由，詳細情報をメモとして書き出します。このメモが，レクチャーを聞く際に話の展開の理解につながります。

では，さっそく以下のパッセージを読んでみましょう。

Reading Time: 3 minutes

When most people think of a "successful career" they mean a vocation that provides financial stability and material affluence. Probably the two most reliable such careers are in medicine or in law. For example, the typical physician earns about $140,000 a year, and the average lawyer around $93,000 a year.

The first question a person who wants to have a rewarding career in a field such as medicine or law must ask is which college to attend. The answer is simple: the more reputable the better. The status of your university will have a big influence on whether you are accepted in medical or law school. Next, after entering the best possible university, you will then need to carefully consider the best major and focus hard on your classes. For medicine, that major will usually be chemistry or biology. Finally, you will need to devote most of your time to studying because you'll need to get top grades and high scores on tests that qualify you for professional schools, such as the MCAT for medical school or the LSAT for law school. "Strong academic performance in the right major at a top university." That's the recipe for achieving your career goals.

　Once you have that, the rest will take care of itself. When was the last time you heard of an unemployed doctor?

2　レクチャーを聞き，要点をメモにまとめる

　続いてレクチャーの音声が流れ，パッセージで提示されている3つのポイントに対する情報（ここでは反論）が与えられます。それぞれをパッセージと関連付けながら聞き，メモを取ります。

　ここでは，CDのトラック11を再生してください。

　以下はパッセージとレクチャーのメモのサンプルですので，参考にしてください。自力で進めたい人は，見ないで書き進めましょう。

Sample Memo

Reading
most P think succ career = fin
　　stab + affl (e.g. med/law)

1st Q — which coll?
　reput best → infl on
　　　　　　　accept or not
2nd — choose best maj
finally — study hard
　good grades + MCAT/LSAT

Lecture
$ not everything
　many Ss pre-med/pre-law
　　　　　　　　chg mind
　many occ not only doc/law
1st — choose univ fits pers
　reput not impt — good
　　　　　　　edu anywhere
Next — not spec too early
Fin — not only grades
　enjoy univ
　succ ≠ GPA

3 指示文を読み，問題のタイプを確認する

じっくり読む必要はありませんが，指示文を確認します。

> **Directions:** You have 20 minutes to plan and write your response. Your response will be judged on the basis of the quality of your writing and how well your response presents the points in the lecture and their relationship to the reading passage. Typically, an effective response will be 150 to 225 words.

Question: Summarize the points made in the lecture you just heard, explaining how they cast doubt on points made in the reading.

ここでは，cast doubt on という言葉が使われているので，レクチャーがパッセージのポイントに異議を唱える反論型だということが確認できます。

4 パッセージとレクチャーの関連を書く

いよいよ書き始めます。パッセージの内容とレクチャーの内容がどのように関連しているかを書いてください。必ず入れるのは，パッセージのポイント3つと，それらに対するレクチャーでのポイント，そしてその具体例や補足情報です。また，これら3つのポイントとは別に，全体の主張に関する情報が加えられていることがありますので，その場合にはそれも書いておくようにしましょう。

書くときには，同じ表現ばかり繰り返さないように注意しましょう。パロットフレーズを用いると，ポイントを表現しやすくなります。

5 内容を見直す

少しでもよいので最後に時間を残すようにして，スペルや文法，句読法などの間違いがないかチェックしましょう。"のりミス"で減点になることがいかにもったいないか，自分に言い聞かせましょう。

Integrated Writing ❶   ANSWERS

【パッセージの訳】

　「成功する職業」について考えるとき，たいていの人は経済的な安定や物質的な豊かさを与えてくれる職業を意味している。おそらくそのような職業の中で最も安定している2つは，医療と法律の仕事である。例えば，標準的な医師の収入は年間約14万ドルであり，平均的な弁護士の収入は年間93,000ドルほどである。

　医療や法律といった分野で報酬の高い職業に就きたいと思っている人がまず尋ねなくてはならない質問は，どの大学に行くかである。答えは単純だ。評価が高ければ高いほどよい。大学のステータスはメディカルスクールやロースクールに入ることができるかどうかに大きな影響を及ぼすことだろう。次に，できる限り最高の大学に入学した後は，最善の専攻は何かをよく考え，授業にしっかり集中しなければならない。医学ならば，そういった専攻は通常，化学や生物学となる。最後に，自分の時間の大半を勉強に費やすべきだ。なぜなら，トップの成績と，専門教育機関への入学資格を与えてくれる試験，メディカルスクールならMCAT（Medical College Admission Test），ロースクールならLSAT（Law School Admission Test）で，高得点を取る必要があるからだ。「トップの大学での適切な専攻における立派な成績」。これが職業上の目標を達成する方法である。

　これさえ手にしてしまえば，その後は自然とうまくいくだろう。職にあぶれた医師など聞いたことがあるだろうか。

指示：制限時間20分であなたの答えを計画し，書いてください。採点はライティングの質のほか，レクチャーのポイントとそのリーディングパッセージとの関係をいかに書き出せているかに基づきます。通常，有効な答えの語数は150～225語です。

質問：あなたが今聞いたレクチャーのポイントをまとめ，それがリーディングで提示されているポイントに対してどのように疑問を呈しているか，説明せよ。

【レクチャーのスクリプトと訳】

Now listen to part of a lecture on the topic you just read about.

　The first thing you should know about careers is that money isn't everything. Don't pursue a career just because it is financially lucrative. Many students enter university as "pre-med" or "pre-law" students only to find after two years or more of taking pre-med and pre-law courses that they are not interested in medicine or law. Some don't find this out until they are close to graduation. Please keep in mind there are many occupations besides "doctor" or "lawyer."

For success in college and in life, first, select a school that fits you personally. If you want close relationships with your professors, consider a small liberal arts college. Don't worry so much about reputation; you can get a good education at many different institutions—it ultimately depends on what you put into it.

Next, don't specialize too early. Don't try to decide your major until you have taken courses in different fields so that you can identify your interests. After that, you then can consider occupations related to those interests.

Finally, study is important, but don't just focus on grades. Explore. Enjoy a wide variety of activities during your university years. Success in any vocation has a remarkably low correlation with college G.P.A. Most famous people change careers several times during their lives, and the first job you choose right after college probably won't be your career 20 or 30 years from now.

読んだトピックに関するレクチャーの一部を聞きなさい。

職業に関してまず知っておくべきことは、お金がすべてではないということである。収入がよいという理由だけで職業を追い求めてはならない。「医学準備生」や「法学準備生」として大学に入学し、2年間ないしそれ以上の医学準備課程や法学準備課程を受講した後に、自分たちが医学や法律に興味がないと気がつく学生は多い。卒業間近になるまでそれに気がつかない学生もいる。「医師」や「弁護士」以外にも多くの職業があるということを、心に留めておいてもらいたい。

大学や人生で成功するためには、まず自分に合った学校を選ぶことだ。教授たちとの近しい関係を望むなら、小規模なリベラルアーツカレッジを考慮に入れてみるといい。大学の評判などあまり気にすることはない。多くの様々な機関でよい教育を受けることはできる。結局のところは、どれほど自分が努力するかによるのだ。

次に、あまりに早くから専攻を絞ってはいけない。自分の興味が特定できるよう様々な分野の授業を受けてみるまでは、専攻を決めようとしないことだ。その後で、その自分の興味に関連する職業について考えればよいのだ。

最後に、学業は重要であるが、成績ばかりを気にしてはいけない。探検せよ。大学生活の間に、幅広く様々な活動を楽しもう。どんな職業であれ、そこでの成功は大学のG.P.A.（成績の平均点）との関連性が驚くほど低い。名の知れた人たちの大多数は、人生で何回か職業を変えているし、大学卒業直後に選んだ最初の仕事は、20年後、30年後にはあなたの職業ではなくなっているだろう。

●Integrated Writing 1

○ Key Notes

　パッセージの第1パラグラフから，トピックは「最も成功する職業」についてだとわかります。「経済的な安定や物質的な豊かさを得られる職業」が職業上の成功を意味するとし，成功する職業の例として医師と弁護士を挙げています。本文では，そのような職業に就くために必要なこととして，3つが挙げられています。1つ目は「大学選び」として一流大学へ行くこと，2つ目は「大学入学後の専攻」として希望の職業に関連したものを専攻すること，そして最後に「勉強時間」として，トップの成績を取るために自分の時間の大半を勉強に費やすことです。レクチャーに入る前に，これら3つのポイントを確実にメモに取っておきましょう。

　レクチャーでは，冒頭で「お金がすべてではない」と述べていることからも，パッセージの内容に反論していることがわかります。パッセージに対する反論として，1つ目に「自分に合った大学を選ぶこと」を挙げ，大学の評判より自分の努力が大事であることを述べています。2つ目が「早くから専攻を絞らないこと」で，自分の興味を知ることが大切だと主張しています。そして，「勉強だけでなく，様々な活動を楽しむこと」を3つ目に挙げて，パッセージの3つのポイントに対応した反論を展開しています。

　以上のように，それぞれの3つのポイントははっきりと対応していますので，パッセージでの3つの裏付け理由がしっかりメモできていれば，それらのポイントと対応させながらレクチャーの内容を聞き取ることができるでしょう。

　重要ポイントをまとめると次のページのようになります。

	パッセージのポイント	レクチャーのポイント
大学について	一流大学に入る	自分に合った大学に入る
大学入学後	専攻選びが大切	早くから専攻を絞らず，様々な授業を取って自分の興味を知ることが大切
勉強について	立派な成績とテストでの高得点が大切	勉強だけでなく，様々な活動を楽しむことが大切

解答例A 模範解答

　The reading suggests that the best way to achieve success is a career in medicine or law. First, one should go to a famous university. Next, one should select the right major and obtain high grades in courses and high scores on tests. According to the reading, these are the keys to success.

　The lecturer takes issue with the points raised in the reading. First of all, he questions whether a "successful career" can be equated with material wealth and jobs such as "doctor" or "lawyer." Instead, he recommends that people pursue careers in areas of interest to them.

　Next, he disagrees that entering a prestigious university is the best for everyone. He suggests that students choose the university that fits them best. He feels that it is the student's effort that is eventually the most important factor in determining how valuable the education is for that particular student. The lecturer also takes issue with the point of the reading that one has to carefully and quickly choose the right major, and argues that students should take courses in various fields. Finally, he suggests that other activities besides classes and grades are important in college. In closing, he points out that people change their jobs several times during their careers, so it is not absolutely essential that students decide upon one career while they are still young.

(227 語)

【訳】　リーディングでは，成功するための一番の方法は医療か法律の分野で仕事に就くことであると述べている。まず，有名な大学に行くべきである。次に，適切な専攻を選び，授業でよい成績を，そして試験で高得点を取るべきである。リーディングによると，これらが成

功への鍵である。

　講師は，リーディングで提起されている点に反論している。まず最初に，彼は，「成功する職業」が物質的な豊かさや「医師」や「弁護士」のような仕事と同一視できるかどうか疑問視している。代わりに，自分の興味に沿った分野の職業に就くことを勧めている。

　次に，彼は一流大学に入ることが誰にとっても最善であるという考えに反対している。最も自分に合った大学を選ぶことを彼は提案している。最終的には，学生個人にとって教育がどれだけ価値あるものであるのかを決める最も重要な要素は，その学生の努力だと感じている。講師はまた，学生は注意深く，そして早く適切な専攻を選ばなくてはいけないというリーディングの主張に反対し，学生は様々な分野の授業を履修するべきであると主張している。最後に，授業や成績に加え，そのほかの活動も大学では重要だと示唆している。締めくくりとして，働いている間に仕事は何回か変わるものであり，よって，まだ若いうちから１つの職業に絞ることは必ずしも重要ではないと指摘している。

> **解説**　Integrated Writing Task では，パッセージのポイントに関連するレクチャーの内容を中心に書くことが求められます。高得点を取るためには，重要ポイントをすべて正確に網羅することが必須です。
> 　模範解答 A では，第１パラグラフにパッセージの内容をまとめ，第２パラグラフ以降でそれに反論しているレクチャーのポイントが書かれています。
> 　・成功する職業とは何か（医師か弁護士→興味を持った職業）
> 　・どの大学に行くか（一流大学→自分に合った大学）
> 　・専攻（適切な専攻を選ぶ→様々な授業を取る）
> 　・勉強（授業や成績以外の活動も重要）
> 　以上の点が正確にかつ十分な裏付けを持って述べられています。このエッセイは，レクチャーにおけるポイントがリーディングのどのポイントと関連しているのかがわかりやすいうえ，情報が正確でかつ一貫しているので，非常によいエッセイです。

解答例 Ⓑ 不十分な解答

　In the reading it is mentioned a student should choose a career that provides financial stability and material affluence. Especially he should try to become doctor or lawyer so he can make much money in the career.

　Lecturer is not agree with reading, because money not everything. People should choose the career they like, even if they poor. And famous university is not recommended, since good education is everywhere. And student doesn't need one major, but should have more than one major. Also, grades not important, either. Most important is that person is willing to have fun and explore and choose their careers where they interested. Maybe they change their career later, anyway.

(113 語)

> **解説** まず，語数が 150 語を超えていないため，十分な内容になっていないという判断がなされます。
>
> 第 1 パラグラフでは，パッセージの表現を抜き出してそのまま使っており，「高収入を得るには医師か弁護士になるべきだ」としか書かれていないため，十分な情報が述べられているとは言えません。第 2 パラグラフでは，レクチャーの重要ポイントが書かれています。大まかな情報を聞き取れていることは判断できますが，十分な裏付けがありません。「複数の専攻を選ぶべき」という間違った情報も書かれているうえ，文章の展開の仕方も And→And→Also といった単調なものになっており，完成度はあまり高くないエッセイです。
>
> また，"Lecturer is not agree" や "he should try to become doctor" など，全体的に "のりミス" が多く，スコアに影響します。正しい文法を理解できているのに書くときはうっかり間違えてしまう，という人は，しっかり見直しをするよう注意して，たくさんの文章を書くことで，少しずつ慣れていきます。

Integrated Writing 2

Reading Time: 3 minutes

The oldest pottery, dubbed "earthenware," dates from about 15,000 years ago. To make pots and other storage containers, ancient peoples discovered they could mix soils containing clay, shaping them by hand into vessels, and set them out to dry in the Sun. At first, these early peoples had no conception of firing and hardening clay, so their primitive earthenware pots were extremely brittle and broke easily when they became dry. It was equally problematic when they were wet, as they became porous and unable to hold their shape.

About 8,000 years ago, however, as these hunter-gatherer tribes began to settle down to live in villages and to cultivate primitive crops, they learned to expose their pottery to heat so it would harden. They found if they baked their pots and other clay containers, baked earthenware could withstand heat and even be used for cooking. Around this time ancient peoples started to decorate these earthenware pots by pressing designs into the soft clay.

About 5,000 years ago, another kind of pottery called "stoneware" was invented. Stoneware is earthenware that is not only "baked" or "fired" but that is first coated with a glaze: that is, a film that is painted or spread over its surface. When stoneware is glazed and baked, it chemically bonds, becoming totally non-porous. This makes it more durable and completely waterproof so that it can hold liquids without leaking at all. As glazes were developed, sometimes dyes or colors were added to give the stoneware a different color than the clay.

Directions: You have 20 minutes to plan and write your response. Your response will be judged on the basis of the quality of your writing and how well your response presents the points in the lecture and their relationship to the reading passage. Typically, an effective response will be 150 to 225 words.

Question: Summarize the points made in the lecture, being sure to specifically explain how they strengthen specific points made in the reading passage.

Integrated Writing ❷ ANSWERS

【パッセージの訳】
　「土器」とも呼ばれる，最も古い陶器は，およそ15,000年前まで遡る。つぼやそのほかの貯蔵用の容器を作るために，古代人は粘土を含んだ土を混ぜ合わせ，手で器の形にし，天日で乾かせばよいことを発見した。最初は，これらの古代の人々には，粘土を火で焼いて固くするという概念がなかった。そのため，彼らの原始的な土器のつぼは極めてもろく，乾燥すると簡単に割れてしまったのである。濡れたときも同様に問題があり，多孔質になり，形を保持できなくなった。
　しかし，およそ8,000年前，こうした狩猟採集民族が定住して村で暮らし，原始的な作物を栽培し始めると，彼らは，陶器が固くなるよう熱にさらすことを学んだ。つぼやそのほかの粘土でできた容器を焼くと，焼かれた土器は熱に耐え，調理にさえ使用できることがわかったのである。この頃になると，古代人は柔らかい粘土に模様を押し付けることで，これらの土器を装飾し始めた。
　約5,000年前になると，「炻器（せっき）」と呼ばれる別の種類の陶器が発明された。炻器は「焼き固める」または「火で燃やす」だけでなく，最初に釉薬（うわぐすり，ゆうやく）でコーティングされる土器である。釉薬とは，薄い膜で，炻器の表面に塗ったり伸ばしたりするものである。釉薬が塗られ，焼き固められると，炻器は化学的に固まり，まったく通気性を持たなくなる。これによって，炻器はより耐久性を増し，完全に防水となるため，まったく漏れることなく液体を貯めておくことができるのだ。釉薬の質が向上していくにつれて，粘土と異なる色になるように，染料や顔料が加えられることもあった。

質問：レクチャーのポイントをまとめ，それがリーディングパッセージで提示されている具体的なポイントをどのように補強しているか，具体的に説明せよ。
※2題目以降は指示の訳は省略します。

【レクチャーのスクリプトと訳】
Now listen to part of a lecture on the topic you just read about.
　　The invention of primitive earthenware pottery around 15,000 years ago was revolutionary for early peoples. As hunter-gatherers, they were often on the verge of starvation. Durable pots meant they could store food, like nuts or seeds. The storage containers also protected their food from insects, rats, and mice. Though primitive earthenware pots were fragile

and crude, they helped people to store food and increased the chance that they could survive during hard times.

About 8,000 years ago, an innovation in earthenware helped these peoples make the transition to a more settled life in villages: they learned how to bake or fire their pots. Baked earthenware pottery was stronger and more durable. It also meant the pots could be used for cooking, which increased the amount and the safety of their food supply. Cooked food, whether from plants or animals, keeps longer and is more healthful to eat. Also and absolutely crucial was the fact that baked earthenware could more or less hold water—we all know how essential water is to human survival. Learning to bake their pottery also gave people the chance to be artistic and they began pressing spirals, circles, and other geometric shapes into the clay of their containers. In other words, they started to make them beautiful.

The next big step in pottery came about 5,000 years ago with the invention of "stoneware" when people discovered how to cover their pots with a glaze before baking them. The result was that the containers were chemically sealed. Foods or liquids kept in glazed stoneware were almost totally shut off from the outside air and would keep for even longer periods of time. This meant fresh drinking water and preserved food. Also, by using a glaze, the makers of stoneware could introduce pigment into their pots. Not only were the pots stronger, but they were also more beautiful. They contained colors and even color patterns and colorful designs.

読んだトピックに関するレクチャーの一部を聞きなさい。

およそ15,000年前の原始的な土器の発明は，古代の人々にとって革命的なものであった。狩猟採集民族なので，彼らは飢餓に瀕することも多かった。耐久性のあるつぼは，木の実や種といった食料の貯蔵が可能になることを意味していた。貯蔵用の容器はまた，昆虫やネズミたちから食料を守った。原始的な土器はもろく，作りが粗かったが，食料の貯蔵に役立ったし，厳しい時期を生き延びる可能性を高めてくれたのである。

約8,000年前，土器の技術的な革新により，人々は村での定住生活へとますます移行していった。つぼを焼き固め，熱を加える方法を学んだのである。焼き固められた土器は，より強く頑丈であった。それは同時に，そのつぼが調理にも使うことができるということであり，そのおかげで食料供給の量や安全性が高まったのである。加熱処理さ

れた食料は，植物からのものであれ動物からのものであれ，より長持ちするし，より健康にもよい。加えて，極めて重要なことは，焼き固められた土器は，程度の差はあれ，水を貯めておくことができたという事実である。水が人間の生存にとってどれほど重要であるかは言うまでもない。また，陶器を焼き固めることを学んだことで，人々は芸術的になる機会を得て，彼らは，容器の粘土に，螺旋や円やそのほかの幾何学的な形を押しつけ始めたのである。言い換えれば，彼らはそれを美しくし始めたのである。

　陶器の次の大きな進歩は，「炻器」の発明とともに，約5,000年前にやってきた。その時代，人々は焼き固める前に，つぼに釉薬を塗る方法を発見した。その結果，容器は化学的に密閉された状態になった。釉薬を塗った炻器の中に入れられた食料や液体は，外部の空気からほぼ完全に遮断され，さらに長持ちしたのである。これは，新鮮な飲み水と食料の保存が可能になったことを意味した。また釉薬を用いることで，炻器の作り手は，つぼに着色することもできるようになった。つぼはより頑丈になっただけでなく，より美しくもなった。つぼは色がついたものや，色パターン，色鮮やかな模様がついたものさえあった。

🔑 Key Notes

　リーディングの冒頭から，earthenware（土器）に関する内容だとわかります。15,000年前に土器がどのように作られていたか，そして当時の土器が抱えていた問題点を伝えています。第2パラグラフでは，8,000年前に熱を加えて作ることで用途が広がったこと，模様がつけられ始めたことが述べられています。この流れから，「土器の歴史」がポイントとなると判断できます。さらに第3パラグラフでは，5,000年前に作られたstoneware（炻器）が紹介され，釉薬でコーティングされたものであると続いています。釉薬（glaze）という難しい単語が使われているものの，コロン以降で「薄い膜で，表面に塗ったり伸ばしたりするもの」と説明されているため，その箇所から意味を読み取ることができるでしょう。さらに炻器の耐久性や防水性，様々な色がつけられたことが詳細情報として続いています。このように土器の進歩が年代順に提示されており，この流れと付随する情報をメモできたかどうかが鍵となります。

　レクチャーでは，リーディングで紹介された3つのタイプの土器に対して，さらに詳しい情報や具体例を加えています。15,000年前の土器に関する情報として，昆虫やネズミなどから食料を守り，貯蔵に役立ったこと，それが生き延びることにつながったことが述べられています。続いて，8,000年前に火で焼き固めて土器を作るようになったことで，調理にも使えるようになり，安全性や健康にとってもプラスとなったこと，また水を貯めておけるようになったことで生き延びる

●Integrated Writing 2

ことにも役立ったこと，さらには人間の芸術性にまで影響を及ぼしたことを述べています。最後に，5,000年前の炻器の発明により，新鮮な飲み水や食料の保存がより長期間可能になったことや，着色されたものや色鮮やかな模様がつけられたものもあったという具体的な情報を提示しています。

重要ポイントをまとめると以下のようになります。

	パッセージのポイント	レクチャーのポイント
primitive earthenware 原始的な土器 （15,000年前）	もろく，乾燥すると割れた 濡れると形が崩れた	作りは粗いが昆虫やネズミから食料を守り，貯蔵が可能になった 生き延びることにつながった
baked pottery 熱を加えた土器 （8,000年前）	焼いて固くした 調理に使えた 模様で装飾し始めた	加熱処理された食料は長持ちし，健康的になった 水の貯蔵が可能になった 美しくなった
stoneware 炻器 （5,000年前）	釉薬でコーティングされた 耐久性と防水性が増した 染料や顔料が加えられた	完全な密封により食料や水が長持ちし，新鮮なまま保存できた 着色と色鮮やかな模様

解答例Ⓐ 模範解答

　　The reading describes the advances in pottery making by early humans. The first advance was when clay was used to make storage containers. The second development was when humans learned to bake this primitive earthenware. The third improvement was when glazes were added to make stoneware.

　　The reading mentions that primitive peoples learned to use soil containing clay to make primitive earthenware. The lecture gives examples of how this discovery enabled early peoples to keep their food for longer periods and to protect it from pests, like rats and insects. Life was very hard in those days, so the creation of pottery was instrumental in helping humans survive in the harsh environment they lived in.

　The next significant development in pottery making occurred when people discovered that they could bake the pottery to make it stronger and suitable for use in cooking and in storing water. Cooking their food gave early peoples a safer food supply, because the food was more healthful and could be stored for longer periods of time. It also allowed the artistic talents of early humans to be displayed, as they often decorated their pottery with patterns and designs before baking it.

　Then, about 5,000 years ago, humans learned how to use a glaze to chemically seal their pottery, allowing them to keep their food fresh even longer. The glaze used in making this stoneware could also be colored with pigments, so pottery became both more functional and more attractive.

（244語）

【訳】　リーディングでは，古代の人々による陶器の作成の進歩について描写している。最初の進歩は貯蔵用の容器を作るために粘土が利用されたときであった。2番目の進歩は，人間が，原始的な土器を焼き固めることを学んだときであった。3番目の進歩は，炻器を作るのに釉薬が加えられたときであった。

　リーディングには，古代の人々が原始的な土器を作るために粘土を含んだ土を利用するようになったと書かれている。レクチャーでは，この発見によって古代人がいかにして食料をより長期間にわたって保存できるようになり，ネズミや昆虫といった有害な生物から食料を守ることができるようになったのかという例を示している。当時は生きていくことが非常に困難な時代であったため，陶器の創造は，人間が暮らす過酷な環境で生き延びることを助けてくれる点で役立った。

　陶器の作成における次の重要な発展は，人々が陶器を焼き固めて，より頑丈にして，調理や水の貯蔵に使えることを発見したときに起こった。食料を調理することは，古代人により安全な食料の供給を可能にした。なぜなら，食料はより健康によいものとなり，より長い期間保存ができるようになったからだ。さらに，陶器を焼き固める前に模様や柄によって装飾することが多くなり，それによって古代の人たちの芸術的な才能が示されることとなった。

　そして，約5,000年前，人間は釉薬を用いて化学的に陶器を密閉する方法を学んだことで，さらに長い期間，食料を新鮮な状態で保てるようになったのである。この炻器を作るうえで使用される釉薬は，顔料で色づけできたので，陶器はより機能的に，より魅力的なものとなった。

● Integrated Writing 2

解説 第1パラグラフで，パッセージに書かれている3つのタイプの土器の概要を正確に書いています。これは反論型のタスクではないため，パッセージの情報を挙げた後に，レクチャーで伝えられた具体例を述べる形を取っています。

以下，第2パラグラフでは，15,000年前の土器の特徴と，食料が保存できるようになり，生き延びるのに役立ったという事実が書かれています。第3パラグラフでは，8,000年前の土器の特徴と，調理された食料の利点，芸術的な側面が現れたという事実，第4パラグラフでは，5,000年前の炻器の特徴と，食料を新鮮なまま保存できるようになった点，色づけされるようになったという事実が述べられています。以上のように，パッセージのポイントを押さえたうえでレクチャーの詳細が正確に書かれている，模範的なエッセイです。

Sample Memo

Reading
oldest pott (earthenware) 15K yrs ago
　easy break
　porous lose shape when wet

8K yrs — live in vill + cult crops
　heat → harden pott
　use for cook + decorate

5K yrs — stoneware
　glaze before firing
　non-porous no leak
　dyes to color

Lecture
15K yrs P hunt/gather
　— almost starve
　pots store fd protect from pests
　bk easily, but help P surv

8K — earthenware → cooked food
　safer + keep long
　store H₂O
　first art (geom shapes)

5K — stoneware chem seal
　fresh H₂O preserve fd
　use colors strong/beaut

解答例 B 不十分な解答

　The reading describe three kinds of early pottery: primitive earthenware, baked earthenware, and stoneware. The lecture mentions each kind more detail.

　According to reading, primitive earthenware was first pottery and invented 15,000 years ago. The lecture explains that primitive earthenware helped peoples to store food, like nuts and seeds.

The next type early pottery 8,000 years ago, it was baked earthenware. According to the lecture, baked earthenware was stronger and better. It allowed early peoples to cook their food. Baked earthenware also allowed them to store drinking water, which was so important for survival. The lecturer states that baked earthenware was sometimes artistic.

Finally, the reading says about 5,000 years ago stoneware was invented. A glaze sealed the stoneware. According to the lecture, this meant that food and water is even more protected, fresh, and healthy. The lecturer also states that people began adding colors to the glaze so that stoneware pots had color. This made them even more beautiful.

(160 語)

> **解説** 第1パラグラフでは，解答例Aと同様にパッセージで書かれている3つのタイプの土器を挙げ，レクチャーとどのように関連しているかを正確に述べています。ただ，第2パラグラフでは，基本的な情報は述べられているものの，レクチャーのポイントにあった「昆虫やネズミから食料を保護すること」や「生き延びることにつながったこと」が抜けています。第3パラグラフにおいても，レクチャーで述べられていた「より健康的になったこと」や「どのように芸術的なのか」が入っていないため，やや抽象的となっています。第4パラグラフの内容は悪くないものの，主語と動詞の不一致や時制の誤りなど，文法ミスが見受けられます。
>
> 全体的にこのエッセイはしっかりとパラグラフ構成もできており，悪くはありませんが，詳細情報が抜けており"のりミス"が目立つため，スコアは「3点」程度でしょう。

Integrated Writing 3

Reading Time: 3 minutes

Today, more than 50 million people in the United States suffer from some type of allergy to a foreign substance, ranging from household dust to the pollen produced by plants. Fortunately, a wide variety of powerful and effective medicines have been developed to treat allergic conditions.

The first type of medicine for allergy sufferers is various "antihistamines" which prevent the body from producing histamine, a compound normally released in allergic reactions. By blocking this release, antihistamines effectively help to relieve many symptoms of allergies such as itchy skin, runny nose, and watery eyes. A second kind of medicine called decongestants also works well to provide relief: it shrinks blood vessels, especially in the nose and eyes, reducing congestion particularly in the nasal passages. A third kind of medicine that eases the discomfort of allergy sufferers is anti-inflammatory agents. Since inflammation is a significant part of the discomfort caused by allergies, especially irritations of the skin, of the lining of the nasal passages, and of the area around the eyes—all locations where swelling occurs—medicines which reduce these inflammations are also an effective means of bringing relief to those suffering from allergies. There are, of course, "natural" remedies such as herbal teas or "keeping your house cleaner" that are sometimes recommended, but none of these is as effective as proven allergy medicines.

> **Directions:** You have 20 minutes to plan and write your response. Your response will be judged on the basis of the quality of your writing and how well your response presents the points in the lecture and their relationship to the reading passage. Typically, an effective response will be 150 to 225 words.

Question: Summarize the points made in the lecture you just heard, explaining how they cast doubt on points made in the reading.

Integrated Writing ❸　　ANSWERS

【パッセージの訳】
　現在，アメリカ合衆国では，5,000万人以上の人々が，ハウスダストから植物の花粉まで，異物による何らかの種類のアレルギーに悩んでいる。幸い，アレルギー状態の治療のための強力で効果的な様々な薬が開発されている。
　アレルギー患者向けの第一の種類の薬は，様々な「抗ヒスタミン剤」であり，通常，アレルギー反応が起こる際に放出される化合物であるヒスタミンの分泌を抑える。この分泌を阻止することによって，抗ヒスタミン剤は皮膚のかゆみ，鼻水，涙目といった多くのアレルギー症状を緩和するのに役立つ。充血除去剤と呼ばれる第二の種類の薬もまた，症状を緩和するうえで効果的である。これは，特に鼻と目の血管を収縮させることで，とりわけ鼻づまりを緩和してくれる。アレルギーに悩む人たちの不快症状を緩和する第三の種類の薬は，抗炎症薬である。炎症はアレルギーによって引き起こされる不快感のかなりの部分を占めていて，特に腫れが起こる部分である皮膚，鼻腔の内膜，目の周辺での刺激であるため，これらの炎症を和らげる薬もまた，アレルギーに悩む人たちの苦痛を軽減する効果的な手段である。もちろん，ハーブティーや「家を清潔に保つこと」といった「自然」療法が推奨されることもあるが，効果が立証されているアレルギー薬に比べるとどれも効果的ではない。

質問：あなたが今聞いたレクチャーのポイントをまとめ，それがリーディングパッセージで提示されているポイントに対してどのように疑問を呈しているか，説明せよ。

【レクチャーのスクリプトと訳】

Now listen to part of a lecture on the topic you just read about.

　　Although it's tempting to just pop a pill if you feel an allergy coming on, since you know it will grant you temporary relief, most allergy medicines on the market have undesirable side effects—a lot of undesirable side effects, in fact—and should probably be avoided.

　　First, the most commonly taken medication, antihistamines, can cause dry mouth, constipation, and, worst of all, drowsiness. Anyone who needs to be alert for work or for study is not served very well by this kind of medication. In fact, the benefits of antihistamines may be overshadowed by their negative side effects. Second, another popular drug type called decongestants has its own problems. Decongestants can cause sleeplessness and nervousness, which may create a bigger problem than they solve. Furthermore, by constricting the blood vessels they raise the patient's blood pressure. This can be a serious concern for those suffering from heart disease or circulatory problems. The third most common allergy drug—anti-inflammatories—also has some serious negative effects: they can cause weight gain and stomach upset. Anti-inflammatories can also increase the chance of bleeding, so for people with stomach ulcers that is a serious concern.

A much better approach to allergy treatment is to use natural approaches rather than medicine. For example, keep your home and your work areas as clean as possible and free of the kinds of dust and mold that cause allergies. Try drinking herbal teas, eating a better diet, and getting exercise; all of these can help reduce or even eliminate allergies.

読んだトピックに関するレクチャーの一部を聞きなさい。

　アレルギー症状が出てきたと感じると，一時的にそれを緩和できるとわかっているため，さっと薬を飲みたくなるものであるが，市販のアレルギー薬のほとんどは，好ましくない副作用，しかも多くの好ましくない副作用を含むため，避けるべきだろう。

　まず，最も一般的に飲まれている薬である抗ヒスタミン剤は，口腔内の乾燥，便秘，そして一番困ることに，眠気をもたらす可能性がある。仕事や勉強に注意を怠るわけにいかない人には，この種の薬はあまり役に立たない。それどころかむしろ，抗ヒスタミン剤の利点は，好ましくない副作用に比べて小さい可能性がある。2番目に，充血除去剤と呼ばれるもう1つのタイプの一般的な薬は，特有の問題を抱えている。この薬は，不眠症と不安を引き起こし，薬の持つ効果よりも厄介な問題を生み出すかもしれない。さらに，血管を収縮させることで，患者の血圧が上がる原因となる。これは心臓病や循環器系の問題を持つ人々にとっては深刻な懸念事項になりうる。3番目に一般的なアレルギー治療薬である抗炎症薬もまた，いくつかの深刻な副作用を持つ。体重の増加と胃腸障害を引き起こす可能性があるのだ。抗炎症薬はまた，出血の可能性を高めるため，胃潰瘍を患っている人には大きな不安材料となる。

　アレルギー治療のはるかによい方法は，薬よりもむしろ自然な方法を用いることである。例えば，家や職場を可能な限り清潔に保ち，アレルギーの原因となる種類のホコリやカビがない状態にしておこう。ハーブティーを飲み，より健康によい食事をとり，そして運動をしてみよう。こういったことはすべて，アレルギーを減らす，またはなくすことにさえ，役立ちうるのだ。

⚪Key Notes

　パッセージの第1パラグラフから，アレルギーに対する治療薬がトピックであることがわかります。この治療薬として，antihistamines（抗ヒスタミン剤），decongestants（充血除去剤），そして，anti-inflammatory agents（抗炎症薬）の3種類が紹介されており，それぞれどのような特徴があるかを読み取っておくことが求められます。「抗ヒスタミン剤」は，ヒスタミンの分泌を抑えることで，アレルギー症状を緩和できるとあり，「充血除去剤」は，鼻づまりを緩和してくれるものとあります。そして，「抗炎症薬」は皮膚，鼻腔の内膜，目の周辺の炎症を和らげるものと書かれています。

　レクチャーでは，冒頭で「アレルギー治療薬には副作用があるため服用すべきではない」と述べており，パッセージの内容に対して反論すると推測できます。パッセージのメモがある程度まとめられていれば，レクチャーに取り組みやすくなるでしょう。レクチャーでは，パッセージで取り上げられていた3種類の薬の副作用を説明しています。内容の展開の仕方も，パッセージで紹介されていた順番と同様で，抗ヒスタミン剤，充血除去剤，そして抗炎症薬の副作用がそれぞれ説明されています。その後，よりよいアレルギー対策として，薬ではなく自然な方法，例えば，家や職場を清潔に保つことや，ハーブティーやより健康的な食事をとること，さらに運動することが提案されています。

　反論型のタスクは，パッセージで紹介されていたプラスの内容に対して，具体的なマイナス点を並べますから，パッセージから3種類の治療薬の名前と利点を，レクチャーを聞きながら，その横にそれぞれの副作用を書き出せていれば，ライティングの作業がしやすいでしょう。

　重要ポイントをまとめると以下のようになります。

	パッセージのポイント	レクチャーのポイント
抗ヒスタミン剤	ヒスタミンの分泌を抑制	口の中の乾燥，便秘，眠気をもたらす
充血除去剤	血管を収縮させ鼻づまりを緩和	不眠症と不安を引き起こす 血圧が上がる原因
抗炎症薬	炎症を抑える	体重の増加と胃腸障害の原因 出血の可能性を高める

> **解答例 A 模範解答**

　　The reading suggests that taking medicine is the most effective way of controlling allergic reactions. Three types of medicines are recommended: antihistamines, decongestants, and anti-inflammatories. According to the reading, each of these has been proven very useful for those who suffer from allergies.

　　The lecturer admits that these medicines provide temporary relief from the symptoms of allergic reactions, but she feels that the negative side effects of these medications outweigh any short-lived benefits. The most common kinds, antihistamines, cause a person to become drowsy, which can adversely affect a person's work performance. Decongestants shrink blood vessels and cause blood pressure to rise, which can be dangerous for people with heart problems. Anti-inflammatory agents can increase the chance of bleeding, so those who suffer from stomach ulcers should avoid using them.

　　Rather than taking medicine, the lecturer recommends natural approaches to treating allergies, for example, by keeping one's house clean. She states that the most important thing to do in the long run is to maintain a healthy lifestyle such as a good diet and regular exercise.

(176 語)

【訳】　リーディングでは，薬を飲むことがアレルギー反応を抑える最も効果的な方法だと示唆している。3 種類の薬が勧められており，それらは抗ヒスタミン剤，充血除去剤，抗炎症薬である。リーディングによれば，これらの薬はどれもアレルギー患者に非常に有効であると証明されている。

　講師は，これらの薬が一時的にアレルギー反応の症状を緩和することを認めつつも，どのような一時的な効果よりも好ましくない副作用の方が重大であると感じている。最も一般的な種類である抗ヒスタミン剤は眠気を誘い，それがその人の仕事の成果に悪影響を及ぼす。充血除去剤は血管を収縮させ，血圧の上昇を引き起こすため，心臓疾患を抱える人にとっては危険になりうる。抗炎症薬は，出血する可能性を高めるため，胃潰瘍を患う人は使用を避けるべきである。

　薬を飲むよりも，例えば家を清潔にしておくといった，アレルギー治療の自然な方法を，講師は勧めている。長い目で見れば，最も重要なことは健康によい食事をとったり，定期的に運動をしたりして，健康な生活スタイルを維持することだと彼女は述べている。

解説 第1パラグラフでパッセージのポイントをまとめ，3種類のアレルギー治療薬のことを正しく書き出しています。第2パラグラフでは，それぞれの治療薬に関してレクチャーで述べられた副作用について，詳細情報も正確に書かれています。このように，パッセージに対して反論しているレクチャーの重要ポイントを把握し，具体的に書くことが高得点への鍵となります。第3パラグラフでは，レクチャーで提案されていた自然な方法での治療について，正確に聞き取れていることがわかる内容となっています。パッセージの内容に関連するレクチャーの重要ポイントがすべて正確に，かつ一貫して述べられており，完成度の高いエッセイです。

Sample Memo

Reading
US 50 mill P allergy, but meds devel
1st med — antihist
　relieve sympt
2nd — decong
　shrnk bld vessel, esp nose
3rd — anti-inflam
　reduce inflam

Natl remedy (kp house cln)
　BUT meds best

Lecture
tempt take meds, but side eff
　avoid meds
1st — antihist → sleepy, not alert
2nd — decong → nervous, sleepless, bld press ↑
3rd — anti-inflam
　→ weight gain/stom upset
　bleeding ↑ ulcers
BEST — kp cln (dust/mold)
　herb tea/diet/exer
　allergy ↓

解答例 B 不十分な解答

　　According the reading, drugs are good for treating allergic reactions. There are three kinds of drugs mentioned. They are antihistamines, which reduce symptoms of itchy eyes, runny nose, and watery eyes. Also we have decongestants, which make it easier to breathe. Finally, there is anti-inflammatory agents which reduce irritation to the skin, nasal passages, and eyes. These help us control the severity of allergic reactions.

● Integrated Writing 3

　The lecturer says these types of medicines are not so good, because they cause many problems. She points out that each type of allergy medicine has side effects which are not good for the people taking them. She also says that it's better to take natural approaches to treating allergies. She says exercise and going on a diet are good.

(125 語)

解説　最初のパラグラフでは，パッセージの内容である3種類のアレルギー治療薬とその効果についてまとめています。第2パラグラフでは，レクチャーがパッセージの内容に反論していることが簡単に書かれていますが，レクチャーの重要な詳細情報である「それぞれの治療薬の副作用」が書かれておらず，ただ「パッセージで挙げられた治療薬はよくない」と述べているだけの表面的な内容に留まっています。レクチャーの重要ポイントが理解できていないと，この例のようにパッセージの内容に偏ったエッセイとなってしまうので，注意が必要です。また，レクチャーの a better diet の意味を取り違え，going on a diet（ダイエットをすること）がよいという誤った情報を書いており，単語の正しい意味を理解できていないことを示しています。冒頭の According to の to が抜けるなど "のりミス" もあり，完成度はあまり高くないと判断されるエッセイです。

Integrated Writing 4

Reading Time: 3 minutes

Glaciers and ice sheets up to 5 kilometers thick cover 98 percent of the surface area of Antarctica. But this amount has not remained constant over time. It has expanded and contracted many times due to previous changes in the world's climate. Geologists have found that there have been at least 60 confirmed warming/cooling cycles in the last 10 million years. The current global warming trend, in particular, has already had a huge impact on the ice in Antarctica. Whereas the world's average temperature has risen approximately 1°C over the past century, the average temperature in Antarctica has risen as much as 3°C since the 1950's alone.

This rise in temperature threatens all three of the major types of ice found on the Antarctic continent: the seasonal ice that grows or shrinks according to the season; the thick, semi-permanent ice shelves that are attached to the Antarctic coastline; and the ice sheets that cover the continent's underlying rocky surface.

The most disastrous would be the melting of the ice sheets. If global warming causes even a small portion of these massive ice sheets to melt, the negative impact on the lower-lying areas of the world, like Florida or Bangladesh, will be tremendous. Experts who study the ice sheets in Antarctica and Greenland predict that by the end of the 21st century the world's sea levels will probably rise as much as 1.5 meters. More than 500 million people currently live in coastal areas which are less than 1.5 meters above sea level.

Directions: You have 20 minutes to plan and write your response. Your response will be judged on the basis of the quality of your writing and how well your response presents the points in the lecture and their relationship to the reading passage. Typically, an effective response will be 150 to 225 words.

● Integrated Writing 4

Question: Summarize the points made in the lecture, being sure to specifically explain how they support the explanations in the reading passage.

Integrated Writing 4　ANSWERS

【パッセージの訳】

　氷河と厚さ5キロに及ぶ氷床は南極大陸の表面積の98％を覆っている。しかし，この量は長い年月の間ずっと一定であったのではない。かつての世界的な気候の変化によって拡大や縮小を何度も繰り返してきた。地質学者たちは，過去1,000万年の間に，少なくとも60回の温暖化／寒冷化の周期が確実に起きたことを発見した。特に最近の地球温暖化の傾向は，南極大陸の氷にすでに大きな影響を及ぼしている。過去1世紀の間に世界の平均気温は摂氏1度ほど上昇したが，南極大陸の平均気温は1950年代以来だけを見ても摂氏3度も上昇した。

　この気温上昇は南極大陸に見られる主要な3種類の氷すべてを脅かしている。1つ目は季節氷で，季節に応じて拡大または縮小する。2つ目は，分厚く半永久的な棚氷であり，南極大陸の海岸線とつながっている。3つ目は，氷床と言い，南極大陸の下の岩肌の表面を覆っている。

　最も甚大な影響をもたらすのが，氷床の融解であろう。もし地球温暖化により，これら巨大な氷床のごく一部であっても溶けた場合，例えばフロリダやバングラデシュのような，世界の土地の低い地域への悪影響は凄まじいものとなるだろう。南極大陸やグリーンランドの氷床を研究している専門家たちは，21世紀の終わりまでに世界の海面は，おそらく1.5メートルも上昇するだろうと予測している。5億人以上の人々が現在，海抜1.5メートルに満たない海岸地域で生活をしている。

質問：レクチャーのポイントをまとめ，それがリーディングパッセージの説明をどのように裏付けているか，具体的に説明せよ。

【レクチャーのスクリプトと訳】

Now listen to part of a lecture on the topic you just read about.

　Today I'd like to talk about the effects global warming may potentially have on the Antarctic continent. Now, there have been many cycles of warm temperatures followed by colder temperatures throughout history. But this particular warming trend seems unusually fast since it is clearly caused by human activity, particularly by the burning of fossil fuels.

As you know, there are three types of ice in Antarctica: the seasonal ice pack, the ice shelves, and the ice sheets. The melting of the seasonal ice won't directly have an impact, since it already is essentially floating in the ocean. If the seasonal ice melts, it won't add additional water to the world's oceans, just as the water level in a glass of water doesn't change if the ice cubes in it melt. But the melting of seasonal ice would absolutely have an indirect impact. For one thing, both the seasonal ice and the ice shelves help stabilize the world's climate because their white surfaces reflect most of the Sun's heat back into space. If these melt away, the heat will be absorbed by the darker surface of the ocean, which will then speed up the process of global warming.

The ice shelves in particular also serve another very important function. They act as barriers to the movement of glaciers and ice sheets. Think about it. Gravity is constantly trying to pull the ice sheets down into the ocean. These semi-permanent ice shelves block this flow. If the ice shelves were to melt, more and more of the ice sheet would be pulled into the ocean, where it, too, would melt. In a recent geological event, one huge ice shelf that had been stable for 12,000 years broke up in only a few days and fell into the ocean. In the 18 months after that happened, the flow of glaciers behind it increased in speed by 8 times!

読んだトピックに関するレクチャーの一部を聞きなさい。

今日は，地球温暖化が南極大陸に及ぼす可能性のある影響について話したい。さて，歴史を通して，温暖な気候の後に低い気温になるという周期が数多くあった。しかし，この現在の温暖化傾向は，明らかに人間の活動，とりわけ化石燃料を燃やすことによって生じているために，異常なほど速く進んでいるように思われる。

ご存じのように，南極大陸には3種類の氷がある。季節氷，棚氷，そして氷床である。季節氷は，そもそもすでに本質的には海に浮遊しているので，融解しても直接的な影響はないだろう。季節氷が融解しても，世界の海に新たな水は加わらない。グラスの中にある氷が溶けても水位が変わらないのとまったく同じである。しかし，季節氷の融解には間違いなく間接的な影響がある。1つには，季節氷と棚氷は両方とも，その白い表面が太陽からの熱のほとんどを宇宙空間へ反射するため，世界の気候の安定化に一役買っている。もしこれらの氷が溶けてなくなるなら，暗い色の海面が太陽の熱を吸収してしまい，それによって地球温暖化のプロセスが加速するだろう。

棚氷は特に，ほかにも非常に重要な機能を果たしている。棚氷には氷河や氷床の動き

を妨げる壁としての役割があるのだ。考えてみてほしい。重力は常に氷床を海中へと引っ張り込もうとする。これら半永久的な棚氷がこの流れを防いでいるのだ。棚氷が融解するようなことがあれば，氷床がますます海中へと引き込まれ，氷床もまたそこで融解してしまうだろう。最近の地質学的な出来事を述べると，12,000年の間安定していた1つの巨大な棚氷が，たった数日で崩壊し，海中へと消えていった。その後の18か月で，その棚氷の背後の氷河の流れが8倍も速くなったのだ！

◯ Key Notes

　パッセージの冒頭には「氷河と氷床が南極大陸の表面積の98%を覆っている」とあり，氷の話であることがわかります。近年の温暖化が，南極大陸の氷に大きな影響を与えていることを述べ，次のパラグラフで3種類の氷（季節に応じて拡大したり縮小したりする「季節氷」，半永久的に溶けない「棚氷」，南極大陸の下の岩肌の表面を覆っている「氷床」）を紹介しています。3つの事柄についての説明であることから，レクチャーもそれら3つに対応する展開になることが推測できるでしょう。最後のパラグラフでは，最も大きな影響を与えるものとして，氷床の融解について述べられています。温暖化により氷床が溶けることで，土地が低い地域が被る甚大な影響を挙げ，21世紀の終わりまでに海面が1.5メートル上昇する予測があることを伝えています。

　レクチャーは冒頭で，パッセージと同じく，地球温暖化が南極に及ぼす可能性のある影響について話すと伝え，現在の温暖化の傾向は，化石燃料を燃やすなどの人間の活動が原因となっていると述べています。次に，南極に3種類の氷があることに言及していますが，これらはパッセージの3種類の氷に対応しています。季節氷は海面に浮いているものなので，溶けても海面の上昇には影響しないものの，溶けてしまうとその白い表面で太陽熱を反射できなくなり，海面の水の温度が高まる可能性があり，それにより地球温暖化が加速すると伝えています。さらに，棚氷は氷河や氷床の動きを妨げる壁の役割をしており，この棚氷が溶けることがあれば，氷床がさらに海中に沈み，氷床も溶けてしまうと述べています。

　この問題は，一般的な問題に比べて3つのポイントの対応がわかりにくくなっています。実際にはもっとわかりやすい問題が多く出題されますが，このような問題を解いておくことで，やや複雑な問題が出ても対応できるようになります。

　重要ポイントをまとめると次のページのようになります。

	パッセージのポイント	レクチャーのポイント
季節氷	季節に応じて拡大・縮小	溶けても直接の影響はないが、太陽の熱を反射できなくなり、温暖化が加速する
棚氷	半永久的に存在	季節氷と同じく、太陽の熱を反射する 氷河や氷床の動きを妨げる壁となる
氷床	南極大陸の下の岩肌の表面を覆っている 少しでも溶けると、土地の低い地域が沈む	棚氷がないと海に沈み、溶けてしまう

解答例 Ⓐ 模範解答

　In the lecture, the professor provides additional information to support the points made in the reading. She first emphasizes the role of human activity in the most recent global warming trend. As both the reading and the lecture state, there have been numerous warming and cooling cycles throughout history, but she points out that the most recent warming trend is unusually fast. In her opinion, the burning of fossil fuels makes this particular warming trend quantitatively and qualitatively different from other warming trends of the past.

　She then explains how the melting of the seasonal ice packs and ice shelves in Antarctica has an indirect impact on the pace of global warming. This is related to how their white surfaces reflect heat from the Sun back into space. If the ice packs and ice shelves melt, the darker surface of the ocean will absorb much of the heat that would have been reflected. This will lead to a rise in the temperature of the ocean, which will then cause the atmosphere to warm up even more quickly.

　Finally, the professor explains in the lecture how the ice shelves play another important role in helping to stabilize global temperatures. They block the flow of glaciers and ice sheets. Without the ice shelves, she claims gravity would pull the glacial ice into the sea, where it would melt. At present, they are prevented from moving by the semi-permanent ice shelves.　　　　（238 語）

【訳】　レクチャーで，教授はリーディングで述べられた点を裏付けるために追加の情報を提供している。彼女は，まず最近の温暖化傾向には人間の活動が関係していると強調している。リーディングとレクチャーの両方が述べているように，歴史を通して，気温が高い周期と低い周期が数えきれないほど繰り返されてきたが，直近の温暖化傾向は異常なほど速く進んでいると指摘している。彼女の意見では，化石燃料を燃やすことが，この温暖化傾向を量的にも質的にも過去のほかの温暖化傾向と異なるものにしている。

　次に彼女は，南極大陸の季節氷帯と棚氷の融解がどのように地球温暖化の速度に間接的な影響を与えるかについて説明している。これは，これらの氷の白い表面が太陽からの熱を宇宙空間に反射させることと関わりがある。流氷や棚氷が融解すると，暗い色の海面が反射されるはずだった熱の多くを吸収してしまうだろう。これによって海水の温度が上昇し，大気中の温度がさらに速く上昇することとなる。

　最後に，レクチャーの中で教授は，地球の気温の安定化を助けることにおいて，棚氷が別の重要な役割をどのように果たしているかを説明している。棚氷は，氷河や氷床の流れを阻止してくれるのである。棚氷がなければ，重力が氷河の氷を海中へと引き込んでいき，そこで氷は溶けてしまうと彼女は主張している。現在は，半永久的な棚氷が，氷河や氷床の動きを防いでくれるのだ。

解説　冒頭でレクチャーとパッセージの関係（ポイントを補完するために追加の情報を与えている）を述べたうえで，パッセージとレクチャーの内容を正確に書き出しています。第1パラグラフでは温暖化傾向と人間の活動が関係していること，第2パラグラフでは季節氷と棚氷の融解によって海面の水の温度が上昇すること，そして第3パラグラフでは，棚氷が氷河や氷床が海中に引き込まれるのを防ぐ役目をしていることを正確に伝えています。

ライティングではレクチャーの情報が中心となるため，パッセージの内容をしっかりとメモしたうえでレクチャーを聞き取る態勢に入ることが大切です。このエッセイは，レクチャーの内容を中心に据えてまとめられており，これまでに本書で学んだパロットフレーズをしっかりと自分のものにしていることがわかります。

Sample Memo

Reading
glac (ice sheets) 5km thick 98%
    Ant not const exp/contr
60 warm/cool cycles over 10M yrs
curr glob wm → big impact
    3°C ↑ since 1950s
3 types of ice
    • seasonal
    • semi-perm ice shelves
    • ice shts
most disastr is melt ice shts
    Florida/Bangl
    seas 1.5m ↑
    500M P in coast area

Lecture
Ant many cycles, but curr hum
            act (burn foss fuel)

3 types of ice
seas: no dir impct — already
            float in ocean
    but indir impct — white surf
            refl heat
    if melt, ocean abs heat
ice shelves (semi-perm): block mvmt
glac/ice shts:
    if move → more melt
e.g. one ice sht stable 12K yr brk
    → 8X faster glac flow

(解答例 B) 不十分な解答

 The speaker gives support to points made in the reading about Antarctica and global warming. She shows how this time's warming cycle happening at a much faster pace than those in the past. She states that this is due to human activity.

 She talks about indirect effect from melting seasonal ice packs and ice shelves on worldwide temperatures. Melting of ice packs is not so much direct concern, because they are already floating on the ocean's surface, like ice cubes floating in a glass of water. Even they melt, they don't change overall water level. But white surfaces of ice packs and ice shelves are reflect the Sun's heat back into space. If this heat strike the darker ocean surface directly, it is absorbed by the ocean's surface. Then, there is an indirect impact.

The speaker also shows how semi-permanent ice shelves help block Antarctica's glaciers and ice sheets and keep them from flowing into the ocean where they would melt. She gives one example of a glacier began moving eight times faster within 18 months after break up of the ice shelf which was preventing its flow to the ocean.

(191 語)

解説 全体的に内容は明確で，パッセージとレクチャーを関連させて理解できていることが示されています。しかし，詳細情報がやや不足しており，十分な展開がなされていません。例えば，第1パラグラフの human activity については，レクチャーで述べられていた「化石燃料を燃やす」ということを具体的に示す必要があります。しかしながら，第3パラグラフの「棚氷が割れた18か月後に氷河が8倍速く流れ始めた」のように，内容が十分に展開されている部分もあるため，正確にメモを取る練習をすることでさらに精度を上げることができるでしょう。いくつか文法の間違いもありますが，大きく理解を妨げるものではありません。しかし，全体的に転換語の使用が少なく，読み手を誘導するためには，転換語をしっかりと活用することが大切です。スコアは「4」程度となるでしょう。

実戦練習 2

time: 30 minutes

ポイント

- ここでは，Independent Writing を 4 題続けて学習します。
- 1 題目では手順を確認しながらエッセイを書いてみましょう。2 題目からはすべて自力で行ってください。もちろん，自信があれば 1 題目から自力で進めても構いません。
- ただ書くのではなく，1 題目は "おでんスタイル" に沿って自分の意見を展開できればよい，2 題目はさらに表現に注意して多彩なボキャブラリーや構文を使うなど，問題ごとに課題を決めて書くとよいでしょう。
- 書いた後は，解答例を読んで終わりとするのではなく，解説や訳をしっかり読んで，足りなかった点は何なのか検証しましょう。すべての問題で「模範解答」と「不十分な解答」の 2 つの解答例を載せていますので，参考にしてください。自分の解答の問題点をはっきりさせてから次の問題に臨みましょう。

Independent Writing ❶

1 トピックを読み，問題のタイプと内容を確認する

まずは質問に目を通します。

> **Directions:** Read the question below. You have 30 minutes to plan, write, and revise your essay. Typically, an effective response will contain a minimum of 300 words.

Question: Do you agree or disagree with the following statement?
Computerized devices are an essential part of modern life.
Use specific reasons and examples to support your answer.

質問に agree or disagree とあることから，「議論型」であることがわかります。

2 自分の立場を決める

裏付け理由やそれをサポートする詳細情報を書きやすい立場を選びましょう。

● Independent Writing 1

　例　立場：Computers are definitely an essential part of modern life
　　　裏付け理由１：personal life
　　　裏付け理由２：school life

3　設計図を作成する

　"おでんスタイル"を意識しながら，Introduction，Body，Conclusion の流れを考え，どのような裏付け理由や詳細情報を使用するかを書き出します。
　以下は設計図のサンプルですので，参考にしてください。自力で進めたい人は，見ないで書き進めましょう。

Sample Memo

```
comp essentl mod life — personal, school
pers
    ・comm. w/ frnds
    ・ck weath
    ・watch prog online
schl
    ・prac test online
    ・hw online
    ・get sources online
```

4　Introduction を書く

　ここでは，自分がどちらの立場なのかを明確にし，裏付け理由をはっきりと書きましょう。トピックからキーワードやキーフレーズの抜粋またはパラフレーズを行いましょう。

5　Body を書く

　トピックセンテンスで裏付け理由を伝え，その後に詳細情報へと入っていきます。個人の体験など，具体例をしっかりと盛り込むことが大切です。

6 Conclusion を書く
Introduction の内容をパラフレーズして，2 文程度でまとめましょう．

7 内容を見直す
少しの時間でも最後に残すようにして，スペルや文法，句読法などの間違いがないかチェックしましょう．この時間で"のりミス"をなくします．

Independent Writing ❶ ANSWERS

【指示と質問の訳】
指示：以下の問題を読み，制限時間 30 分でエッセイを計画し，書き，修正してください．通常，有効な答えの語数は最低 300 語です．

質問：以下の内容に賛成か，反対か．**コンピューター機器は現代生活において必要不可欠な一部分である．**自身の答えを裏付ける具体的な理由や例を挙げよ．

○ Key Notes

Do you agree or disagree ~? などの議論型のトピックが基本的に出題されますが，この場合は，賛成か反対かのどちらかの立場を明確にすることが必須です．実際の自分の考えに沿ったものである必要はなく，書きやすい立場を選ぶことが TOEFL ライティングのコツです．現実の生活ではコンピューター機器を使わない日はないとしても，そのことが当たり前すぎて，反論する方がかえって書きやすいということもあるかもしれません．

いずれを選ぶとしても，第 1 パラグラフでどちらの立場を取るのかを明確にし，裏付け理由を 2 つか 3 つ書き出します．それ以降のパラグラフで，裏付け理由を 1 つずつ，詳細情報や具体例を交えて書くという"おでんスタイル"を思い出しましょう．最後には結論として，これまで述べた内容のまとめを書き，仕上げとします．

解答例Ⓐ 模範解答

　　Computers are definitely an essential part of modern life. They provide extensive support and enhancement of both personal and school life.
　　To begin with, computers are an important part of daily life. For

● Independent Writing 1

example, I use the computer every day to communicate with my friends. We communicate cheaply and easily using both e-mail and instant messenger. When I want to make an appointment to see one of my friends, I just send him an e-mail. When I want to check the weather each morning to see what I should wear, I log onto the Internet and see what the weather forecast is. When I'm free in the evening and I want to relax, I don't even watch TV any more. I just watch my favorite programs online. I can watch exactly what I want to watch without being interrupted by commercials. Computers greatly enhance my personal life.

Computers are also essential for school. My school is fairly technological and my teachers post all of our assignments online. Before we have a test in class, we log on to the Web site and take practice tests. Some teachers even ask students to submit their work over the Internet. My social science teacher does not even want us to hand in hard copies of our assignments; he prefers that we e-mail our assignments to him. After he grades them, he posts the results online so we can find out what our score was. Finally, whenever I have a report to write, most of my sources are online sources, such as encyclopedias and Web sites. Without a computer, I could not access them. From these many examples, it's obvious that computers are essential to school life.

I know that there was a time when people did not use computers in their daily life. However, modern life is definitely built upon the use of the computer.

(312 語)

【訳】 コンピューターは明らかに現代生活の欠かすことのできない一部である。コンピューターは私生活と学校生活の両方を幅広くサポートし，よりよいものにしてくれている。

　まず初めに，コンピューターは日常生活の重要な一部である。例えば，私は友人とコミュニケーションをとるのに毎日コンピューターを使っている。私たちは，Ｅメールとインスタントメッセンジャーの両方を使って安く手軽にコミュニケーションをとっている。友人の1人と会う約束をしたいと思ったら，Ｅメールを送るだけで済む。毎朝，何を着ていくべきか知るために天気をチェックしたいときは，インターネットにログオンして，天気予報がどうなっているか見る。夜，暇な時間にリラックスしたいなら，もうテレビを見ることすらない。ネットで自分の好きな番組を見るだけだ。CMに邪魔されることもなく，自分の見たいものだけを見ることができる。コンピューターは私の生活を大いによい方向に変えてくれている。

　コンピューターは学校においても必要不可欠だ。私の学校はかなり科学技術を重視しており，先生方は宿題をすべてオンラインで掲示している。テストの前になると，私たちはウェ

ブサイトにログオンして模試を受ける。教師の中にはネット経由で宿題を提出させる人さえいる。私の社会科学の先生は，私たちが宿題を紙に印刷したもので提出することさえ嫌がる。Eメールで宿題を送ることを彼は好むのだ。宿題の採点が終わると，結果をオンラインで掲示してくれるので，私たちは自分の得点を知ることができる。最後に，私がレポートを書く場合は常に，その情報源のほとんどは百科事典やウェブサイトといったインターネット上の情報である。コンピューターがなければ，そういった情報にアクセスできない。これら多くの例から，学校生活にコンピューターがなくてはならないものであることは明らかである。

人々が日常生活にコンピューターを使わなかった時代があったことは知っている。しかし，現代の生活は間違いなく，コンピューターの利用を基礎として成り立っているのだ。

> **解説** Introductionはシンプルでありながら、はっきりと自分の意見（コンピューターは現代生活の欠かすことのできない一部である）とその理由（私生活と学校生活の両方をよりよいものにする）を述べています。余計な情報は入っておらず、すっきりしたIntroductionです。Bodyでは、「一貫性」と「まとまり」がある意見が効果的に「論理展開」されています。TOEFLライティングでは、この3つが非常に重要であることを改めて意識しましょう。
>
> 1つ目のBodyパラグラフでは、友人とのコミュニケーションを中心に、日常生活でのコンピューターの使用について述べています。どのように使っているのか、またどのようにコンピューターが生活をよい方向に変えてくれているのか、という詳細情報へと続いており、適切な構成となっています。
>
> 2つ目のBodyパラグラフでは、「学校における活用」について述べています。どのようにコンピューターが有効活用されているか、個人の経験を述べることでトピックセンテンスをサポートしています。さらに、レポート作成にもコンピューターを活用しているという事例を加えています。
>
> Conclusionは、Introductionの内容を効果的に言い換えており、「コンピューターが現代生活に不可欠」という立場を再度、明確にしています。
>
> 複雑な構文を交えて文章が展開されており、洗練された文章を書けることを証明できています。また、転換語を使うことで効果的に読者を導いています。全体的にもTOEFLライティングが求めている「一貫性」や「まとまり」があり、「論理展開」ができています。"おでんスタイル"に沿っている優れたエッセイです。

解答例 Ⓑ 不十分な解答

I think that computers are very important part of modern life. I use them in my school work and for my private, too.

In school, we have many homeworks. If I have to write everything by handwriting, it takes too long time. With using computer, I can do easily and

● Independent Writing 1

quickly. Also, if I make mistake, I can correct it fast using computer. I can get many informations by using computer, too. I can check Web site for data and facts I use for support my assignment. My teachers very happy if I give much support data and facts. I also spend time in school club and sports.

　　Computer is also good for my private. I can play computer game, I can contact my friends using e-mail, and I can watch movie, too. Computer help me relax after school. It is important to have relax time, because school assignments are very many. Computer take away my stress.　　　　（157 語）

解説　全体的にはうまく構成されていますが，157語しかなく，内容を十分「論理展開」させるには短すぎるエッセイです。

　Introduction では，「コンピューターは現代生活の重要な一部である」と立場を明確にし，裏付け理由として学校の宿題やプライベートで使っていると伝えています。

　1つ目の Body パラグラフでは，学校での使用を例に，なぜコンピューターが重要かを述べています。しかし，最後の「クラブやスポーツに時間を費やす」というのは，コンピューターとは無関係です。「コンピューターを使うことで効率が上がり，ほかの活動に時間が取れる」と言いたかったのかもしれませんが，だとすれば，そのようにはっきりと論理のつながりを書く必要があります。英語のエッセイでは，「ここはこう言いたかったのかな」と読者に類推して論理の不足を補ってもらうことは，よくないとされます。

　2つ目の Body パラグラフでは，コンピューターをどのようにプライベートで使っているかを書いています。ゲームやメール，映画を見るといった具体的な情報を挙げたうえで，「リラックスできて，ストレス発散になる」と展開しています。

　2つの Body パラグラフをさらによくするためには，転換語を使い，読み手を適切に誘導することが必要です。また，使われている構文が I can... I can... I can... のようにシンプルすぎるため，接続詞などを使って2つの文を1文にまとめたりすることで，より洗練された文章が書けるでしょう。

　最後に，Conclusion が含まれていないため，減点対象となります。1文でも2文でもよいので，Introduction を言い換えたものを最後に繰り返すことで，効果的にエッセイを締めくくることができます。

　また，many homeworks や many informations のように数えられない名詞に s がついていたり，Computer help... のように冠詞や動詞の s が抜けていたりといった基本的な文法の間違いが多いため，減点対象となります。文法に注意して，ライティング練習を行いましょう。

Independent Writing ❷

Directions: Read the question below. You have 30 minutes to plan, write, and revise your essay. Typically, an effective response will contain a minimum of 300 words.

Question: The university which you attend has received a large gift of money. Some people think this money should be spent for a new library with more books and additional computers. Others think it should be spent for a new sports facility with exercise rooms and a swimming pool. Which opinion do you agree with? Use specific reasons and examples to support your answer.

Independent Writing ❷ ANSWERS

【訳】 質問：あなたの在籍している大学が多額の寄付金を受け取った。そのお金をより多くの蔵書とコンピューターが追加された新しい図書館のために使うべきだと考える人もいれば、トレーニングルームやプールを備えた新しいスポーツ施設に使うべきだと考える人もいる。どちらの意見にあなたは賛成か。自身の答えを裏付ける具体的な理由や例を挙げよ。
※2題目以降は指示の訳は省略します。

Key Notes

ここでもまず大切なのは、どちらの立場を選ぶかを明確にすることです。そして、その主張・立場を詳細情報や具体例でしっかりと裏付けましょう。図書館とスポーツ施設のどちらを選ぶかによって点数が変わるということはありません。点数はあくまで、「一貫性」、「まとまり」、そして「論理展開」に基づきます。裏付け理由を考えて、書きやすそうな方を選びましょう。いずれを選ぶとしても、書き方はこれまでと同様です。第1パラグラフで自分の立場を明確に示し、裏付け理由を書き出します。それ以降の段落で、裏付け理由を1つずつ、詳細情報や具体例を交えて書きます。最後に結論として、これまで述べた内容のまとめを述べ、仕上げとします。"おでんスタイル"をしっかり身につけましょう。

● Independent Writing 2

> 解答例Ⓐ 模範解答

    Because such a large gift of money is an unusual occurrence, I believe the funds should be spent for a new sports facility, rather than for a new library. There are two reasons for this: university budgeting concerns and benefits for students.

    To begin with, it is very difficult for the university to obtain sufficient funds to include everything within its budget. Tough decisions must be made when any budget is decided upon by university administrators. What is most likely to happen in normal circumstances is that facilities and equipment with an obviously direct educational value, such as libraries and computer labs, would take priority over things that might be considered by some to be secondary to education, like music halls, art studios, or sports facilities. Since this endowment is unusual, not part of the usually available funds the university receives, in one sense it can be considered outside the usual budget. It may not be as difficult to convince administrators to use these unexpected funds for a new sports facility as it would in normal budget negotiations, and the opportunity to use the money as such should not be wasted.

    In addition, there are many benefits that students could receive if a new sports complex were to be built. The purpose of university is to provide a well-rounded education. This includes offering high quality academic instruction, of course, but the university should also foster the total well-being of its students. A new sports facility, including an exercise room, would encourage students to maintain their physical fitness. It is well known that physical fitness is a key component in maximizing intellectual development. Furthermore, a new sports facility would create numerous social outlets for the students as well. Not only would they be more likely to interact with other students in the exercise room and gymnasium, but also a new facility for the university's sports teams would make attending sporting events more attractive.

    For these two reasons, budgeting and student benefit, the university should use the extraordinary gift to build a new sports facility. This is an unusual opportunity that should not be missed.

（353 語）

【訳】　このような多額の寄付金は異例のことなので，私は，新しい図書館よりもむしろ，新しいスポーツ施設のためにこの資金は利用されるべきだと信じている。理由は2つある。大学の予算の問題と学生の利益である。

　まず最初に，大学にとって，その予算の中にすべてを含められるほどの十分な資金を調達することは非常に困難である。どのような予算であれ大学の経営陣が決定するときには，厳しい判断をしなくてはならない。通常，最も起こりうることは，図書館やコンピューター室など明らかに直接的な教育上の価値がある施設や設備が，音楽ホールやアートスタジオ，スポーツ施設といった，一部からは教育上二次的なものと考えられる可能性があるものよりも，優先されることである。今回の寄付は異例のものであり，大学が受け取る，通常利用できる資金の一部には含まれないので，ある意味では，その寄付は通常の予算外であると考えられる。この想定外の資金の使い道について大学経営陣を納得させ，新しいスポーツ施設に充てることは，通常の予算に関する交渉ほど難しくはないだろう。そして，このようにお金が使える機会を無駄にするべきではない。

　加えて，新しいスポーツ総合施設ができることで学生が得られる利益は多い。大学の目的は，多方面にわたる教育を提供することである。もちろん，これには質の高い学問的教育を提供することが含まれるが，大学は学生の全体的な健康も育むべきである。トレーニングルームを備えた新しいスポーツ施設は，学生に自身の身体的健康を維持することを促すだろう。身体の健康が知力を最大限に発達させる重要な要素であることはよく知られている。さらに，新しいスポーツ施設は学生に数多くの交流の場も提供してくれるだろう。トレーニングルームや体育館でほかの学生と交流する可能性が増えるだけでなく，大学のスポーツチーム向けの新しい施設があれば，スポーツイベントへの参加がより魅力的になることだろう。

　予算と学生の利益という2つの理由から，大学はこの途方もない贈り物を新しいスポーツ施設を建てることに使うべきである。これは逃すべきではない，異例の機会なのである。

解説　Introduction は2文で構成されており，とてもシンプルですが，はっきりと自分の意見（寄付金を新しいスポーツ施設に使うべき）とその理由（大学の予算と学生の利益）を述べています。余計な情報のない Introduction です。
　1つ目の Body パラグラフでは，「大学の資金調達が困難であること」がトピックセンテンスです。通常の予算は図書館やコンピューター室など，教育に直接関係したものに使われるが，この寄付金は予算外のものなので，「教育に直接関係がないと思われがちなスポーツ施設への投資であっても，大学経営陣に同意させることは難しくない」と述べています。裏付ける理由が一貫しており，とてもよい構成です。
　2つ目の Body パラグラフでは，「スポーツ施設は学生の利益となる」とトピックセンテンスで述べたうえで，裏付けとなる具体例へと展開しています。まず，大学は高い教育水準のみでなく，「学生の健康面の助言もトータルで行うべき」という点から，スポーツ施設の設置を主張しています。スポーツ施設の新設が学生にもたらす利点として，「身体の健康も重要である」という事実も一貫した流れに沿って書かれています。また，学生の交流の場としても重要であるという点を加えています。

● Independent Writing 2

Conclusion では，Introduction を言い換えています。原則として，Conclusion に新しい意見が加わることは望ましくありません。そして，最後の文章で，「逃してはならない異例の機会である」と効果的な表現を使ってエッセイを締めくくっています。転換語を使い，"おでんスタイル" に沿って書かれており，優れた構成のエッセイです。

Sample Memo

```
endowmnt → sport fac, rather than libr
    budg, Ss benefit
budg
    ・usually diff obtain funds
    ∴ endow outside norm budg → don't waste chance
benef
    ・well-rnd edu → Ss keep fit → helps intellect develp
    ・make opp Ss interact social
```

> 解答例 B 不十分な解答

It is very happy thing that a university gets money as gift from some person. There are many things that the university could do with a money like this. They could build the new library or buy many new computer. Or they could build a new sports facility with a new exercise room. Both ways are good for university, but I think a university must use money for the new sports facility and exercise room. Of course, computers and library is good for students, too, however. But the education is not only what student learn in classroom while listening to teacher. Student must also develop the other part of their character.

First reason is because of difficult to get budget money for building sports facilities in normal circumstance. University officials don't have enough money for everything, so it's natural if they try to make priority for library and other education things. But they don't fight so hard for get money to build sports facility. Maybe this gift could be used that purpose.

Next reason is benefiting for student. Students need chance to stay good physical condition to study well. Also, maybe some social chances are there for students.

That's why I think that the university can use money best way by building new sports facility with exercise room.

(218 語)

解説 解答例 A と比べて Introduction が長すぎることに気づくでしょう。設計図作りに十分な時間を取らなかったため、余計な背景の描写に時間をかけすぎた例です。Body も徐々に短くなり、Conclusion は 1 文で終わっているため、ひと目で十分な内容が書かれていないエッセイだとわかります。このようにならないために、日ごろからライティング練習を行う必要があります。

Introduction では自分の立場をはっきりと書く必要がありますが、このエッセイではあまり明確には書かれていません。図書館も必要だけれど、スポーツ施設も必要であるというのは率直な意見かもしれませんが、エッセイではどちらか一方の立場に重点を置かなくてはいけません。

1 つ目の Body パラグラフは、「通常、スポーツ施設建設のためのお金を得ることが難しい」がトピックセンテンスですが、それに続く文章の「十分なお金がないから図書館などの教育施設を優先する」、「スポーツ施設のためには一生懸命にはならない」は、十分な裏付けになっているとは言えません。

Body パラグラフの 2 つ目は，「学生の利益のため」がトピックセンテンスです。それに続く内容（「学業のために体調を維持する機会が必要」，「社交の機会も得られる」）だけでは裏付け理由としては十分ではありません。詳細情報や具体例を使って，内容を発展させる必要があります。

　Conclusion では，「以上のことから，スポーツ施設にお金を使うことがベストである」と結んでいますが，Body で十分な詳細情報や具体例で裏付けられていないため，説得力に欠けています。

　このようなエッセイは全体として「一貫性」，「まとまり」に欠けると判断され，点数は低くなります。また，文法・ボキャブラリーの面でも多くのミスがあります。多少のミスは採点に影響しませんが，このエッセイのようにあまりに多いと減点対象となります。

Independent Writing ❸

> **Directions:** Read the question below. You have 30 minutes to plan, write, and revise your essay. Typically, an effective response will contain a minimum of 300 words.

Question: Some people believe we receive our most basic education at home. Others believe that the most important things are learned at school. Which opinion do you most agree with? Use specific reasons and details to support your answer.

Independent Writing ❸   ANSWERS

【訳】 **質問**：最も基本的な教育は家庭で受けるものだと信じている人もいれば、最も重要なことは学校で学ぶものだと信じている人もいる。あなたはどちらの意見に賛成するか。自身の答えを裏付ける具体的な理由や詳細を挙げよ。

○ Key Notes

　2つの意見のうち、どちらに同意するかを書くトピックです。学校教育か家庭教育か、どちらを支持する立場かを明確にしたうえで裏付け理由を書くということを徹底しましょう。Bodyでは、選んだ方の意見についてのみ書くこともできますし、もう一方の意見と比較対照しながら書くこともできます。比較対照する場合には、もう一方の意見のマイナス点と選んだ方のプラス点を書き出し、選んだ方の利点を目立つようにすることを忘れないでください。ただし、比較対照する場合、文字量が多くなるため、時間配分には気をつけてください。また、書いているうちに話の内容が変わってしまわないように、しっかりと設計図を作成することが大切です。

● Independent Writing 3

> 解答例 Ⓐ 模範解答

　　Although many important things are learned at home, the most important information we receive is obtained in a formal educational setting. This is because schools provide a standardized learning environment and the opportunity to interact with others.

　　First of all, schools offer a uniform setting where the information taught can be managed and controlled. It goes without saying that all students acquire certain basic knowledge that will help them function as members of society later in their lives. While it may be true that the family can play an important role in helping children learn socially acceptable values and morals, there is no guarantee that every family will actually do so. In fact, because of economic conditions or other factors, many parents may not have the time or the will to devote sufficient effort to educating their children properly. Some parents may work two jobs to get enough income to support their families and their schedules may not allow them to teach their children what they need to know. Moreover, not every parent is a good parent. Educating children is a time-consuming, effort-intensive task that not every parent is willing to undertake. By attending school every day, all children are assured of at least being exposed to the basic knowledge they need.

　　Secondly, the common surroundings made available by a structured school give the students important chances to interact with others. In contrast to a home-schooling environment, where children are basically alone with the parent or, at best, with other siblings, a formal school ensures that they will come into daily contact with others around the same age. To be sure, it cannot be denied that a home environment is potentially very supportive and attentive to the specific needs of each individual child. Yet the home setting does not really assist children in learning how to deal with others. In school, students are forced every day to share attention and things with others. This is a valuable skill that is best learned in a school.

　　Thus, to ensure consistency in education and help children learn important social skills, school is indispensable. It is the place where the most valuable life skills are learned.

(363 語)

【訳】 家庭では多くの大切なことが学ばれるが，私たちが受け取る最も重要な情報は正規の学校教育の場で得られる。これは学校が標準化された学習環境と，他人と交流する機会を与えてくれるからである。

初めに，学校は均一性を持った場所であり，そこでは，教えられる情報は管理・統制ができる。後の人生で社会の一員として役割を果たすうえで役に立つ特定の基礎知識を，すべての生徒が習得することは，言うまでもない。社会的に容認されている価値観や道徳を子供たちが学ぶのを助けるうえで，家庭が重要な役割を果たしうることは確かかもしれないが，すべての家庭が実際にその役割を果たすという保証はない。事実，経済的な状況やほかの要因から，多くの親は自分の子供たちをきちんと教育するために十分に努力をする時間や意志を持てずにいるかもしれない。家族を養うための十分な収入を得るために仕事をかけもちしている親もいるだろうし，そのスケジュールのために子供たちが知る必要のあることを教えられない可能性もあるのだ。さらに，すべての親がよい親というわけではない。子供を教育することは，時間がかかることであり，またかなりの努力を必要とするため，すべての親が喜んで引き受けるわけではない。毎日学校に通うことで，すべての子供たちは少なくとも必要な基礎知識に触れることを保証されているのである。

第二に，組織化された学校によって得られる共通の環境は，生徒にほかの生徒と交流する大事な機会を与えてくれる。子供が基本的に親とのみ，またはせいぜいよくても兄弟姉妹とのみ過ごす在宅学習の環境とは対照的に，公教育では，子供が同じくらいの年齢のほかの子供たちと毎日交流する環境が確保されている。確かに，家庭環境は潜在的に，子供1人1人の具体的なニーズに対してよく助け，気を配るものだということは否定できない。それでも子供が他人との関係の築き方を学ぶという点では，家庭環境が本当に助けになるわけではない。学校では，生徒たちは毎日，ほかの生徒たちと同じものに注目したり，物を分け合ったりすることを余儀なくされる。これは貴重な技能であり，学校で学べるのが一番なのだ。

このように，教育上の一貫性を確実にし，子供たちが重要な社交術を身につけるのを助けるのに，学校は不可欠である。学校は，生きていくうえで最も価値のある技能を学べる場所なのだ。

解説 Introduction では，家庭教育の重要性を認めながらも，最も大事なことは「学校教育」にあることを明示し，それに対する 2 つの理由（「標準化された学習環境」と「他人と交流する機会」）が挙げられています。Body では，この 2 つの理由が論理的に「展開」されており，内容に「一貫性」と「まとまり」があります。また，このエッセイは家庭教育の不十分な点と学校教育の利点を比較対照しながら書かれているため，非常に説得力があります。

1 つ目の Body パラグラフは，最初の理由である「標準化された学習環境」について書かれています。「社会の一員としての基礎知識を得る」という視点から，家庭教育の難しさ，問題点を挙げつつ，学校が基礎教育を受けるのに優れている面を述べています。

2 つ目の Body パラグラフは，「他人と交流する機会」を扱っています。2 文目にある In

contrast to（〜とは対照的に）からもわかるように，このパラグラフでも，在宅学習との比較対照により学校教育の利点を強調しています。「家庭では親や兄弟姉妹との交流しかないが，学校では毎日，同年代の仲間との交流がある」という比較をもとに，学校は他人と共有する大切さを学び，社交術を身につける重要な場であると述べています。

　Conclusion では，Introduction で挙げた 2 つの理由を言い換えて，学校教育の重要性を確認しています。最後の締めくくりでは，それまでの内容を総括する言葉で学校教育の大切さを改めて強調しています。

　全体的に，"おでんスタイル" に沿って書かれており，優れたエッセイだと言えるでしょう。英語の正確さに関しても申し分ありません。文法は問題なく，適切なボキャブラリーや転換語を使用しており，意味がわかりにくいところはありません。短い文のみのエッセイではなく，複雑な文で書けるという英語力も示されています。

Sample Memo

```
form edu is best
    standardized lern envirmt
    opp inter other Ss
uniform setting → info mang and contrl
    not every fam teach values/morals (no time or will to do)
    not every parent is good parent
comm. surr → interact others
    home school → alone
    home supportive and specific needs, but not help deal others
    form school must learn share attn and things w/ other Ss
```

解答例 B 不十分な解答

　　　School is most important. There are two reasons: standardized education and socialization.

　　　The government spends much money to standardize education. Local school boards have some power to change the curriculum, but essentially they follow the guidelines established by the central state government. Teachers must have certifications, too. In most states in the United States, an extra year of post-graduate education is required before a teacher can receive a teaching credential. This ensures that all educators have sufficient background and knowledge to teach children.

　　　Children are social beings. If you have ever watched a group of small children playing, you can see that they very quickly make friends and establish relationships. Even if some of these relationships are very temporary, children love playing together with other children. Learning how to deal with others is an important social skill to be a true members of society in the future.

　　　For this reason, it is necessary to make sure that our schools have enough money to do their jobs properly. If this means that property taxes must be increased, then we should support such a move. Spending a little bit on education now will allow our society to be peaceful and harmonious in the future.

(202 語)

解説

　まず、文字数が300語に大きく足りていないため、内容が不十分だと判断されます。Introduction では、多くの情報を含める必要はないので、自分の立場（学校が重要であること）を明確にし、その理由（「標準化された教育」と「社会化」）も書かれている点に関しては、よい構成です。しかし、文章がシンプルすぎるため、せめて「私は〜という考えに賛成する」と述べるなど、もう少し情報を含めてもよいでしょう。Body では、これら2つの理由について述べていることがわかります。

　1つ目の Body パラグラフは、「学校教育が重要である」という立場に直接関連する内容ではありません。「標準化された学校教育」がどのようなものかという記述が並べられているだけで、それがなぜ家庭教育よりも優れているのかについては書かれていません。

　2つ目のパラグラフは、「社会性」について書かれていますが、初めの Body パラグラフと同じように、「学校教育が重要である」というトピックに対する十分な裏付けがなされているとは言えません。「友達と遊ぶこと」を例に挙げ、社会性を身につけることの大切さを説明していますが、それがどのように「学校教育の重要性」と関連があるのかは書かれて

いません。書き手は「学校で知り合う友達と遊ぶことを通して社会性を身につけることができる」ということを暗示しているのかもしれませんが，明確な論理でわかりやすく書いていないことは述べていないことと同じです。「要するにどういうことなのか」がはっきりと伝わるエッセイを心がけましょう。

　Conclusion に至っては，論点がずれています。「学校が十分なお金を教育に費やすことができるようにすべき」というのは，Introduction，Body でも述べていない内容であるだけではなく，エッセイのトピックである「学校教育は重要である」の言い換えでもありません。まったく新しい意見になっており，設計図に問題があったと言えます。

Independent Writing ④

Directions: Read the question below. You have 30 minutes to plan, write, and revise your essay. Typically, an effective response will contain a minimum of 300 words.

Question: Some people believe that tests in school are an important part of learning. Others think that they are not so significant. Which of these views do you most agree with? Use specific reasons and examples to support your opinion.

Independent Writing ④ ANSWERS

【訳】 質問：学校でのテストは学習の重要な一部であると信じている人もいれば、それほど重要なものではないと考えている人もいる。あなたはどちらの考えに賛成か。自身の意見を裏付ける具体的な理由や例を挙げよ。

Key Notes

「テストは重要か、重要ではないか」という比較的書きやすいトピックです。個人的な経験や好き嫌いがあると、うまく説明できないのに自分の本心を書くことにこだわってしまうおそれもあります。あくまで裏付け理由と具体例が書きやすい方を選択しましょう。また、注意したいのは、このようなトピックでは自分の意見をすらすらと書けるかもしれませんが、その分、気をつけないと抽象的な内容に終始してしまう可能性があることです。個人的な経験など十分な詳細情報を入れながら話を展開させることが求められているのですから、書きやすいと思っても、書く前にきちんと設計図を作成しておきましょう。そして、洗練された構文や転換語を使うことを意識してください。

解答例Ⓐ 模範解答

Students often think that tests are a nuisance. They may even think that all they do in university is study for exams. However, I think that tests are one of the best aspects of study at university. There are two reasons for my opinion. First, tests give a student an objective standard to measure their understanding. Second, tests give the student a sense of personal accomplishment.

Study at university requires an immense amount of reading, writing, and accumulation of facts. Regular tests provide a scale—a measure of how far you have progressed in your study. Like kilometer signs on a road that tell you how far a city is from where you are now, tests indicate how far you have come on your educational journey. For example, studying economics requires a basic knowledge of statistics. Before you can move on to a more advanced economics course, you must demonstrate that you understand statistics. A test provides you with this feedback. It lets you know how much you already know or it tells you how much you need to study further.

The second important benefit of tests is that they provide a sense of accomplishment for a student. Taking a test and doing well, of course, feels as good as climbing a mountain and getting to the top. You feel great because you know what you have achieved. Taking a physics test in my sophomore year at university proved this point. At first I had some difficulty with physics. I couldn't grasp some of the fundamental theories. But after studying for several days before the test, I felt I had finally understood the principles. I took the test and received an A. I felt I had climbed Mt. Everest.

Though some people claim that tests are not necessary, I firmly believe that tests are essential for showing exactly what we know and don't know, and for providing an important source of personal accomplishment. （323 語）

【訳】 学生はよく，テストはやっかいなものだと考えている。大学でやることはテスト勉強ばかりだとさえ考えているかもしれない。しかし，私は，テストは大学における勉強の最もよい面の1つであると思っている。私の意見には2つ理由がある。1つ目は，テストにより学生は，自身の理解度を客観的な基準で測ることができるという点。2つ目は，テストが個人的な達成感を与えてくれるという点だ。

大学での勉強は，膨大な量の読書，ライティング，そして事実の蓄積を要求する。定期的なテストは，勉強においてこれまで自分がどれほど進歩したのかを知ることができる，1つの尺度を与えてくれる。今いる場所からある都市までどのくらい離れているのかを教えてくれる道路上の距離標識のように，テストは教育の旅において，どれほどの距離を歩んできたのかを示してくれる。例えば，経済学の勉強には統計学の基礎知識が必要である。経済学のさらに上級の講座に進む前に，統計学を理解していることを示す必要がある。テストはこの

理解度に対する評価を与えてくれる。それによって，自分がすでにどれだけ理解しているのか，あるいは，これからどれだけ勉強する必要があるのかがわかるのである。
　テストの2つ目の重要な利点は，学生に達成感を与えてくれることである。言うまでもなく，テストを受け，よくできれば，山に登って頂上に到達したようなよい気分になれる。自分が成し遂げたことを知っているから，素晴らしい気分を味わえる。私が大学2年生のときに受けた物理学のテストは，この点を証明した。初めは，物理学にいくらか苦労していた。基礎理論の中で理解ができないものがあったのだ。しかし，テストの前に数日間勉強をして，私はとうとうその原理が理解できたと感じた。テストを受けて，結果はAであった。まるでエベレストを登頂した気分だった。
　テストは必要のないものだと主張する人もいるが，私は，テストは，自分が何をわかっていて何をわかっていないのかを正確に示し，そして個人の達成感の大切な源を与えてくれるという点で，必要不可欠だと強く信じている。

解説 Introductionでは，逆の立場についてまず述べた後で，However（しかし）と話を逆転し，「テストは重要である」という自身の立場を明確にし，続いて2つの理由（「理解度を測れる」と「達成感を得られる」）を挙げています。このライティングスタイルは，最も使いやすいため，Introductionを書く際のひな型に決めてしまうのもよいかもしれません。
　1つ目のBodyパラグラフは，自分の学習の進捗を測る尺度としてのテストの役割を挙げています。抽象的な内容で終わらず，For example以降で，経済学の勉強における統計学の理解度を例として，テストの点数が，理解できているかどうかを客観視する基準となることを挙げています。
　2つ目のBodyパラグラフでは，達成感について述べられています。「よい点数が，よい気分をもたらす」と述べた後に，「理解できなかった物理学の一部が，テスト前に理解できたと感じたこと」と，実際にテストの成績がよかったことで「達成感を得た」という自身の体験を書くことで，達成感についての内容を効果的に展開しています。詳細情報で悩んだ場合は，自身の経験を具体例として含めることで，確実に内容を展開できます。
　Conclusionでは，Introductionで挙げた2つの理由を言い換えて示しています。このように，これまで述べてきたことをシンプルにまとめることを意識しましょう。
　今回のように，書きやすいトピックの場合は，うっかりすると話がどんどんそれていくおそれもあるため，しっかりと設計図を作成することが鍵となります。「テストは重要でない」という立場を取る場合は，「点数を取れても，実際の生活では役に立たない」といったことや，「暗記できているかどうかだけでは，その人の実力は測れない」などの裏付け理由が考えられるでしょう。どちらの立場を取るにしても，確実に「まとまり」，「一貫性」，「論理展開」を提示できそうな方を選びましょう。

● Independent Writing 4

Sample Memo

```
most Ss think tests = nuisance, but tests good
    obj stndrd
    pers accompl
obj stndrd
    scale to meas prog e.g. econ needs stats
    test tells need more study or not
pers accompl
    like climb mtn (my physics class)
```

CHAPTER 3

> **解答例 B 不十分な解答**

 Many students doesn't like tests. I understand their feeling, but my idea is different. Tests give motivation for our learning. And we can measuring how much we understand clearly.

 Even if we don't like taking the tests, we can really know how much we learn from the test score. If our score is low, we don't understand the material. Tests give us that way to measure how much we know. Teachers must give grades for every classes. Tests are the good way to give grades fairly, because all students must take same tests.

 I remember when I was junior high school student. If I could get good score on the tests, then I was motivate study harder and harder for next tests. So tests help give motivation for our learning. When I study for tests, I learn many things. But maybe if there is no tests, I don't study so hard.

 That's why I think the tests are important for education system. We need tests to study hard and more.

(170 語)

> **解説** 文字数が少ないため，十分展開できているとは言えませんが，Introduction では「テストは学ぶことへの動機付けとなる」と「どのくらい理解できているかを測れる」という利点を述べていることで，「テストは重要である」という立場を明確にしています。
>
> Body パラグラフでは，Introduction で述べた 2 つの裏付け理由が，逆の順番で提示されています。1 つ目の Body パラグラフは「理解度を測れること」についてです。「スコアが低ければ，理解できていない」や「テストは成績を公平につけるのによい」と展開していますが，高得点を取るためにはさらに深く内容を展開させる必要があります。
>
> 2 つ目の Body パラグラフでは，中学生のときのことを例に出し，「テストでよい点数を取ったとき，次のテストに向けて勉強するやる気が上がった」とあります。ただ，それ以上の情報がないため，やや詳細情報に欠けると判断されます。「やる気が上がってどうなったか」など，さらに発展させることで，スコアを積み重ねることができます。ライティングの練習では，「それはどういうことか」を自問し，話を深く発展させることを意識しましょう。
>
> Conclusion では，テストの重要性を改めて述べていますが，やや単純すぎる構文です。
>
> このエッセイは全体的に，文法の間違いが多い印象があります。また，単純な構文が多いために，高得点には至らないでしょう。内容はトピックに沿っているため，裏付け理由をさらに発展させること，2 つの文を 1 文にまとめてよりスムーズな流れで書くこと，そして，転換語を多く使って読み手を誘導することで，さらに洗練された文章となります。

CHAPTER 4 »

Final Test

Final Test 1 Questions ······ 256
Final Test 1 Answers ······ 258
Final Test 2 Questions ······ 272
Final Test 2 Answers ······ 274

Final Test 1

●解答・解説 p.258〜271

Task 1: Integrated Writing Task
Writing Based on Reading and Listening

Reading Time: 3 minutes

　　Well-designed commercial products are essential for ongoing business success. The most successful global corporations recognize the importance of continually creating new products. Good companies never jeopardize their success by relying on old products. Nor do they simply revise or fuse or re-arrange other products in the market. "Never copy" is the golden rule of true innovation. The top companies always seek to improve both the quality and the novelty of their product lines. The principles are simple but profound: new products are good, and innovation is essential.

　　In addition, it is vital to have a research and development department in which a group of experts work together to conceive ideas, to design products, and to create prototypes. This enables designers and engineers to have a complementary relationship—to talk together, consult with each other, and share with each other at each stage of the design process. People in marketing also need to meet with designers to let them know what the market might be interested in. The more interaction in the company the better.

　　Finally, companies must consider sustainability. Green products have a definite and objective edge over traditional products. Many consumers now carefully check what a product has been made from and what environmental impact it will have before they purchase it. For market appeal, products ought to also be environmentally friendly, not just fashionable. That's what makes true innovation.

● Final Test 1

CD 15

Directions: You have 20 minutes to plan and write your response. Your response will be judged on the basis of the quality of your writing and how well your response presents the points in the lecture and their relationship to the reading passage. Typically, an effective response will be 150 to 225 words.

Question: Summarize the points made in the lecture, being sure to explain how they challenge specific claims made in the reading passage.

Task 2: Independent Writing Task
Writing Based on Knowledge and Experience

Directions: Read the question below. You have 30 minutes to plan, write, and revise your essay. Typically, an effective response will contain a minimum of 300 words.

Question: Do you agree or disagree with the following statement?
The amount of profit a company makes is the only important measure of how successful it is.
Use specific reasons and examples to support your answer.

Final Test 1　ANSWERS

●問題　p.256〜257

CD 15

【スクリプトと訳】

　　For the first writing task, you will read a passage and listen to a lecture and then answer a question based on what you have read and heard. For the second writing task, you will answer a question based on your own knowledge and experience.

　1つ目のライティングの課題では，まずリーディングパッセージを読みます。続いてレクチャーを聞き，読んだり聞いたりした内容に基づいて質問に答えてください。2つ目のライティングの課題では，あなた自身の知識や経験に基づいて質問に答えてください。

Task 1: Integrated Writing Task
Writing Based on Reading and Listening

【パッセージの訳】
　うまく設計された商品は，継続的なビジネスの成功にとって不可欠なものである。最も成功している世界的企業は，新製品を継続的に生み出していく重要性を認識している。よい企業は，従来の製品に依存して自らの成功を危険にさらすことは決してない。また，すでに市場に出ているほかの製品を単純に修正したり，融合させたり，練り直したりすることもしない。「決して真似をするな」が，本当の革新を生み出す黄金律なのである。トップ企業は常に自社製品の質と目新しさを向上させることに努めている。原理は単純ではあるが，奥深い。新製品はよいものであり，革新は不可欠だ，ということだ。

　加えて，専門家の集団がアイデアを練り，製品を設計し，試作品を作るために共に仕事をする研究開発部を持つことが非常に重要である。これによって，設計する側と製造する側が互いを補う関係になり，設計過程の各段階で，共に話し，互いに相談し，情報を共有することが可能となるのである。マーケティングの担当者たちもまた，市場が何に関心を持っている可能性があるかを知らせるために，設計する側と顔を合わせる必要がある。企業内部でのやりとりがあればあるほどよいのである。

最後に，企業は持続可能性を考慮しなくてはならない。環境に優しい製品は従来の製品よりも明確で客観的な強みを持っている。今や消費者たちの多くは，製品を購入する前に，その製品が何でできているのか，環境にどういった影響があるのかを入念に確認する。市場における魅力を高めるために，製品は，単におしゃれであるだけではなく，環境的に優しいものでもあるべきなのだ。それが，真の革新をもたらすのである。

指示：制限時間 20 分であなたの答えを計画し，書いてください。採点はライティングの質のほか，レクチャーのポイントとそのリーディングパッセージとの関係をいかに書き出せているかに基づきます。通常，有効な答えの語数は 150〜225 語です。

質問：レクチャーのポイントをまとめ，それがリーディングパッセージで提示されている具体的な主張に対してどのように疑問を呈しているか，説明せよ。

CD 15

【レクチャーのスクリプトと訳】

Now listen to part of a lecture on the topic you just read about.

The history of product design is the history of mistakes and failures. We only hear about the products that made it—products of ingenuity like the iPod, for example—and we never hear about all those things that consumers reacted to with skepticism and that simply disappeared. But a lot of product failures could have been avoided if companies had been more careful and followed some simple principles.

To begin with, don't make new products only to have new products. Some things are perfectly fine just as they are. The classic way of making coffee is a good example. You boil water and pour that through a filter filled with coffee grounds. It makes excellent coffee. You don't need an expensive electronic coffee machine with multiple functions. Also, some of the finest products are simple improvements on earlier products. For instance, the iPod I mentioned earlier is in some sense a simple improvement over the hand-held cassette tape recorders that were so popular for many years. Besides, as for most of the products that we buy, we buy them over and over. We don't need, or even want, newly designed razors or socks.

Next, we should avoid design by committee. When designers work together too closely, they often have to compromise in order to satisfy everyone on the team. Or they might enjoy working together so much that they end up designing for each other and neglect what the customers really want. Some of the best innovation comes from individual engineers working alone who are not afraid to propose something revolutionary, not having to worry about the reaction of other members on a team.

Last, not everything that's green sells well. Just because you say something is "eco-this" or "eco-that" doesn't mean it's infallible. People don't think that everything in the world around them is toxic or that everything contributes to global warming. It's great if a refrigerator is ecological and has low energy consumption, but first of all it must look nice, function well, and be attractively arranged so that it appeals to the consumer.

読んだトピックに関するレクチャーの一部を聞きなさい。
　製品設計の歴史は誤りと失敗の歴史である。私たちが耳にするのは、成功した製品、例えばiPod（※携帯型デジタル音楽プレーヤー）のような創意工夫に満ちた製品の話だけであり、消費者たちに疑念を持たれてしまった製品や、ただ単純に消え去ってしまった製品の話を耳にすることはまったくない。だが、もし企業がより注意深くなっていたら、そしていくつかのシンプルな原理に従っていたならば、失敗を回避することができたであろう製品も多いのである。
　まず初めに、新製品を提供するためだけに新製品を作ってはいけない。製品の中には現状のままで完璧なものがある。昔ながらのコーヒーの淹れ方がよい例である。お湯を沸かして、挽いた豆がたっぷり入ったこし器に注ぐ。これでおいしいコーヒーが出来上がる。多くの機能のついた高価なコーヒーメーカーは必要ないのだ。また、最も素晴らしい製品の中には、それ以前の製品に単純に改良を加えただけのものもある。例えば、先程述べたiPodは、ある意味、長らく人気のあった携帯カセットテープレコーダーに単純な改良を加えたものだ。さらに、私たちが購入するほとんどの製品に関して言えば、

私たちはそれらを繰り返し購入する。何も新しいデザインのかみそりや靴下を買う必要などないし、欲しいとすら思わないのである。
　次に、委員会での設計は避けるべきである。設計する側があまりに緊密に作業をしている状態だと、チームの全員が満足するように妥協をしなければならないことがよくある。もしくは、共に働くことが楽しくなってしまった結果、互いのために設計をすることとなり、消費者が本当に望んでいるものを顧みなくなるかもしれない。最も優れた革新的な製品の中には、チーム内のほかのメンバーたちの反応を気にする必要がなく、革命的なものを提案することを恐れない、単独で作業する技術者たちによって生み出されたものもある。
　最後に、環境に優しい製品がすべてよく売れるわけではない。ある品物が「エコなんとか」「エコかんとか」と言っても、その製品が絶対に間違いのないものというわけではない。人は自分の周りにあるすべてのものが有毒であるとか、何もかもが地球温暖化の原因になるなどとは思っていない。ある冷蔵庫が環境に優しく、かつ省エネであれば、それはそれで素晴らしいことなのだが、まずは消費者を魅了できるように、見た目がよく機能が優れていて、魅力的にできていなくてはいけない。
※ iPodは、Apple Inc.の商標です。

◯ Key Notes

　リーディングの第1パラグラフで、「ビジネスの成功には、よくできた商品が重要である」と述べてあり、これがトピックです。その具体例としてまず、世界のトップ企業が、模倣ではない新しい商品を生み出すために努力していることを挙げています。次に、専門家が共同で作業する研究開発部を持つことの重要性に注目し、設計者と製造者、さらにマーケティング担当者の連携が大切だと主張しています。そして最後に、環境に優しい製品が優れた製品であると述べています。この3つのポイントは確実にレクチャーと関連するため、しっかりと正確にメモを取っておくことが大切です。

　レクチャーでは、リーディングの内容に対して異議を唱えています。新しい製品だから売れるというリーディングの主張に対して、現状のままで十分よい製品があること、また革新的と思われる商品であっても従来の製品に単純な改良を加えたものであると話しています。さらに、かみそりや靴下のように、私たちは同じものを繰り返し買うことを伝えています。続いて、集団での設計は妥協や消費者を無視することにつながるとして反対し、個人での作業が革新的なものを生み出すと述べています。最後に、売れるためには「環境に優しい」ことは大切だと認めつつも、それ以上に見た目の魅力や機能が大切だと断言しています。

リーディングの3つのポイントに対応して，レクチャーの反論が展開されています。リーディングのポイントと同じ順番で言及されているため，流れを追いやすく，しっかり聞くことで内容を理解できるでしょう。

重要ポイントをまとめると以下のようになります。

	パッセージのポイント	レクチャーのポイント
新しさ	目新しい製品	今のまま，既存品を改良
作業	共同作業	単独作業
特徴	環境に優しいもの	見た目，機能，魅力

解答例Ⓐ 模範解答

　　The reading argues that businesses need to continually create new products and avoid relying upon old products. The author emphasizes that constant innovation is vital, and that businesses should never copy other products. In addition, the reading stresses that businesses should put designers and engineers together in a department, and that it is best to have teams of experts interact to design new products. Last of all, the author of the reading claims that many consumers think deeply about whether a product is environmentally friendly before deciding to buy it.

　　The professor challenges each of these points in the lecture. First, she argues that many successful new products are actually improvements of existing products. Moreover, companies don't need original products to succeed. For example, she points out that most of the products we purchase are simple things like razors or socks. Next, the professor claims that the ideas and designs for good new products come from individuals, not teams. She directly disagrees with the reading's claim that departments of experts should work together to create new goods. Finally, the professor observes that just because something is ecological does not mean it will sell well. In contrast to the author of the reading, she stresses that "green products" should also be functional and attractively designed.　　(214語)

【訳】 リーディングは，企業は継続的に新しい製品を生み出し，従来の製品への依存を避ける必要があると論じている。筆者は，絶えず革新することがとても重要であるということ，そして企業は他製品を決して模倣するべきではないということを強調している。加えて，リーディングは，企業は設計する側と製造する側を1つの部署に入れるべきであり，新製品を設計するうえで，専門家のチームがやりとりすることがベストであるということを強調している。最後に，リーディングの筆者は，消費者の多くは，製品の購入を決める前に，それが環境に優しいのかどうかを深く考えていると主張している。

　教授は，レクチャーの中でこれら1つ1つのポイントに対して異議を唱えている。第一に，成功している新しい製品の多くは，実際には既存の製品の改良版であると彼女は論じている。さらに，企業は成功するためにオリジナルの製品を生み出す必要はない。例えば，彼女の指摘するところでは，私たちが購入する製品は，そのほとんどがかみそりや靴下などシンプルなものである。次に，優れた新製品のアイデアや設計は，チームではなく個人から生まれてくるものだと教授は主張している。彼女は，新製品を開発するためには専門家たちが部署で共に作業をするべきだというリーディングの主張に，真っ向から反対している。最後に，教授はある製品が環境に優しいからといって，よく売れるわけではないと述べている。リーディングの筆者とは対照的に，「環境に優しい製品」は，機能的で魅力的なデザインでもあるべきだと強調している。

解説 第1パラグラフでは，パッセージで提示されている3つのポイントが正確に書き出されています。第2パラグラフでは，レクチャーの内容であるパッセージのポイントへの反論が正しく書かれています。1つ目のポイントである新製品への反論として，既製品の改良であること，2つ目のポイントである共同作業への反論として，個人作業によりアイデアが生まれること，そして3つ目のポイントである環境に優しい製品への反論として，それだけではなく機能的で優れたデザインの製品がよいということを，正確に対照しながら書いています。正確なメモが取れていることがわかる，非常に完成度の高いエッセイと言えます。The reading argues that... や The author emphasizes that..., The professor challenges... のような多彩なパロットフレーズを有効に使っていることも見てとれます。In addition，Last of all，First，Next などの転換語も適切に使われています。

解答例 B 模範解答

　According to the reading, top companies continually create new high-quality products and continually try to improve the quality and the novelty of their products rather than copy and revise their old products. The reading argues that to achieve this aim companies must have research and development departments in which groups of experts throughout the company work together. This includes designers, engineers, and marketers. The reading further claims that companies must consider "sustainability" and that green products are particularly important and attractive.

　The lecturer challenges each of these specific claims and principles. To begin, the lecturer takes issue with the assumption that a company must continually create new products. The lecturer points out that most new products fail and these failures could have been avoided. She argues that many products are fine just the way they are, such as coffee pots, razors, and socks. Next, she casts doubt on the claim that teams of experts are needed for innovation. She argues that teams become committees that often end up compromising and losing their creativity. Individuals, she believes, are the source of true innovation. Finally, the lecturer is skeptical of the claim made in the reading that ecological products are necessarily important or popular. She argues that consumers above all want products that are attractive and that function well.

(217 語)

【訳】　リーディングによれば，トップ企業は以前からある製品を模倣したり練り直したりするのではなく，継続的に新しい高品質の製品を生み出し，継続的に製品の持つ質や目新しさを向上させていくことに努めている。リーディングでは，企業はこの目標を達成するために，企業全体の専門家たちが一緒に作業する研究開発部を設置しなければならないと述べている。ここには設計する側，製造する側，マーケティングする側が含まれる。企業は「持続可能性」を考慮せねばならないということ，環境に優しい製品は特に重要で魅力があるということを，リーディングはさらに主張している。

　講師は，これらの具体的な主張や原理1つ1つに異議を唱えている。まず初めに，

Final Test 1 Answers

> 講師は，企業は継続的に新しい製品を生み出さなくてはならないという考えに反論している。講師は，新しい製品のほとんどは失敗し，これらの失敗は避けることができたはずだと指摘している。彼女は，コーヒーポットやかみそりや靴下など，多くの製品は現状のままで十分だと述べている。次に，革新には専門家のチームが必要である，という主張に疑問を投げかけている。チームは，結局妥協して創造性を失うことがよくある委員会となってしまう，と主張する。個人という存在が，本当の革新の源であると彼女は信じている。最後に，環境に優しい製品は常に重要である，または人気があるというリーディングの主張に対して，講師は懐疑的である。彼女の主張では，消費者は何よりも魅力的で，かつ機能的に優れた製品を望んでいるのである。

解説 この Final Test では解答例 A，B とも模範解答です。2 つともよい例として参考にしてください。

基本的に解答例 A と同じ作りになっています。第 1 パラグラフでは，「模倣や練り直しではなく，継続的に新しい製品を生み出すこと」，「研究開発部を設置して，専門家が協力して働ける環境を作ること」，そして「環境に優しい製品が重要であること」というパッセージの 3 つのポイントを正しく書き出しています。

第 2 パラグラフでは，To begin, Next, Finally という転換語を効果的に使い，パッセージの主張に反論するレクチャーの内容を書き出しています。レクチャーで使われた表現をそのまま使うのではなく，自分自身の言葉を用いて言い換えていることからも，内容を正しく理解できていることがわかります。

また, According to the reading, The reading further claims that..., the lecturer takes issue with the assumption that..., she casts doubt on the claim that... など, パロットフレーズを使うことで，洗練された文章となっています。パロットフレーズをしっかりと身につけておけば，このエッセイのように，どのように文を書き始めたらよいかを悩まなくても済むようになります。

解答チェック!

- [ ] パッセージのトピックについて述べられていますか
- [ ] パッセージのポイントについて述べられていますか
- [ ] レクチャーにおけるパッセージへの反論が正確に一貫して述べられていますか
- [ ] ボキャブラリーや表現の使用は適切で，意味が明確ですか

Task 2: Independent Writing Task
Writing Based on Knowledge and Experience

> 【訳】
> 指示：以下の問題を読み，制限時間30分でエッセイを計画し，書き，修正してください。通常，有効な答えの語数は最低300語です。
>
> 質問：以下の内容に賛成か，反対か。**企業が出す利益の大きさは，その企業がどれほど成功しているかを示す唯一の重要な指標である。**自身の答えを裏付ける具体的な理由や例を挙げよ。

Key Notes

「利益が企業の成功を示す唯一の指標かどうか」という，やや難しいトピックのため，詳細情報や具体例が書きやすい裏付け理由をまず考えるとよいでしょう。難しい内容を書けば点数が高くなるわけではないため，「まとまり」，「一貫性」，「論理展開」をすべて網羅できるシンプルな裏付け理由を考えることがライティングのコツです。

解答例 A 模範解答

I completely agree that profit is the only true measure of how successful a company is. The purpose of a business is to make a profit for its owners and to survive as a profitable enterprise.

First, the owners of a business deserve to make money. In the case of a corporation, the owners of a company are the people who have purchased the company's stock. When these stockholders invest in a company, they rightfully expect that the managers of the company will do everything necessary to make the firm profitable so that much of this profit will be returned to them in the form of dividends. For this reason, managers must undertake activities which lead to good profits. Other activities which do not generate profits should be avoided. For example, if the company has excess staff that is not needed, then these surplus workers should be laid off. The company cannot afford to continue paying the wages of workers who are not productive, because this will decrease profitability. This is unfair to the owners of the company.

　Furthermore, it is the duty of the company's managers to ensure that the company will be able to survive in the future. The main way to do this is to maximize profitability. Without substantial financial reserves, the company may have a difficult time if economic conditions worsen. Therefore, everything necessary should be done to increase profits to build up a cash reserve. Many people may talk about whether a company is environmentally friendly or whether it displays proper corporate social responsibility. However, when investors evaluate the financial health of a company, they are looking to see if the company has strong profitability that will enable the company to continue to exist and generate profits for years to come.

　For these reasons, it can be argued that the only accurate measure of a company's success is its ability to generate and sustain profits and to survive as business.

(325 語)

【訳】 利益は企業がどれほど成功しているかを示す唯一の偽りない指標であるということに，まったく同意する。企業の目的はその所有者たちのために利益を生むことであり，利益を生む企業として生き残ることである。

　まず，企業の所有者たちはもうけて当然である。株式会社の場合，企業の所有者たちはその企業の株を購入した人々である。株主が企業に投資するとき，彼らは企業の経営者たちが会社の利益を上げるために必要なことはすべて行い，この利益の多くが配当という形で自分たちに還元されることを，当然，期待しているのである。このため，経営者たちは，多くの利益を生み出す活動を引き受けなくてはいけない。利益を生まない活動は避けられるべきだ。例えば，企業が必要のない過剰人員を抱えているならば，その余分な社員たちは解雇されるべきなのだ。生産性の低い社員の賃金を払い続ける余裕は企業にはない。なぜなら，それは収益性を損なうからである。これは企業の所有者にとっては不当なことである。

　さらに，企業が将来も存続できることを確実にするのは経営者の義務である。それを行うための主な手段は収益性を最大限にまで伸ばすことだ。潤沢な資金がなければ，経済状況が悪化した場合，企業は困難に陥る可能性がある。それゆえ，

利益を増やし，支払準備金を増大させるために必要なことはすべて行われるべきなのだ。企業が環境に優しいかどうかや，企業の持つ社会的責任を適切に果たしているかどうかに関して語る人も多いかもしれない。しかし，投資家たちが企業の経営状態を評価する場合，その企業が高い収益率を持ち，それによってこの先も長年にわたって企業が存続し，利益を生み出していけるのかどうかを見たいと思っているのである。

　以上の理由から，企業の成功を測る唯一の正確な指標は，利益を生み出してそれを維持し，企業として生き残る能力であると述べることができる。

解説 Introduction には，トピックに同意していることが明確に書かれています。裏付け理由として，「企業の目的は所有者たちのために利益を生むことであり，利益を生む企業として生き残ることである」とあります。この理由を，Body パラグラフで具体的に展開していきます。

　1つ目の Body パラグラフでは，「企業の所有者である株主は，企業が利益を生み出し，それが配当という形で還元されることを期待している」と，利益を生むことが企業の成功の証であることを述べています。具体的な例として，余分な人員は収益を生まないため解雇するべきだとしています。

　2つ目の Body パラグラフでは，「企業を存続させるために，収益性を最大限まで伸ばすことが義務である」と述べています。これをサポートする内容として，豊かな資金が企業の存続に不可欠であること，また投資家にとっては，企業の経営状態を評価するポイントが，企業の高い収益性であり，今後も利益を生み出していけるかどうかであることが書かれています。

　これら2つの Body パラグラフでは，一般的な内容を伝えていますが，抽象的な話ではなく，具体的な内容が論理的に展開されています。For this reason や For example, Furthermore, Therefore, However など，話を展開させる転換語を効果的に使えていることからも，文章を書く力が優れていることがわかります。

　Conclusion では，Introduction や Body で述べた内容をパラフレーズし，成功を測る唯一の指標が利益であることを強調しています。

　Body では Introduction に書かれている内容が具体的な情報と共に適切に展開されており，模範的なエッセイと言えます。

解答例 B 模範解答

　　While businesses should certainly try to make a profit, looking at profit is not the only way of measuring success. Whether the company is acting as a good corporate citizen and whether it is providing a source of stable employment for its workers are also very important measures of determining success.

　　To begin with, there was a time when companies could simply pursue profits without thinking about their roles in society. This may have been true in the late 19th century when economic development was so important, but it is no longer true today. For example, corporations have an obligation to preserve the environment and to create better lives for the citizens of the society in which the company operates. Whereas chemical companies could previously dump their waste materials into nearby rivers and lakes without regard to environmental safety, governments now require them to follow strict standards. In addition, many companies these days are involved in activities which benefit society as a whole, by sponsoring sports teams and cultural events. Companies which act in a manner which benefits society are viewed in a positive light by consumers.

　　Another aspect of a company's success is whether it is able to provide stable jobs for members of the community. Most Japanese automobile manufacturers, for instance, make it a policy to hire many local people and to guarantee their employment. Local people benefit from this policy. As a result, the companies themselves are not only profitable, but also have very good reputations in the markets in which they do business. A positive reputation inevitably helps them to be more profitable as well.

　　In conclusion, it is clear that the profitability of a company is not the only true measure of the company's success. We must also consider the various roles the company plays within a society and its economic importance in providing jobs as equally important factors in determining whether or not a company is successful.

（323 語）

【訳】 企業は確かに，利益を上げるために努力するべきではあるが，利益に目を向けることが成功を測る唯一の方法ではない。企業がよき企業市民として活動しているかどうか，またその労働者に対して安定した雇用を供給しているかどうかもまた，成否を決定するためのとても重要な指標である。

まず初めに，企業が社会における役割について考えず，単純に利益だけを追求できた時代は，過去のものだ。これは経済発展がとても重要であった19世紀の後半では正しかったかもしれない。しかし，それは今日ではもはや通用しない。例えば，大企業には環境を保護し，自身が活動を行っている社会に住む人々のためによりよい生活を創造する義務がある。化学薬品会社は，以前は自分たちの廃棄物を，環境の安全など考慮せずに近くの河川や湖に捨てることができたが，現在では厳しい基準に従うよう政府が企業に要求している。さらに，多くの企業が今日，スポーツチームや文化イベントのスポンサーになることで，社会全体に役立つ活動に参加している。社会のためになるやり方で活動を行う企業は，消費者から肯定的にとらえられるのだ。

企業の成功のもう1つの側面は，企業が地域社会の人々に対して安定した雇用を供給できるかどうかである。例えば，日本のほとんどの自動車メーカーは地元の人々を多く雇い，雇用を保証することを方針としている。地元の人々はこの方針から恩恵を受ける。その結果，企業自体が有益なだけではなく，その企業がビジネスを行っている市場からも非常によい評価を得ることとなる。肯定的な評価もまた必ず，企業がさらに有益性を高めることに役立っている。

結論として，企業の有益性は，成功を測る唯一の偽りない指標ではない。企業が成功しているかどうかを決めるための同じくらい重要な要素として，企業が社会の中で果たしている様々な役割や，雇用を供給するという点での経済的重要性も，考慮に入れなくてはならないのである。

【解説】 Introductionでは，「利益だけが成功を測る唯一の指標ではない」という立場を明確にし，その裏付け理由として「よき企業市民として活動しているかどうか」と「安定した雇用を提供しているかどうか」も非常に重要な指標であることを述べています。Introductionがシンプルすぎてしまうという悩みがある場合は，このIntroductionのように，逆の立場に触れてから，自身の立場を明確にする方法もあります。

1つ目のBodyパラグラフでは，「過去には利益を追求できた時代もあった」と述べた後に，butと話を逆転し，For example以降で具体例を続けています。廃棄物の処理と環境保護を例に挙げて過去と現在を対比したり，スポーツチームや文化イベントのスポンサーの例を引用したりして，社会に役立つ活動が企業の成功に不可欠であると述べています。内容を対比させるWhereasや，話の追加を示すIn additionを使うことで，洗練された文章に

なっています。

　2つ目のBodyパラグラフでは,「安定した雇用を供給できているかどうかも,企業の成功のもう1つの側面である」がトピックセンテンスです。この具体例として,日本の自動車メーカーを挙げています。安定した雇用の保証は企業のある地域の利益になるだけでなく,市場における肯定的な評価につながり,それが利益になると論理を展開しています。

　Bodyパラグラフにおいて,「トピックセンテンス→具体例→結果」という流れは書きやすく,確実に話を展開できるため,ライティングの型として身につけておくとよいでしょう。また,for instance や As a result など転換語を使用することで,読み手を適切に誘導できます。

　最後に,Conclusionでは,Introductionで述べた2つの裏付け理由を言い換えて述べています。非常にわかりやすい"おでんスタイル"のエッセイとなっています。

解答チェック！

Introduction
- ☐ 主張が明確に書かれていますか

Body
- ☐ 転換語が正しく使われていますか
- ☐ トピックセンテンスが適切な裏付けで展開されていますか
- ☐ 内容が一貫していて,かつまとまりがありますか

Conclusion
- ☐ Introductionの主張が適切に言い換えられていますか
- ☐ エッセイが適切に締めくくられていますか

Final Test 2

●解答・解説 p.274〜287

Task 1: Integrated Writing Task
Writing Based on Reading and Listening

Reading Time: 3 minutes

The myth of "global warming" begins with an observation that cannot be denied: the amount of greenhouse gases in the atmosphere is rising. As for CO_2, it is now estimated to be around 360 ppm (parts per million) compared to 290 ppm at the start of the 20th century. It is possible that some of this increase is due to human activity, but this is far from certain. The Earth's oceans and its land hold more than 50 times the amount of carbon dioxide that is contained in the atmosphere, so the actual amount contained in the atmosphere is not always as important as it is often made out to be.

Another fact that should make us question global warming is that the temperature of the atmosphere varies widely over time, mainly as the result of solar activity and other influences. During the past 3,000 years there have been five extended periods when it was significantly warmer than it is today. In reality, one of the coldest periods occurred a little more than 300 years ago. Worldwide temperatures have been rising from that point for the past three centuries, but still are below the 3,000-year average.

Those who are alarmed about global warming almost never acknowledge that this increase in carbon emissions actually has had positive effects on the environment. Increased carbon dioxide in the atmosphere means that plants grow faster. Interestingly, the number of trees in the Unites States has increased by 30 percent since the 1950's. Even if there has been a big change in the amount of CO_2, this is not necessarily a negative phenomenon.

● Final Test 2

CD 16

Directions: You have 20 minutes to plan and write your response. Your response will be judged on the basis of the quality of your writing and how well your response presents the points in the lecture and their relationship to the reading passage. Typically, an effective response will be 150 to 225 words.

Question: Summarize the points made in the lecture, being sure to explain how they cast doubt on specific points made in the reading passage.

Task 2: Independent Writing Task
Writing Based on Knowledge and Experience

Directions: Read the question below. You have 30 minutes to plan, write, and revise your essay. Typically, an effective response will contain a minimum of 300 words.

Question: Some students prefer lecture classes where the teacher does all of the talking and provides information to the students. Other students favor classes in which the students can express their opinions and discuss the material. Which type of class do you think is better? Use specific reasons and examples to support your opinion.

Final Test 2　ANSWERS

●問題 p.272〜273

CD 16

【スクリプトと訳】

　For the first writing task, you will read a passage and listen to a lecture and then answer a question based on what you have read and heard. For the second writing task, you will answer a question based on your own knowledge and experience.

　1つ目のライティングの課題では，まずリーディングパッセージを読みます。続いてレクチャーを聞き，読んだり聞いたりした内容に基づいて質問に答えてください。2つ目のライティングの課題では，あなた自身の知識や経験に基づいて質問に答えてください。

Task 1: Integrated Writing Task
Writing Based on Reading and Listening

【パッセージの訳】
　「地球温暖化」の神話は，否定することができない意見から始まる。大気中の温室効果ガスの量が増加しているというものである。二酸化炭素に関して言えば，20世紀初頭の290ppm（ppm = 100万分の1）に対して，現在ではおよそ360ppmと推定されている。この増加の原因の一部が人間の活動である可能性はあるが，断定はまったくできない。地球の海と陸地は，大気中の50倍以上の二酸化炭素を含んでいる。そのため，大気中に含まれている二酸化炭素の実際の量は，しばしば主張されているほど重要というわけでは必ずしもないのである。
　地球温暖化に疑念を抱かせるもう1つの事実は，大気中の温度は，主に太陽活動やそのほかの影響によって，長い期間をかけて大きく変化するということである。過去3,000年の間，現在より著しく気温の高い状態が長く続いた時期が5回あった。実際には，最も気温の低い時期の1つは，300年前より少し以前に起きたのである。世界中の気温は，その時点から過去3世紀かけて上昇してきているのだが，それでも依然として3,000年の平均を下回っている。
　地球温暖化について警戒している人々は，この炭素排出の増加が実際には環境に好ましい影響を与えてきたことを，まったくと言っていいほど認めない。大気

Final Test 2 Answers

中の二酸化炭素が増加することは，植物の成長が早まることを意味するのだ。興味深いことに，アメリカ合衆国の樹木の数は，1950 年代から 30％も増加した。たとえこれまでに二酸化炭素の量に大きな変化があったとしても，それは必ずしも悪い現象とは限らないのである。

指示：制限時間 20 分であなたの答えを計画し，書いてください。採点はライティングの質のほか，レクチャーのポイントとそのリーディングパッセージとの関係をいかに書き出せているかに基づきます。通常，有効な答えの語数は 150 ～ 225 語です。

質問：レクチャーのポイントをまとめ，それがリーディングパッセージで提示されている具体的なポイントに対してどのように疑問を呈しているか，説明せよ。

CD 16

【レクチャーのスクリプトと訳】

Now listen to part of a lecture on the topic you just read about.

Without doubt, the level of greenhouse gases in the atmosphere has dramatically increased in the past fifty years. Even the author of the reading admits this fact. Somehow, though, he seems to claim that because there is still 50 times more carbon dioxide stored in the ocean and land we have nothing to fear. The proportion of where greenhouse gases exist is not related to the issue we face today. The reality is that if temperatures continue to rise as they have, the polar ice caps will continue to melt. This will have catastrophic consequences for our environment. Large areas of land along the seaboard will be under seawater. This will also cause the destruction of the nearby fresh water tables, which will mean that thousands of animal species will no longer be able to survive.

Next, the claim that this particular warming trend is similar to normal variations in the Earth's climate over the past 3,000 years is also incorrect. The rise in temperatures over the latter half of the 20th century was much faster than it has ever been in recorded history. It already is having a huge effect on local climates around the world, not only at the poles.

　Finally, the so-called positive effects of increased carbon dioxide levels are also far from clear. Recent research has shown that some plants do indeed experience short-term growth in CO_2-rich environments, but a bigger factor is the nutrients in the soil which may not be able to support growth in the long run. Moreover, important plants like corn or sugarcane do not display any increased growth when the CO_2 level goes up. Weeds do, though. What good does it do us if the number of weeds around the world increases? In fact, when those weeds start competing for nourishment with other, more important plants, we'll really be in trouble.

読んだトピックに関するレクチャーの一部を聞きなさい。
　間違いなく，大気中の温室効果ガスの濃度は，過去50年で劇的に増加した。リーディングの筆者でさえこの事実を認めている。しかしどういうわけか，彼は海や陸地にはさらに50倍の二酸化炭素が蓄えられているため，恐れる必要はないと主張しているようだ。温室効果ガスが存在している場所の割合は，われわれが今日直面している問題とは関係がない。現実は，もしこれまでと同じように気温が上昇し続けるならば，極地の氷冠は溶け続けていくということである。このことはわれわれの環境に壊滅的な結果をもたらすことだろう。沿岸部の広大な地域が海の下に消えてしまう。それにより，周辺の淡水の地下水面が破壊され，数千の動物種がもはや生存できなくなってしまう。
　次に，この特定の温暖化傾向は，過去3,000年にわたる地球の通常の気候変動に似ているという主張も誤りである。20世紀後半の気温上昇は，これまでの観測史の記録よりもはるかに速いものであった。それはすでに南北両極だけではなく，あらゆる地域の気候に莫大な影響をもたらしている。
　最後に，いわゆる，上昇した二酸化炭素濃度のよい影響も，まるではっきりしない。最近の調査によると，二酸化炭素の濃度が高い環境において，実際に短期間での成長を経験する植物もあることがわかっている。しかし，より大きな要因は土壌の養分であり，長期的に見ると植物の成長を支えることができない可能性がある。さらに，トウモロコシやサトウキビのような重要性の高い植物は，二酸化炭素の濃度が増加しても成長が早まる様子はまったくない。ところが，雑草は成長を早めるのである。仮に世界中の雑草の数が増えたところで，われわれに一体何の利益があるのか。実際は，雑草がほかのより重要性の高い植物と養分の奪い合いを始めてしまうと，われわれは大きな不利益を被るのである。

Key Notes

　パッセージの冒頭から、「地球温暖化」に関する内容だとわかります。さらに、myth（神話）という単語から、著者が地球温暖化に関する理論に対して否定的な立場を取っていると推測できます。第1パラグラフでは、大気中に含まれている二酸化炭素の量について、海や陸地に大量にあることから、よく言われるほど重要ではなく、心配する必要はないと述べています。第2パラグラフでは、大気中の気温は太陽活動やそのほかの影響で変化するものだと主張しています。その裏付け理由として過去3,000年間の気候変動を例に挙げ、現在よりも気温が高い期間が5回あったこと、さらに現在の気温は3,000年間の平均気温よりも低いことを指摘し、現在の気温の上昇が大きな問題ではないということを示しています。第3パラグラフでは、「二酸化炭素排出の増加が環境によい影響を与えること」を伝え、二酸化炭素が植物の成長を早めていることを述べています。これら「二酸化炭素の量」「気温変動」「植物の成長」の3つと、その具体的な情報を正確にメモできていれば、レクチャーを聞き取る準備ができたと言えます。

　レクチャーでは、これら3つのポイントに対して反論しています。1つ目の「二酸化炭素の量」に対しては、海や陸地に大気中の50倍あるということは問題ではなく、気温が上昇することで極地の氷冠が溶け続け、沿岸地域の大部分が海に沈んでしまうことが問題であると述べています。次に、現在の気候変動は通常の範囲ではなく、20世紀の後半50年間の気温上昇がこれまでよりはるかに速いことを指摘しています。最後に、植物の成長が早まることがあるという事実は認めつつ、重要な植物が成長する速度は変わっていないことを述べています。逆に、雑草が成長を早めることで、ほかの重要な植物の養分を奪ってしまうという悪影響への懸念を提示しています。

重要ポイントをまとめると以下のようになります。

	パッセージのポイント	レクチャーのポイント
二酸化炭素の量	海や陸地には大気中の50倍以上の二酸化炭素がある	二酸化炭素が含まれている場所ではなく、極地の氷冠が溶けることの影響が問題
気候変動	過去3,000年の間に現在よりも気温が高い時期が5回あった その間の平均気温は現在の気温より高い	20世紀後半の気温上昇はそれまでよりもはるかに速い
植物の成長	二酸化炭素は植物を早く成長させる	雑草の成長は早まるが、重要な植物には当てはまらない 雑草が養分を奪ってしまう

解答例Ⓐ 模範解答

　　The reading makes several claims that are challenged by the lecturer. To begin with, the reading states that there is 50 times more carbon dioxide stored in the Earth's oceans and land than there is in the atmosphere. The lecturer points out that the actual location of the carbon dioxide is not the point. As more of it is released into the atmosphere and temperatures increase, the environment will suffer as the polar ice caps continue to melt and water levels around the world rise.

　　Next, the reading maintains that this current warming trend is simply part of normal climatic variation, pointing out that there have been five extended periods during the past 3,000 years when temperatures were warmer than they are now. The lecturer admits this, but argues that the most recent warming trend is not typical since the rate of temperature rise has been much faster than ever before in history.

　　Last, the reading suggests that increased carbon dioxide levels can actually be beneficial to plant life, since some plants grow faster in such circumstances. The lecturer indicates that this type of rapid plant growth is far from universal. In fact, he mentions that the one type of plant most likely to benefit from increased carbon dioxide levels is weeds. He observes it would be ironic if weeds grew so rapidly that they stole vital nutrients from other, more important plants. (233 語)

【訳】 リーディングではいくつかの主張がなされているが，講師はそれらについて疑問を投げかけている。まず初めに，リーディングでは，地球の海や陸地には大気中の 50 倍以上の二酸化炭素が蓄えられていると述べている。講師は，二酸化炭素が存在している実際の場所が問題なのではないと指摘している。より多くの二酸化炭素が大気中に放出され，気温が上昇するにつれ，環境は被害を受ける。極地の氷冠が溶け続けて，世界中の水位が上がるためだ。

　次に，リーディングでは，現在の温暖化傾向は単に通常の気候変動の一部にすぎないとし，過去 3,000 年の間に，現在よりも気温が高い状態が長く続いた期間が 5 回あったと指摘している。講師はこの点については認めているが，直近の温暖化傾向は通常とは異なると論じている。なぜなら，気温上昇の速度が，これまでよりもはるかに速いからである。

　最後に，リーディングでは，二酸化炭素濃度の増加は，実は植物の生命にとって有益でありうるということを示唆している。これは植物の中には，そのような環境で成長を早めるものがあるからである。講師は，植物がこのように急速に成長することはあらゆるものに共通するわけではまったくないと述べている。実は，彼が言及するところでは，二酸化炭素濃度の増加の恩恵を受ける可能性が最も高い種類の植物の 1 つは，雑草なのだ。雑草が非常に急速に成長した結果，ほかのより重要性の高い植物の必須の養分を奪ってしまうのなら，それは皮肉なことであろうと彼は述べている。

解説 この解答例では，冒頭で，「リーディングの主張に，講師は疑問を投げかけている」と概要を述べています。続いて，各パラグラフで，パッセージの内容を書き出した後に，それに対するレクチャーの反論ポイントを続ける構成になっています。メモした通りに書くと，ポイントを対比しながら書きやすく，パッセージの主張も明確になることに気づくでしょう。第 1 パラグラフでは「二酸化炭素の量」が，第 2 パラグラフでは「気候変動」が，そして第 3 パラグラフでは「植物の成長」が主な論点になっており，いずれのパラグラフも，1 文目でパッセージの内容を書き出し，2 文目以降はレクチャーにおける反論を具体例を挙げて述べています。パッセージ・レクチャーともに，正確に理解できていることを示しており，非常に完成度の高いエッセイです。

> **解答例 B　模範解答**

　　The lecturer casts doubt on several of the points mentioned in the reading. First of all, even though it may be true that far more carbon dioxide is stored in the oceans and land, as stated in the reading, the lecturer points out that the actual location of the carbon dioxide is irrelevant. The reality is that rising temperatures will have a catastrophic effect on the environment, particularly on low-lying areas along the seaboard.

　　Moreover, even though the reading maintains recent warming trends represent normal climatic variations over the past 3,000 years, the lecturer counters that the most recent warming trend is substantially different. The increase in average temperature during the last 50 years of the 20th century was the fastest increase ever recorded. Thus, this most recent warming trend is not the same as other warming cycles of the past.

　　Finally, the lecturer disputes the claim that increased carbon dioxide levels have had a beneficial effect on plant growth. While it may be true that some plants do display short-term growth, some important crops do not. Furthermore, the soil may not be able to support such rapid growth of crops in the long run, or other undesirable plants may instead flourish.

(202 語)

【訳】　講師は，リーディングで言及されているいくつかの点に疑問を投げかけている。まず第一に，リーディングで述べられているように，海や陸地にははるかに多くの二酸化炭素が含まれていることは事実かもしれないが，二酸化炭素が存在する実際の場所は関係がないと講師は指摘している。上昇する気温が環境に，特に沿岸の低地に，壊滅的な打撃を与えるだろうというのが現実だ。

　さらに，最近の温暖化傾向は，過去 3,000 年の通常の気候変動を代表しているとリーディングは主張しているが，直近の温暖化傾向は本質的に異なっていると講師は反論している。20 世紀の後半 50 年における平均気温の上昇は，これまでに観測された中で最も速かった。よって，この直近の温暖化傾向は，過去のほかの気温上昇のサイクルとは同じではないのである。

　最後に，講師は，二酸化炭素濃度の上昇が植物の成長に好ましい影響を与えて

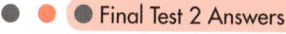

きたという主張に対して，異議を唱えている。植物の中には確かに，短い期間で成長を見せるものもあるが，重要性の高い作物ではそれが見られないものがある。さらに，長期的に見れば，土壌はそのような作物の急速な成長をそのうち支えきれなくなってしまうかもしれないし，ほかの望ましくない植物が代わりに繁殖してしまうかもしれない。

解説 全体的にレクチャーの内容を主として，パッセージの内容への反論を書いています。第1パラグラフでは，「二酸化炭素の量」について「場所は関係がなく，気温上昇による影響が問題である」と正しく書き出しています。第2パラグラフでは，「気候変動」について，20世紀後半の気温上昇が過去の気温上昇よりもはるかに速いことを述べています。第3パラグラフでは，パッセージにある「二酸化炭素濃度が高くなれば植物の成長が早まる」という意見に反論し，「重要性の高い植物には当てはまらないものもある」こと，「植物の急速な成長を土壌が支えきれないかもしれないし，望ましくない植物が増えてしまうかもしれない」ことを述べています。

各パラグラフの冒頭は，パロットフレーズを使用して始まっており，非常に読みやすい構成となっています。また，転換語が適切に使用されていることも確認しましょう。

解答チェック！

- ☐ パッセージのトピックについて述べられていますか
- ☐ パッセージのポイントについて述べられていますか
- ☐ レクチャーにおけるパッセージへの反論が正確に一貫して述べられていますか
- ☐ ボキャブラリーや表現の使用は適切で，意味が明確ですか

Task 2: Independent Writing Task
Writing Based on Knowledge and Experience

> 【訳】
> 指示：以下の問題を読み，制限時間30分でエッセイを計画し，書き，修正してください。通常，有効な答えの語数は最低300語です。
>
> 質問：教師だけが話をして生徒に情報を伝える講義の授業を好む生徒がいる。一方で，自分たちの意見を述べることができ，題材に関して議論ができる授業を好む生徒もいる。あなたはどちらのタイプの授業がよりよいと思うか。自身の意見を裏付ける具体的な理由や例を挙げよ。

Key Notes

「教師だけが話をする一方向の授業か，生徒が意見を述べたり議論を行ったりする生徒参加型の授業か」を選択させるトピックです。どちらの立場を取るかを決めて，裏付け理由を用意します。自分の学校での経験が使えるため，比較的書きやすいトピックでしょう。個人的な経験を入れられる場合は，各パラグラフの後半で言及することで，抽象的な内容に具体性を与えることができます。どちらの立場を選ぶにせよ，裏付け理由を述べた後に具体例として入れる個人的な経験は，「どういう状況か」が正確に伝わるように意識すると書きやすいでしょう。裏付け理由と具体例をはっきりと書き，転換語を使って話を論理的に発展させ，読み手を導くことを意識してください。

解答例 A 模範解答

In my opinion, the most effective learning takes place when both the teacher and students participate fully in the learning process. The participation of both the teacher and students enriches the class, helps the teacher better evaluate the students, and better prepares students to enter the real world.

First of all, no matter how good a teacher is, he or she cannot present all of the relevant information or examine a problem from every point of view. If students participate by asking questions or challenging other people's opinions, it becomes more likely that all of the members of the class will be able to deepen their understanding of the topic. When I was an exchange student in Canada, I participated in many such classes. At first, I was a bit shocked by this free exchange of opinions, but eventually I realized that there was an immense educational benefit all members could gain from examining an issue from different perspectives. The other class members often mentioned ideas I would not have thought of myself. This made the class much richer and more interesting.

Furthermore, this type of frank and open discussion allows the teacher to determine how well the students understand the material. It is impossible to measure a student's true comprehension simply from a written test. The best way for the teacher to evaluate understanding is to listen to the level of sophistication of the student's comments. In this way, the teacher can see not only whether the student has learned the material presented in the class and in the textbook, but also whether he or she can apply that knowledge using his or her own experience. This is a deeper and better form of evaluation of students.

Finally, the purpose of education is to prepare students to participate in society after they enter the real world. It is absolutely necessary that each student be able to form his or her own opinion and to defend that opinion when being challenged by others. A discussion-based classroom allows students to develop these critically important skills.

For these reasons, I prefer a class where the teacher allows the students to express their opinions and discuss the subject deeply. （366 語）

【訳】 私の意見では，最も効果的な学習というものは，教師と生徒の両方が学習過程にしっかりと参加している状態で生まれる。教師と生徒の両方が参加することで授業が豊かになり，教師がより正確に生徒を評価できるようになり，生徒が実社会に参加する準備が促進される。

　まず第一に，どれほど優れた教師であろうと，関連するすべての情報を提供し

たり，あらゆる観点から問題を検証したりすることはできない。生徒が質問をし，他人の意見に対して異議を唱えることによって授業に参加すれば，クラス全員がその議題に関する理解を深めることができる可能性は高まる。私が交換留学生としてカナダにいたとき，このような授業に数多く参加した。初めは，この自由な形式での意見の交換に少しショックを受けたが，最終的には，様々な観点から物事を検証することで生徒全員が得られる，とても大きな教育上の利点があるとわかった。クラスのほかの生徒が，私自身では考えつくことはなかったであろう意見を述べることも多かった。このことが，授業をより豊かに，より興味深いものにした。

　さらに，こういった率直でオープンな議論によって，教師は，生徒がどれくらいその題材を理解しているかを正確に測定することができる。単なるペーパーテストで，生徒の真の理解度を測ることは不可能だ。教師が生徒の理解度を評価する最善の方法は，生徒の意見がどれほど洗練されているかに耳を傾けることである。これによって，生徒が授業や教科書で提示されている題材を学習できているかどうかだけでなく，その知識を自分自身の経験を使って応用することができるかどうかを教師は理解できる。これはより深みがあり，よりよい生徒の評価の形なのである。

　最後に，教育の目的は，生徒が実社会に入った後，社会活動に参加できるよう準備をさせることである。生徒それぞれが自分の意見をまとめ，他人から異議を唱えられてもその意見を擁護できることは，絶対に必要である。議論を基礎とした授業を行うことで，生徒が，これらの決定的に重要な技能を伸ばすことが可能になるのである。

　以上の理由から，私は教師が生徒に意見を述べさせ，そのテーマについて深く議論させてくれる授業を好む。

解説 語数も十分にあり，話を展開するには申し分のない長さになっています。Introduction の冒頭で，「最も効果的な学習は，教師と生徒が学習過程に参加している状態で生まれる」とあるため，「参加型の授業」を支持する立場を取っていることがわかります。

　最初の Body パラグラフでは，「教師がすべての情報を提供し，あらゆる観点から1つの問題を検証することはできない」と一方向の授業の欠点を述べたうえで，参加型の授業の利点を紹介しています。さらに，交換留学生としての経験（意見交換することにより，生徒全員の理解が補強されたこと）を加えることで，効果的に話を展開させています。

　2つ目の Body パラグラフでは，「生徒の意見を聞くことで，教師は生徒の理解度を測ることができる」という裏付け理由を述べています。ペーパーテストと対比することで，議論することの利点を際立てています。エッセイの型に慣れてきたものの，内容を膨らませ

> るのが難しい場合は，別の事柄との対比を行うことで，「語数稼ぎ」ではない，自然な論理展開が可能になります。
> 　3つ目の Body パラグラフは，「教育の目的は，社会に出た後のための準備だ」というトピックセンテンスで始まり，学校の授業が社会人に必要な技能を身につける重要な場であることが暗示されています。そして，2文目で授業で身につける技能，すなわち「主張ができること」が必要であると展開し，それを可能にするのが，議論を基礎とした授業であると結論づけています。
> 　Conclusion は1文でシンプルですがよくまとめてあり，Body パラグラフがしっかりと書けているため違和感もなく，全体的に説得力のある非常によいエッセイとなっています。

解答例Ⓑ 模範解答

　The reason students take classes is to learn. The teacher is an authority on the subject and it is the student's duty to learn from the teacher. Therefore, I prefer classes in which the teacher lectures and students listen carefully and learn from the teacher and do not interrupt or distract the teacher with questions.

　The main purpose of education is to transfer information from the teacher to the students so that they can display this knowledge when tested. The most efficient way for this to happen is for the students to listen carefully to the teacher, taking detailed notes and confirming their knowledge by reading the relevant portions of the textbook. The teacher has studied the material over the course of his or her professional life and knows the best way to present that material so that the students can learn it effectively. If students ask questions or try to challenge the teacher, it becomes difficult for this transfer of information to take place. The teacher may not be able to cover all of the target material in a given class if too much time is spent on class discussions.

　Moreover, if students talk too much or challenge each other, the discussion can easily become irrelevant. I experienced this when I was an exchange student during high school in the United States. There were many cases where students started arguing with each other during class. Because they did not have the knowledge they could have obtained by paying more careful attention to the teacher, their arguments were many times uninformed and off the point. If it is necessary for individual students to talk to the teacher to confirm their understanding of the material, or to ask questions they might have, they should do so after class or after school. At that time, they can speak with the teacher one-on-one, and they won't take time away from other students only to satisfy their own personal needs.

Therefore, the best type of classroom environment is one where the students listen carefully to what the teacher is presenting and avoid asking unnecessary questions or engaging in irrelevant discussions. （356語）

【訳】 生徒が授業を受ける理由は学ぶためである。教師はその科目の権威であり、教師から学ぶことは生徒の義務である。それゆえ、教師が講義を行い、生徒が注意深く耳を傾け、教師から学び、質問によって教師のじゃまをしたり注意をそらしたりしない授業を私は好む。

　教育の主な目的は、教師から生徒へ情報を伝達し、生徒が試験でその知識を示すことができるようになることだ。これを行うための最も効率のよい方法は、生徒が教師の話をしっかりと聞き、詳細にメモを取り、教科書の関連する部分を読んで知識を確認することである。教師は、プロとしての人生を通じてその題材を研究してきたのであり、それを生徒が効果的に学習できるように提示する最もよい方法を知っている。もし生徒が質問をしたり、教師に反論しようとしたりすると、この情報の伝達が行われるのは困難になってしまう。議論にあまりに多くの時間が割かれてしまうと、教師は、割り当てられた授業時間内で教えようとしていた題材をすべて扱うことができないかもしれない。

　さらに、もし生徒がしゃべりすぎたり、互いの意見に異議を唱えたりすると、議論は関係のない方向へと容易に向かう可能性がある。このことを私は、高校時代に交換留学生としてアメリカで経験した。授業中に、生徒たちが互いに議論を始めることが多々あった。教師の話をもっとしっかりと聞いていれば得られたはずの知識が欠けていたために、彼らの議論は情報不足で論点から外れていることが多かった。もし個々の生徒が題材に対する理解を確認したり質問をしたりするために教師と話す必要があれば、彼らはそれを授業後か放課後にすべきなのだ。その時間なら、生徒は教師と一対一で話すことができ、自分の個人的な必要を満たすためだけにほかの生徒たちから時間を奪うこともない。

　それゆえに、最もよいクラス環境のタイプは、生徒が教師の提示することをし

っかりと聞き,不必要な質問や関係のない議論をするのを避けるというものである。

解説 Introduction で,教師から学ぶことが生徒の義務だと述べ,「一方向の授業」を好む立場を取ることを明らかにしています。必ず,どちらの立場を取るか明確にし,その後で話を展開する際に,ポイントがずれないようにしましょう。

1つ目の Body パラグラフでは,「教育の目的は,教師から生徒への情報伝達であり,テストでその知識を示せるようになることだ」と述べたうえで,教師→生徒の一方向の授業が効率的だとしています。その後,「教師は長年その題材を研究しているので,効率のよい学習法を提示してくれる」と,内容をさらに発展させています。そのうえ,生徒が教師にたくさんの質問をしたり,異議を唱えたりすると,この情報伝達が機能しなくなることや,教えるべき内容を授業で教えきれなくなるというマイナス点を述べています。内容を深めながら,効果的に逆の立場との対比を行っていると評価できるでしょう。

2つ目の Body パラグラフでは,生徒参加型の授業について「議論が関係ない方向へ容易に向かう」という欠点を挙げています。その後に,留学中の自分の経験を例として挙げ,「授業をしっかり聞いていれば得られたはずの知識が欠けていたために,議論が情報不足で論点から外れていることが多かった」と,内容を発展させています。なお,このパラグラフは「なぜ一方向の授業がよいか」ではなく,「なぜ参加型の授業はよくないか」を論点にしていますが,この書き方は一方向の授業を選択する裏付け理由としては十分と言えます。

Conclusion では,Introduction の主張をパラフレーズして繰り返すことでエッセイを締めくくっています。

Therefore や Moreover など転換語がきちんと使われており,Body パラグラフでの具体例も多く,十分に裏付け理由がサポートされているエッセイです。

解答チェック!

Introduction
- ☐ 主張が明確に書かれていますか

Body
- ☐ 転換語が正しく使われていますか
- ☐ トピックセンテンスが適切な裏付けで展開されていますか
- ☐ 内容が一貫していて,かつまとまりがありますか

Conclusion
- ☐ Introduction の主張が適切に言い換えられていますか
- ☐ エッセイが適切に締めくくられていますか

TOEFL®テスト大戦略シリーズ

自分に合った参考書を選んで，目標スコアを獲得しよう！

英語力に自信がなく，基礎から力をつけたいなら

⓪ 超基礎からのTOEFL®テスト入門 ◀iBT対応
アゴス・ジャパン 岡田徹也，松園保則 著
定価：本体1,800円＋税
CD 1枚付

インターネットで受験できる！Web模試
＋ダウンロードコンテンツ特典付

試験形式を知りたい，模試を受けたいなら

❶ はじめてのTOEFL®テスト完全対策 ◀iBT対応
Paul Wadden, Robert Hilke, 松谷偉弘 著
定価：本体2,200円＋税
CD 1枚付

ダウンロードコンテンツ特典付

ボキャブラリー対策をしたいなら

❷ TOEFL®テスト 英単語3800 ◀iBT&ITP対応
神部 孝 著　定価：本体2,300円＋税
CD 3枚付

❸ TOEFL®テスト 英熟語700 ◀iBT&ITP対応
神部 孝 著　定価：本体1,800円＋税
CD 2枚付

インターネットで受験できる！Web模試特典付

セクションごとに試験対策したいなら

❹ TOEFL®テスト リーディング問題270 ◀iBT対応
田中真紀子 著　定価：本体2,100円＋税

❺ TOEFL®テスト リスニング問題190 ◀iBT対応
喜田慶文 著　定価：本体2,400円＋税
CD 3枚付

❻ TOEFL®テスト スピーキング問題110 ◀iBT対応
島崎美登里，Paul Wadden, Robert Hilke 著
定価：本体2,200円＋税
CD 2枚付

❼ TOEFL®テスト ライティング問題100 ◀iBT対応
Paul Wadden, Robert Hilke, 早川幸治 著
定価：本体2,100円＋税
CD 1枚付

本番形式の模試を何度も受けたいなら

❽ TOEFL iBT®テスト本番模試 ◀iBT対応
旺文社 編　定価：本体2,800円＋税
CD 3枚付

［TOEFLテストライティング問題100 改訂版］

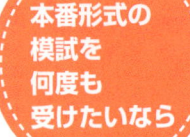